介危机诊断

社会治理

海宁 许凌波 陈甜甜◎著

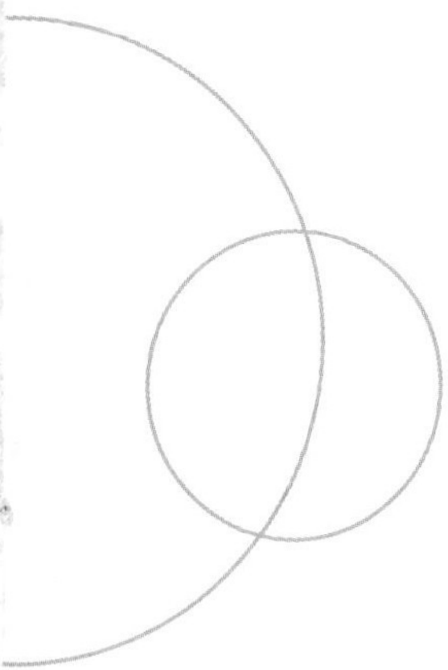

重庆出版集团 重庆出版社

图书在版编目（CIP）数据
拯救现象 ： 媒介危机诊断与社会治理 / 周海宁， 许凌波， 陈甜甜著. -- 重庆 ： 重庆出版社， 2025. 1.
ISBN 978-7-229-19424-6
Ⅰ. G206.2； C916
中国国家版本馆CIP数据核字第2024F0M113号

拯救现象：媒介危机诊断与社会治理
ZHENGJIU XIANXIANG：MEIJIE WEIJI ZHENDUAN YU SHEHUI ZHILI
周海宁　许凌波　陈甜甜　著

责任编辑：冯　静　卢玫诗
责任校对：刘小燕
装帧设计：何海林

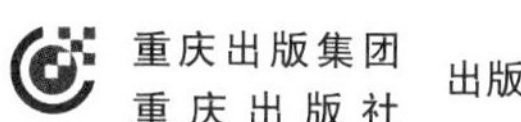

出版

重庆市南岸区南滨路162号1幢　邮政编码：400061　http://www.cqph.com
重庆出版社艺术设计有限公司制版
重庆天旭印务有限责任公司印刷
重庆出版集团图书发行有限公司发行
邮购电话：023-61520656
全国新华书店经销

开本：710mm×1000mm　1/16　印张：20.25　字数：255千
2025年1月第1版　2025年1月第1次印刷
ISBN 978-7-229-19424-6
定价：89.00元

如有印装质量问题，请向本集团图书发行有限公司调换：023-61520678

文本系山东省社科规划项目“全球风险社会视域下网络空间治理的社会舆情引导研究”(项目批准号:22CXWJ01)成果。

— 序 —

1887年，德国社会学家斐迪南·滕尼斯（Ferdinand Tönnies）在《共同体与社会》一书中将人类群体分成共同体（Gemeinschaft）和社会（Gesellschaft）两种类型。其中，共同体对应的是亲密的、隐秘的、排他性的共同生活，它是真实的、有机的，具体表现为血缘、地缘与精神共同体，在这样的共同体之中的人与人之间的关系是紧密而互相影响的；社会生活则是一种公共生活，它具有想象的与机械的结构，它是通过协商与自然法的方式形成的聚合体，其中个体意志与活动相互关联，但是个体之间独立性强，相对而言，造成的影响力低。[①]所以，在滕尼斯的眼中，共同体与社会生活并非同一时期的产物，无论是从人类族群发展史，还是个体发展上来看，它们在时间上是一种先后接替的过程。后来本尼迪克特·安德森（Benedict Anderson）提出了“想象的共同体”[②]，他把民族看作一个想象出来的政治意义上的共同体，从而延伸并丰富了以往关于“共同体”的研究。

从人类族群的演化历史来看，最初的人类就是一种共同体式的存在，人们共同进行着部落式的集体生活，不过从文字被发明开始，由读书识字所造就的环境成就了个体的独立性，人们在沉思中认识自己与世

---

①〔德〕斐迪南·滕尼斯：《共同体与社会》，张巍卓译，商务印书馆2019年版，第80-87页。

②〔美〕本尼迪克特·安德森：《想象的共同体》，吴叡人译，上海人民出版社2016年版。

界，从而从部落式的集体生活中走出来。但是个体的独立只能说是个体相对拥有独立的能力与权利，进而通过约定形成一种社会形式，从此过上社会的、公共性的生活。

马克思创立的历史唯物主义认为社会存在决定社会意识，这确认了现实社会是人类存在的基础，只有基于人的社会现实存在，才能够有效地关注人的物质生活、精神生活以及实践活动。换言之，人的现实存在具有双重性：人的自然存在与精神存在①。进入互联网时代之后，迭代升级的媒介技术使网络空间成为人们现实生活空间的投射，并上升为与现实空间具有等价性的存在，网络空间与现实社会空间实现了深度融合。于是，如今的人们，其自然存在与精神存在都离不开数字化媒介的支持。从“媒介即讯息”“媒介即人的延伸”的视角来看，媒介的形式决定了生活于媒介环境中的人的活动、知觉，同时，人对外界的感知，以及基于感知形成的认知无不依赖于媒介，它是人类感觉器官的延伸。由此，生活于互联网时代的人类存在能够实现“线上生活”与“线下生活”并举，并且通过“人的延伸”成为“数字化的存在”，从而不但扩张了现实的维度，也扩展了人类存在的属性。

人们从文字时代开始就获得了个体的独立，成为了“孤独个体”，但是人类不仅没有放弃共同体的生活，而且一直向往着“记忆中”的美好的共同体。所以，马歇尔·麦克卢汉（Marshall McLuhan）在20世纪60年代受电视媒介的启发提出了“再部落化”（Re-tribalization）②，他看到了随着大众媒介的普及，尤其是电视媒介，社会结构与功能可能从工业社会的模式向着更加部落化的模式转变。在麦克卢汉的观点中，部

① 史少博：《历史唯物主义视野下数字化时代的“人的现实存在”》，《大庆师范学院学报》2020年第2期。

②〔加拿大〕马歇尔·麦克卢汉：《理解媒介：论人的延伸》，何道宽译，译林出版社2019年版，第38页。

落化社会是一个以感官体验和集体意识为特征的社会。也就是说，在当时作为一种新的媒介形式的电视，通过提供直观的、易于消化的视觉内容，促进了人们之间的相互理解和共鸣，从而强化了部落式的社会联系：这种联系超越了传统的地域、种族或文化界限，形成了一种基于共同感知和体验的新型社群。无疑这是媒介塑型力量的体现——媒介技术塑造社会和个体行为、影响人们的认知与交流方式，新的社会形态与文化基于此而实现。

麦克卢汉通过电视媒介形成的“地球村”文化预见了“再部落化”。随着经济与文化的全球化发展，以及互联网媒介和相应文化的普及，我们不得不承认，麦克卢汉成功地预言了一种新的共同体文化：人们通过共同的兴趣、价值观、行为模式或者经验形成了共同体社群。这种社群与传统的基于地缘、血缘或学缘（文化背景）的共同体不同，它往往是媒介技术加持，以及人的心理与情感的共鸣等综合作用的结果。

那么，一个问题便呼之欲出：互联网空间是一个共同体空间吗？从“媒介即讯息”的视角来看，不同的媒介在被人类使用时能够形成与媒介相适配的特定的活动，因此就具备了不同的讯息功能，互联网的使用者能够使用基于互联网媒介技术的社交媒体（论坛、贴吧、兴趣小组等）进行交流与互动，从而形成一种虚拟的、跨越时空的社群关系。但是，互联网空间只是一个具有空间性的虚拟存在，它并非滕尼斯言及的意义上的共同体，而可以被视为是安德森意义上的“想象的共同体”或滕尼斯意义上的“社会”。由互联网媒介技术普及造就的与互联网相关的人与人之间的互动关系，生成了新的“部落形式”，这可以视为一种想象的网络共同体或者网络社会。因为在网络空间中，它不仅是一个强调空间属性的社区（community），即不依赖血缘或地缘，而且是有机且真实的。它是人们对曾经的“共同体”部落关系的愿望体现，是麦克卢汉意义上的“再部落化”。显然，经过“再部落化”的“部落”并非原来的部落了，那么经过“再部落化”后，所形成的共同体也非原本滕尼斯意义上的“共同体”了。

所以，我们所谓的网络共同体只能是一种新型的共同体，中国人民大学新闻学院教授彭兰根据研究指出网络共同体是“网络中以某些共性或纽带连接在一起的人群集合”[①]。并且，基于想象的网络共同体有不同的模式和形态，如社区（Communities，更多强调空间性）、社群（Society，更多强调具有共同特征和兴趣的人群）、族群（Ethic Group，更多强调的是文化、血缘和身份的共性）、圈子（Circle，更强调小规模，基于特定兴趣、活动或关系的人群）等都是典型的共同体模式，它们共同具有参与性、多样性、平等性以及共享的价值观、信仰等属性。由此可见，网络共同体是在滕尼斯、安德森和麦克卢汉的意义上的“共同体”的更新：新的共同体。它既有传统共同的地缘、血缘、精神的“基因”，如更多地要求获得精神支持，同时也具备更多的非空间性（超越时空）、更多的社会性（公共性）与媒介性。这种网络共同体也可以被称为网络社会，因为它更加强调公共性与媒介性。

汉娜·阿伦特（Hannah Arendt）提出的“社会三分理论”将人的基本活动分为劳动（私人领域）、工作（社会领域）和行动（公共领域）。[②]阿伦特认为劳动是私人领域的活动，因为在西方传统的“公”与“私”的区分中，古希腊人认为劳动属于“私人”（to idios）的部分，指向家庭；“公”属于城邦的、“公共”（to koinonia）的部分，指向国家与社会，具有“共享的”意义。阿伦特在“公和私”两分的基础上，将“公共”的部分细化、拆分，从而引申出第三个领域——“行动”领域。

① 彭兰：《“液态”“半液态”“气态”：网络共同体的“三态”》，《国际新闻界》2020年第10期。

②〔美〕汉娜·阿伦特：《人的境况》，王寅丽译，上海人民出版社2009年版。

也就是对社会领域与公共领域进行了区分。因为在阿伦特的思想中，私人劳动属于自然范畴，人们在其中关注自身生命的存活；工作属于社会活动，其目的在于超越自然界的限制，从而创造出满足复杂需求的物质世界，不仅是满足个人日常的衣食住行等，而是更大范围地满足生产、制造与建造等活动需求，所以这里的“社会”需求主要是与“自然”需求相对的。行动则不同，行动是指人类在公共领域中与他人互动、表达意见和主张权利的活动。这类活动强调个体之间的相互关系，是政治生活的核心，即在公共领域中，人们可以通过言语交谈展示自己的个性和才能、参与决策、影响社会和政治变革等。所以阿伦特认为行动才是实现公共性（Publicity）的关键[①]，而行动者在言行中的自我展现则是保证公共性的基本实现方式[②]。从阿伦特的政治行动理论来看，行动的人才能实现人之为人的价值，行动的人所展现的公共性从本根上表现为“政治参与”，而所谓的公共领域则是行动的人施展公共性的“场所”。

哈贝马斯（Habermas）在阿伦特的公共领域思想基础上，对公共性的生成历史进行了考察，从而提出了“公共领域的结构转型”这一思想。哈贝马斯认为“公共性本身表现为一个独立的领域，即公共领域……有些时候，公共领域说到底就是公众舆论领域”[③]，它是介于国家与社会之间的一个缓冲地带，即调解领域。这个领域在公众作为公共意见（舆论）的载体时形成，也就是说，公众作为能够自由发表意见的个体，能够积极地参与到政治生活中时，公共领域得以生成。所以，最终哈贝

---

① 孙旻：《公共领域——一个永恒的世界——对阿伦特的公共领域思想的探究》，《理论界》2009年第3期。

② 杨仁忠：《阿伦特的社会三分理论模式及其学术意义》，《洛阳师范学院学报》2008年第4期。

③〔德〕尤尔根·哈贝马斯：《公共领域的结构转型》，曹卫东等译，学林出版社1999年版，第2页。

马斯与阿伦特一样，呼吁公众通过言说积极地参与到政治生活中，而这种参与是公共领域形成的关键。

阿伦特和哈贝马斯的理论为我们思考媒介（互联网）的公共性问题提供了一个新的思路。也就是说，在网络空间内人作为行动者能否通过言说来展示自我，因此，参与公共生活是考察网络空间能够建构成一个公共领域的关键。而互联网媒介作为突破传统时空限制的共有（共享）空间，它为人们在不同的时间与地点共同关注事件，并针对同一事件进行观点的互动与意见的交换，提供了“场所”。所以，在某种意义上，互联网媒介形塑了一个真正的共同体。在互联网媒介空间中，公共性与媒介性结合，生成了一个涉及所有人类利益的同参、共享、普遍访问的“场所”。

在论证互联网形塑新的网络共同体，形成网络社会的过程中，我们可能看到网络媒介对公共生活影响的日益加深，不言而喻的是，互联网为社会成员参与公共事务、进行公共性的讨论创造了条件，将媒介性与公共性结合后的正面功能表现得淋漓尽致。但是，事务在发展过程中也形成了自己的反面：网络媒介造成了媒介现象中的泛娱乐化、网络言论非理性化（包含虚假信息泛滥等）、网络过度依赖等问题。于是，网络媒介在进化发展的过程中逐渐形成一种“公共性与反公共性共同在场的复杂场域”[①]。由此，公共性与反公共性形成了强大的张力，这对公共议题的设置、公众参与与讨论的维护以及社会共识的生产等都带来了巨大的挑战，社会治理的危机就可能出现。如此，对社会危机的诊断、社会治理的部署、网络媒介公共性的维护就成为研究的题中之意。基于此，本书的研究问题呼之欲出：

第一，如何诊断社会危机？

---

① 贾双跃：《公共性与反公共性的共同在场：网络空间的治理困境及其超越》，《学习与实践》2021年第9期。

第二，如何展开社会治理？

第三，网络媒介的公共性如何保障？

针对以上问题，我们可知，如果要诊断社会危机，首先就需要辨别什么是社会危机，此后才可能形成一种诊断社会危机的能力。社会治理的目的在于实现社会的良性运行和协调发展，推动形成“政社民”共建、共治、共享的社会治理格局，那么，在社会治理格局下移的过程中，社会、民众的行为就尤为重要。社会治理首先需要解决的是社会为何失序，以及哪里失序了。也就是说，需要在明确社会危机是什么的前提下，才能展开社会治理；而网络公共性的保障问题的关键在于抑制反公共性的存在。但是反公共性的活动就存在于社会危机之中，所以对社会危机进行纠偏就是在对反公共性进行纠正。因此，此处的三个问题，就转化为一个核心问题：如何进行危机的诊断？本书认为，网络时代的危机就存在于媒介现象之中，因此判断具有危机的媒介现象并对其进行分析，就能够为社会治理提供依据，进而保障“公共性”。

在考察媒介现象的基础上，本书上篇对挑选的媒介现象进行了理论考察，以便能够更深刻地认知我们日常所见的“媒介现象”。具体包括，考察媒介的范式转换以及其引发的传播革命；社会危机的倦怠与加速这两大表征；表象的礼赞与危机；书写的危机；诊断危机的方法——姿态现象学的实践。下篇以上篇的理论为基础对媒介现象进行专题研究，主要选择了四大主题——“人设现象”“社交媒体的使用现象”“社会治理的现象”“公共书写现象”。

周海宁
2024年8月于济南

目 录

Contents

上篇：

理论考察

一、范式转换与传播革命

“范式”与“革命”是托马斯·库恩（Thomas Kuhn）的著作《科学革命的结构》[①]之中的两个标题，分别是第五章“范式”和第九章“革命：确立起新的范式”。可以说，库恩认为科学革命是存在结构的，即首先存在一个范式以及常规科学（致力于解谜），此后，出现反常，引发危机，最后产生新范式并肃清危机。

库恩还在书中提出“世界观的转变”。他认为在革命与范式转换过程中新的思想无法与旧的思想进行严格比较，因为即使是同样的词语，其意指内容也会发生变化。因此，一个新的理论之所以能够替代旧的理论，关键不在于它“真”，而在于“世界观的转变”——也就是意识的转变。比如，“……在哥白尼之后，天文学家生活在一个不同的世界里”[②]。“……发现氧气之后，拉瓦锡是在一个不同的世界里工作”[③]。

自然是不断流变的，早在古希腊，哲学家赫拉克利特就提出“万物流变”的思想，认为万物变动不居——“人不能两次踏入同一条河流”。

---

①〔美〕托马斯·库恩:《科学革命的结构(第四版)》,金吾伦、胡新和译,北京大学出版社2012年版。

②〔美〕托马斯·库恩:《科学革命的结构(第四版)》,金吾伦、胡新和译,北京大学出版社2012年版,第99页。

③〔美〕托马斯·库恩:《科学革命的结构(第四版)》,金吾伦、胡新和译,北京大学出版社2012年版,第100页。

但是库恩所说的并非是客观的自然，而是人的世界观的变化，这里所谓的不同的世界，是指在不同的世界观——革命之后，科学家会看到一个有着不同的运作方式的世界，观察到新的现象，同时也会遭遇新的困难，产生新的交往方式。因为，在革命之后，科学家会以一种新的立场（Standpoint）、一种新的观点（Viewpoint）去看待这个世界，因此，世界就会以一种不同的面貌呈现。所以，库恩这里所言的“不同的世界”，是指在拉瓦锡（1743—1794）之后，科学家生活在“一个世界观转变的世界中”，而不是生活在“一个与此前不同的世界中”。这与麦克卢汉的名言“媒介即信息”的思想内涵是一致的，即需要以一种革命性的思维来重新审视媒介。

麦克卢汉在其著作《理解媒介：论人的延伸》的首章就将电光视为“单纯的信息”，他指出：“乍一看，它（电光）似乎是一种不带讯息（Message）的媒介，除非它是用来打文字广告或拼音姓名。这是一切媒介的特征。”①

这一事实说明，任何媒介的“内容”都是另一种媒介。文字的内容是言语，正如文字是印刷的内容，印刷又是电报的内容一样。如果要问“言语的内容是什么”，那就需要这样回答：“是实际的思维过程，而这一过程本身却又是非语言（Nonverbal）现象”……任何媒介或技术的“讯息”，是由它引入的人间事物的尺度变化、速度变化和模式变化。铁路的作用，并不是把运动、运输、轮子或道路引入人类社会，而是加速并扩大人们过去的功能，创造新型的城市、新型的工作和新型的

①〔加拿大〕马歇尔·麦克卢汉：《理解媒介：论人的延伸》，何道宽译，译林出版社2011年版，第18页。

闲暇。[①]

这是麦克卢汉对“媒介即信息”的阐释。媒介即信息，一方面指媒介的“内容”是另一种媒介，也就是媒介本身包含着其他媒介，因而带有讯息，比如文字的内容就是口语语言。另一方面是说，媒介（技术）的出现或迭代升级必然会给人们带来新的事物，而这种新事物与之前的旧事物相比，必然具有尺度、速度、模式上的不同，这种不同就是“讯息”。比如，铁路在结构和功能上的变化意义，并不在于它的运动、运输、轮子与道路，而在于它带来了新型城市、新工作、新式闲暇，即人们的行为方式与此前产生了不同。如此，“媒介即讯息”重点在于强调新媒介的形式所带来的“传播革命”，即铁路运输的形式所带来的革命，而非铁路所承载的货物。再以电光源为例。

无论它（电光源）用于脑外科手术还是晚上的棒球赛，都没有区别。可以说，这些活动是电光源的“内容”，因为没有电灯光就没有它们的存在。这一事实只能突出说明一点：“媒介即讯息”（即电光的“内容”是另一种媒介），因为对人的组合与行为的尺度和形态，媒介正是发挥着塑造和控制的作用。然而，媒介的内容或用途却是五花八门的，媒介的内容对塑造人际组合的形态也是无能为力的。

从此段论述可以看出，麦克卢汉强调电光源的“内容”并非是电光源的“媒介内容”（它的媒介内容是电源），他认为电光源“内容”应是脑外科手术或是晚上的棒球赛这类活动。也就是说，麦克卢汉强调电光

①〔加拿大〕马歇尔·麦克卢汉：《理解媒介：论人的延伸》，何道宽译，译林出版社2011年版，第18页。

源这种“媒介形式”在提供人的新行为尺度和形态方面发挥的功能。进而言之，“媒介即信息”，强调的是媒介的形式、功能，而非媒介的内容，麦克卢汉更进一步强调了所有媒介的功能都在于传递“信息”。麦克卢汉看到了媒介形式的重要性，以“电光”为例，强调了电光的媒介性，强调了电光的“内容”是另一种媒介，并且媒介超越了时空的差异，从而使人类“深深卷入自己所从事的活动之中”[①]——“媒介是社会交往的讯息”[②]。“媒介即讯息”清楚阐释了媒介的属性、功能，那么媒介与人的关系又如何理解呢？

从媒介的属性和功能角度来看，“媒介即讯息”强调媒介形式比内容更具价值。从“媒介即人的延伸”的角度看，麦克卢汉提出了人与使用媒介的关系。进而言之，媒介由于形式的演进而引发了“尺度变化、速度变化和模式变化”，这些变化本身为人类带来了“讯息”，因此使用不同的媒介能够对人的知觉（意识）产生不同的影响，进而改变人的行为。比如，使用印刷机使人们进入了古腾堡星汉（世界），从而使人类在线性的、历史的意识下创造出理性的文字文化；使用照相机使人们进入技术图像的宇宙（世界），从而使人类在非线性的、后历史的意识下，通过技术想象创造了新的图像文化，并进一步发展至如今繁荣的短视频时代。所以在这一认识维度上，库恩的“世界观的转变”就会产生不同的“小世界”，并与不同的媒介时代对应着不同的媒介知觉和媒介行动。

麦克卢汉引用了戴维·萨尔诺夫将军对技术本身与技术使用关系的演说：“我们容易把技术工具作为那些使用者所犯罪孽的替罪羊。现代

① 〔加拿大〕马歇尔·麦克卢汉：《理解媒介：论人的延伸》，何道宽译，译林出版社2011年版，第20页。

② 〔加拿大〕马歇尔·麦克卢汉：《理解媒介：论人的延伸》，何道宽译，译林出版社2011年版，第21页。

科学的产品本身无所谓好坏，决定它们价值的是使用它们的方式。”[①]麦克卢汉指出了萨尔诺夫演说内容的缺陷：“这番话忽视了媒介的性质，包括任何媒介和一切媒介的性质。它表现了人在新技术形态中受到的肢解和延伸，以及由此而进入的催眠状态和自恋情绪。”[②]这句话涉及了媒介理论中的一个重要概念，即媒介如何影响人类的感知、行为和心理状态。在这里，“媒介的性质”指的是媒介本身的特性和影响，而“人在新技术形态中受到的肢解和延伸”则是指技术（媒介）如何改变人类的生活方式和存在方式。

其中“肢解和延伸”，一方面是指随着新技术发展，人们的生活方式、工作方式和交流方式都发生了变化。例如，社交媒体让人们可以随时随地与他人交流（媒介的遍在性使然），但同时也可能导致人们过度依赖（媒介依赖的负效果），甚至因其失去面对面沟通的能力。这种过度依赖和沟通能力的失去，可以被视为一种媒介的“肢解”能力。另一方面，新技术也延伸了人的能力，比如通过智能手机，人们可以完成许多复杂的任务，这在一定程度上扩展、延伸了人的能力。

麦克卢汉所说的“催眠状态”是指人们在接触媒介时，可能会进入一种被动接受信息的状态，而非主动思考和判断。也就是说，人们长期沉浸在媒介环境中，“日用而不自知”，进而进入一种“麻醉状态”。例如，在长时间观看电视或者使用社交媒体后，人们可能成为“单向度的人”而失去批判能力。

“自恋情绪”在如今的媒介时代，尤其是社交媒体中尤为显著。社交媒体能够给“无权者”以权利，即通过“媒介赋权”的方式，普通人

---

①〔加拿大〕马歇尔·麦克卢汉：《理解媒介：论人的延伸》，何道宽译，译林出版社2011年版，第21页。

②〔加拿大〕马歇尔·麦克卢汉：《理解媒介：论人的延伸》，何道宽译，译林出版社2011年版，第22页。

也能够拥有并使用技术媒介来生产和传播信息，据此来展示自己以获得他人的关注和认可。这被麦克卢汉视为一种“自恋情绪”。

麦克卢汉通过对萨尔诺夫的演说进行批判，指出萨尔诺夫忽视了媒介本身的性质，而只对人“如何使用”，即从人本身出发对媒介价值进行评判。因为，媒介本身的性质不但能够使人“受到肢解和延伸”，还能够引发人的“催眠状态”和“自恋情绪”。媒介的重要性不仅在于人如何使用，更在于媒介对人的影响。也就是说，麦克卢汉主张从人与媒介关系的视角来理解媒介。

我们对所有媒介的传统反应是：如何使用媒介至关重要。这就是技术白痴的麻木状态。因为媒介的“内容”好比是一片滋味鲜美的肉，破门而入的窃贼用它来吸引看门狗的注意力。媒介的影响之所以非常强烈，恰恰是另一种媒介变成了它的“内容”。一部电影的内容是一本小说、一部剧本或一场歌剧。电影这个形式与它的节目内容没有关系。文字或印刷的“内容”是言语，但是读者几乎完全没有意识到印刷这个媒介形式，也没有意识到言语这个媒介。①

可以说麦克卢汉是第一位认识到媒介本身形式比媒介内容更为重要的媒介学者。人们在使用媒介时，往往只注意到媒介的内容物，但麦克卢汉提示了媒介本身的重要性。也就是说，一种媒介成为了另一种媒介的“内容”，比如文字或印刷的“内容”都是言语，但是人们在印刷文本中只看到了文字，却看不到印刷或言语所具有的媒介力量。如此，人们更无法看到“技术的影响不是发生在意见和观念的层面上，而是要坚

①〔加拿大〕马歇尔·麦克卢汉：《理解媒介：论人的延伸》，何道宽译，译林出版社2011年版，第29–30页。

定不移、不可抗拒地改变人的感官比率和感知模式”[①]。这句话强调了媒介对人类感知和感官体验的深远影响，这种影响不仅仅局限于我们的思想和观念，而是更深层次地触及我们的感官和认知方式。

其中，“感官比率”是指人们感知世界时对包括视觉、听觉、嗅觉、味觉和触觉的“五感”运用和优先级。媒介，尤其是现代媒介，如电影、电视、互联网等，通过高度发展的视觉和听觉技术，改变了我们感知信息的主要方式。例如，电影通过视觉效果和音乐（听觉）来传达情感、讲述故事，这可能会改变我们通过其他感官来体验世界的方式。“感知模式”是指我们理解和解释感官输入的方式。媒介通过其特定的叙事结构、编辑技巧和视觉效果，塑造了我们的感知模式。例如，快速剪辑在电影中用来增加紧张感，这种剪辑方式可能会影响我们在现实生活中的反应时间和对事件的感知。所以，麦克卢汉发现了“媒介”本身的重要性，他呼吁人们不要忽视“媒介”本身的重要性。

> 对媒介影响潜意识的温顺的接受，使媒介成为囚禁其使用者的无墙的监狱。……倘若媒介的塑造力正是媒介本身，那就提出了许许多多的大问题。……棉花和石油，如同收音机和电视机一样，在人民的整个精神生活中变成了“固持的电荷”(Fixed Charges)。这一普遍的事实造成了一切社会的独特文化景观。每一种塑造社会生活的产品，都使社会付出了沉重的代价。[②]

麦克卢汉这里再次强调了媒介的“肢解”能力，也就是说，媒介依

①〔加拿大〕马歇尔·麦克卢汉：《理解媒介：论人的延伸》，何道宽译，译林出版社2011年版，第30页。

②〔加拿大〕马歇尔·麦克卢汉：《理解媒介：论人的延伸》，何道宽译，译林出版社2011年版，第32-33页。

赖使媒介使用者沉浸于媒介的功能中而无法自拔，这是媒介塑造力的表现。其中，棉花和石油、收音机和电视都是具有代表性的例子，嵌入我们日常生活中，成为我们文化景观的一部分。所以，这些产品都变得不可或缺（“固持的电荷”），对社会结构和人们的行为产生了深刻的影响。但是“每一种塑造社会生活的产品，都使社会付出了沉重的代价”。这是因为，在使用媒介的过程中，人类潜在的“自恋昏迷状态”使人类本身无法拥有“预见和控制媒介的力量”，因为“任何媒介都有力量将其假设强加在没有警觉的人的身上”[①]。也就是说，所有的媒介使用都具有使人产生“日用而不自知”的作用。由此，麦克卢汉指出了，在媒介的使用者与媒介的相关关系中，媒介对人产生影响，但是作为使用者的人类却无法识破这种影响。因为，人们只有站在“与任何结构或媒介保持一定距离的地方，才可以看清其原理和力的轮廓”[②]。比如，麦克卢汉评价托克维尔[③]是“第一位深明印刷术和印刷品精义的人物，所以他才能解读出美国和法国即将发生的革命，仿佛他正在朗读一篇传递到他手上的文章”[④]。

托克维尔之所以能够预见“革命”的发生，在于他能够懂得“印刷术的语法”，也就是说，他站在与印刷术的结构或印刷术媒介保持一定距离的地方，所以他对印刷品的价值和假设抱有一种超然的态度，不会深陷其中而“自恋昏迷”。具体而言，托克维尔意识到印刷术和印刷文

①〔加拿大〕马歇尔·麦克卢汉：《理解媒介：论人的延伸》，何道宽译，译林出版社2011年版，第26页。

②〔加拿大〕马歇尔·麦克卢汉：《理解媒介：论人的延伸》，何道宽译，译林出版社2011年版，第26页。

③ 亚力克西·托克维尔（Alexis de Tocqueville，1805—1859），法国作家、政治家，曾游历美国，著有《论美国的民主》一书，该书分析了美国政治制度的优缺点。

④〔加拿大〕马歇尔·麦克卢汉：《理解媒介：论人的延伸》，何道宽译，译林出版社2011年版，第24页。

化创造了同一性和连续性，这与口语文化的非连续性和不可预测性不同，印刷文化的语法无助于解读口头的、非书面的文化和制度的讯息。

> 印刷术的同一性、连续性和线条性原则，压倒了封建的、口耳相传文化的社会的纷繁复杂性。法国革命是由新兴的文人学士和法律人士完成的。……英国古老的习惯法的口头文化传统却是非常强大的，而且中世纪的议会制还为习惯法撑腰打气，所以新兴的视觉印刷文化的同一性也好，连续性也好，都不能完全扎根。结果，英国历史上就没有发生重要的事情。……美国革命需要抛弃的，除了君主制度之外，没有中世纪的法律制度。①

麦克卢汉指出托克维尔之所以能够认识到印刷术这一媒介的重要性，在于他理解这一媒介，看到了印刷术与印刷文化对传统口语文化的冲击，但是在其同时代，人们无法认识到新的媒介技术带来的威胁，因而处于麻木不仁的状态。

> 我们对电力技术与古腾堡技术遭遇时所产生的威胁麻木不仁，真可谓又聋又瞎又哑。美国生活方式的形成，既要以古腾堡技术为基础，又要借重这个渠道。但似乎，现在来提出救世的策略还不是时候，因为世人连这种威胁是否存在都尚未公认。②

古腾堡技术即现代印刷术，美国资产阶级革命借助于古腾堡技术取

---

①〔加拿大〕马歇尔·麦克卢汉：《理解媒介：论人的延伸》，何道宽译，译林出版社2011年版，第25页。

②〔加拿大〕马歇尔·麦克卢汉：《理解媒介：论人的延伸》，何道宽译，译林出版社2011年版，第29页。

得了成功，从而促使“美国生活方式的形成”。但是电力技术不同于古腾堡技术，它是“从线性连接过渡到外形轮廓。……我们又回到无所不包的整体形象”[①]。比如，电影是一种“幻影和梦幻”的世界，它从文字媒介过渡到影像媒介，实现了“从线性连接过渡到外形轮廓”。文字媒介具有序列性的特征，而影像媒介具有同步性的特征，当“序列性让位于同步性（Sequence Yields to the Simultaneous），人就进入了外形和结构的世界”[②]。相对于“内容”的世界，这里的外形与结构的世界就是形式化的世界，它是两种不同的世界，也就是人类世界进入了不同的时代。印刷媒介在古腾堡的世界带给人的是一种线性的片段感，而在电力时代，影像是一种由线性组成的二维世界，它给人们带来了整体的模式感，进而“保留着形式和功能是一个统一体的感觉”。基于此，关于媒介的教育也就需要转向。

进入了电力时代以后，结构和外形这个基本观念已经变得非常盛行，以至于教育理论也接过了这个观念。结构主义的教育方法不再处理算数里专门的“问题”，而是遵循数字场的力的外形，周旋于数论[③]和“集合”之间。[④]

---

①〔加拿大〕马歇尔·麦克卢汉：《理解媒介：论人的延伸》，何道宽译，译林出版社2011年版，第23页。

②〔加拿大〕马歇尔·麦克卢汉：《理解媒介：论人的延伸》，何道宽译，译林出版社2011年版，第24页。

③ 在结构主义教育方法的背景下，数论的重要性在于它提供了一种理解和探索数学结构的方式。通过研究数字的性质和它们之间的关系，人们可以更深入地理解数学概念的整体框架，而不仅仅是执行算术运算。也就是说，这种教育方法鼓励人们去发现和理解数字之间的内在联系，以及这些联系如何构成数学理论的基础，而不仅仅是学习如何计算。所以，数论是用来展示数学的结构和美，以及它如何建构与扩展的。

④〔加拿大〕马歇尔·麦克卢汉：《理解媒介：论人的延伸》，何道宽译，译林出版社2011年版，第24页。

结构主义教育方法关注的是知识的结构，而不是单纯的知识点。在这种方法中，教育者不再仅仅关注算术中的具体问题（如何计算的问题），而是关注数字之间的关系，以及数字集合的形态和结构。这意味着教育者更关注理解数学概念的整体框架和内在联系，而不是仅仅掌握一些孤立的运算技巧。麦克卢汉看到了媒介对人类生活方式与存在方式的影响，看到了媒介对人类感官和认知方式的影响。但是媒介的使用者依旧没有形成与媒介演进相一致的知觉能力，即处于一种“日用而不自知的”媒介“肢解与延伸”功能中无法自拔。而解决这一困境的可能方法就是发展新的“教育理念”，即超越传统文字时代线性的、以知识点为中心的教育理念，转而形成与媒介发展相契合的结构性的、形式性的教育理念。正如尼采所言，既然理解能阻止行动，那么借助弄懂媒介如何使人延伸，如何挑起我们里里外外的战争，我们就可以节制这场冲突的激烈程度。①

麦克卢汉赞同尼采对媒介与人关系的理解，只有“理解媒介”才能够阻止错误的行动，那么也只有理解媒介如何使人延伸以及如何影响人，才能将媒介的影响控制在有利的范围内。也就是说，麦克卢汉指认从古腾堡的印刷术时代到电子时代发生了媒介转换，也就是范式转换。进而言之，我们从读书识字（历史时代）的环境进入了收音机、电视机的电子时代（后历史时代）。

我们在读书识字的环境中遭遇收音机和电视机所做的准备，并不比加纳土著人对付文字时的本领高强。文字环境把加纳土著拽出集体的部落社会，使他们搁浅在个体孤立的沙滩上。我们在新鲜的电子世界中的

---

①〔加拿大〕马歇尔·麦克卢汉：《理解媒介：论人的延伸》，何道宽译，译林出版社2011年版，第27页。

麻木状态，与土著人被卷入我们的文字和机械文化时所表现出来的麻木状态，实际是一样的。[①]

这里强调了媒介范式的转换与传播革命的发生。人类的每一次进步都源于革命。而革命的逻辑具有辩证法结构，也就是说，对一个事物的肯定的理解中一定同时存在对它的否定的理解。从部落社会进入文明（文字）社会，这是社会朝着更高方向的演进，但是从集体的整体到个体的独立，突然的改变则使人进入一种麻痹的状态，这种懵懂的状态是一种否定的判断，同理，从文字时代进入电子时代的人们，也正在经历一种范式转换，在这里就是一种传播革命的发生。每发生一次革命，就会发生一次理解的变换，即意义的变化。也就是说，每一次的传播革命都需要重新理解——理解媒介，理解媒介对人的影响（“论人的延伸”）。由每一次范式的转换引出的新理解，意味着在一层更高的概念上理解原先的意义，在一个更高（更好）的范式上理解原先的知识。因此革命就是范式转换，人类传播的展开无不如此。反之亦成立。也就是说，如果我们想要在当前的文化中认清方向，寻找到发展的线索，就需要追溯前一种文化，去考察技术的形式对人的影响。

今天，如果我们想在自己的文化中认清方向，就有必要与某一种技术形式所产生的偏颇和压力保持距离。要做到这一点，只需要看一看这种技术尚未存在的一个社会，或者它尚不为人所知的一个历史时期就足够了。[②]

---

①〔加拿大〕马歇尔·麦克卢汉：《理解媒介：论人的延伸》，何道宽译，译林出版社2011年版，第27页。

②〔加拿大〕马歇尔·麦克卢汉：《理解媒介：论人的延伸》，何道宽译，译林出版社2011年版，第31页。

当一种范式无法使用时，另一种范式就会产生。在两次范式的转换过程中，既有的知识就需要被重新认识，因而也就增加了新的知识。对于个人来说，在人生成长过程中，一次次的范式转换成就了认知革命，也就是世界观的转变。但是，如果媒介范式转换，人的知觉和意识没有发生相应的变化，那么人的知觉和经验就会受制于媒介，进而发生“异化”。因为“一切媒介均是感官的延伸……人的感觉也形成了每个人的知觉和经验”[①]。如此，人就会沉沦于当下的氛围而不自知。

每一名罗马人都生活在奴隶的包围之中。奴隶及其心态在古代意大利泛滥成灾，不知不觉间，每一名罗马人在心理上都变成了奴隶。因为他们不断生活在奴隶的氛围之中，所以他们也透过无意识受到了奴隶心理的侵染。谁也无法保护自己不受这样的影响。[②]

如果说辩证法是事物通过发展、展开自身而产生出自我否定的力量，从而实现自身的范式转换，即革命。那么，如果事物本身没有在发展的过程中顺利地自我否定，那就会出现危机。在如今的媒介化社会，我们社会正处于危机之中：倦怠与加速是两大关键词。

①〔加拿大〕马歇尔·麦克卢汉：《理解媒介：论人的延伸》，何道宽译，译林出版社2011年版，第33页。

②〔加拿大〕马歇尔·麦克卢汉：《理解媒介：论人的延伸》，何道宽译，译林出版社2011年版，第34页。

二、社会的危机：倦怠与加速

（一）倦怠社会

德国籍韩裔学者韩炳哲在其著作《倦怠社会》[①]中指出，现代社会已经从福柯所指认的“规训社会”[②]转向为“功绩社会”。规训社会主要由医院、疯人院、监狱、军营和工厂构成，主要特征表现为规训与惩罚，其组织结构以否定性的禁令为基础：因为社会充满着否定性，而过量的否定占据着主导地位，所以相应的病症即是一种需要以他者的否定性为前提的免疫反应机制。这一社会强调“应当”如何以及“不能”如何，所以它以压抑性、否定性来建构的信条是顺从、法规和履行义务，并遵从他人的指令行事。

但是，在功绩社会中，由于缺少否定性，过量的肯定性占据了肯定地位，并且无节制地追求效能提升，进而导致心灵的梗阻，人们的主要精神状态陷入过度疲劳与倦怠中。规训与惩罚不再是功绩社会的主要内容，它逐步消除了戒律与禁令，成为一个自由的社会。[③]因此，功绩社会从表面来看，似乎赋予了人们更多的自由，但这种自由实际上却带来

---

①〔德〕韩炳哲：《倦怠社会》，王一力译，中信出版集团2019年版。

②〔法〕福柯：《规训与惩罚》（第五版），刘北成、杨远婴译，生活·读书·新知三联书店2019年版。

③〔德〕韩炳哲：《倦怠社会》，王一力译，中信出版集团2019年版，第65页。

了更多的束缚，进而导致“自我剥削”现象的出现。具体而言，抑郁症是现代晚期功绩社会的标志性症状[①]，而倦怠社会的情感世界并不包含自卑、自责感，以及对失败的恐惧，也不包含不间断的自我谴责与自我攻击。虽然功绩社会的主体摆脱了负面的、发号施令的他者，他们并非听令于他人（他者缺席了），而是听命于自己，获得了“自由”——自己成了自己的“雇主”。

但是，这种自由并非是一种纯粹的释放与解脱——自由的辩证法将其自身转化为强制与束缚。这也符合辩证法的原理，事物在发展、展开的过程中，越是发展就越容易发展出自己的反面。最终的结果是，功绩社会充满了自由观念和去管制化——大规模地解除了规训社会下的限制与禁令——带来了彻底的去边界化与普遍的失序化。[②]由此，抑郁症成为功绩社会的时代（精神）病症——如果说抑郁曾经只属于少数精英，那么抑郁症则表示这种独特性已经被民主化、大众化为今天的抑郁症了。

倦怠是悠闲的反面。尼采在其著作《扎拉图斯特拉如是说》[③]中提出了“超人”（Übermensch）与“末人”（Der Letzte Mensch）两个对立的概念，用以描述人类可能发展的两种极端。

超人是尼采哲学中的理想人类形象，是一种超越现有道德和社会规范的个体。

超人具有创造性和自主性，能够克服社会的限制和传统的价值观，创造自己的价值。

---

①〔德〕韩炳哲：《倦怠社会》，王一力译，中信出版集团2019年版，第47页。

②〔德〕韩炳哲：《倦怠社会》，王一力译，中信出版集团2019年版，第72页。

③〔德〕尼采：《扎拉图斯特拉如是说》，黄明嘉、娄林译，华东师范大学出版社2009年版。

超人代表了力量、自由和个人的卓越，是生命意志的肯定者。

超人不是社会的产物，而是通过个人的努力和自我超越来实现的一种存在方式。

超人概念强调了个人主义、力量和自我实现的重要性。

末人是尼采用来描述那些缺乏创造力和生活激情的人，他们追求的是舒适、安全和平庸。

末人代表了人类退化的可能性，他们没有远大的理想和抱负，满足于现状，缺乏对生活的深刻体验。

末人是一种批判性的概念，尼采用它来批判现代社会的消费主义、物质主义和平庸主义。

末人形象揭示了当人们放弃追求更高层次的存在和意义时，社会可能陷入的困境。

简而言之，超人与末人的区别在于他们对于生活、价值观和人类潜能的态度。超人追求个人卓越和自我超越，而末人则追求舒适和缺乏抱负的生活。尼采通过这两个概念来探讨人类可能的未来和理想的生活方式。

但是在功绩社会中的主体，他们并非是自我超越的“超人”，反而是失去自我的“末人”。尼采在《扎拉图斯特拉如是说》中写道：“你们全都爱辛劳、快速、新奇、怪异——你们不大容忍自己，你们的勤勉是灾难，是忘却自我的意志。倘若你们更相信人生，你们就愈少拜倒于当前的刹那。可是，你们的内在缺少足够的内容，所以不能等待——所以连懒散都不能够！”[①]

尼采所描述的这种末人，在韩炳哲的论证下成为功绩社会主体的

① 〔德〕尼采：《扎拉图斯特拉如是说》，黄明嘉、娄林译，华东师范大学出版社2009年版，第88页。

写照。

当功绩主体保持开放、灵活的状态时，他能够最有效地进行自我剥削，因此他成了“末人”。[①]

在功绩社会中，“末人”并非只作为自主的人，而是为了“成为自己的主人”耗尽了力量，从而导致了抑郁症，这是由于过度劳作，并心甘情愿地自我剥削所致。并且，在工业社会中个体拥有一个固定不变的身份，但是在功绩社会中，个体需要灵活的个体身份，以便不断提高生产效率——自我压榨，产出更多剩余价值。所以，韩炳哲是从一种资本（经济）的视角对社会现象进行观照。

所以，功绩社会是一种积极的社会，功绩主体在胜利的同时走向毁灭。这是因为，虽然功绩主体摆脱了来自规训社会的他者的暴力，却因自我暴力而陷入毁灭性的自我束缚中。21世纪的精神类疾病就表征为这类精力枯竭（倦怠）与抑郁症等。

中国竞争激烈的工作环境，导致人们疯狂追逐效率和绩效，功绩社会和倦怠社会表现也愈发明显了。比如，随着媒介技术迭代升级，智能手机的使用带来了多任务处理；“友好型”用户界面（以技术图像为中心的媒介化世界替代了以文字为中心的传统媒介世界）的使用带来了日常生活与工作边界的“模糊”。于是，普遍的劳累、抑郁以及不安充斥于媒介化的社会中。因此，“内卷”与“躺平”成为倦怠社会的两大关键词，它们是倦怠的重要征侯。

从定义上说，“内卷”是指外部条件约束，从而导致内部的精细化、过密化发展及内部懈怠与消耗；“躺平”是指由于“低欲望”“低姿态”

---

①〔德〕韩炳哲：《倦怠社会》，王一力译，中信出版集团2019年版，第78页。

的顺从，从而消解社会现实困境并获得内心世界的平和。[①]这是伴随着社会转型、现代化进程，以及社会媒介化（技术化）强度的推进，现代人随之产生的社会生存状态与心理状态，除此之外，这种“内卷”与“躺平”的社会心理还生成了其他类似的社会文化现象，比如典型的“丧文化”与“佛系文化”。因而，无论是社会心理变迁角度，还是现代性焦虑的视角，“倦怠”都是一种较为普遍的社会心理。如此，对“倦怠”的考察就应该从生存论的视角切入：人该如何？对这一问题的解答可以从“如何走出倦怠”来寻找答案。

倦怠，是一种对存在的疲倦，不是疲惫于某个或者某些具体的事，而是纯粹地疲惫于存在。在古代，哲学家讨论“生活”，探讨一个人如何在共同体中过得更好；在现代，哲学家讨论“生存”，讨论一个人如何在世间活着；而当代哲学家几乎只能讨论人何以“苟延残喘”。人经历了从自然之中被连根拔起之后，又经历了主动或者不主动地从伦理和政治关系中被抽离出来。人变得前所未有的自由与独立，却也前所未有地孤独。当“我”失去了“我们”的时候，主体自身以一种膨胀破裂的方式成为“我们”，这是一种最为自然的补偿机制。当我们抱怨“内卷”，并不是一个完整的主体在参与活动，而是碎裂在无数朋友圈、微信群、工作组这些网络的小小圈子中的主体的碎片在分离内卷。同样地，当我们自嘲“躺平”的时候，也不是一个完整的身体获得了休息，而是主体爆裂出的零零散散的碎片决定要停工了。韩炳哲写《倦怠社会》，诊断当今的主体有着“过度的肯定”，行动太多，不懂得懈怠。不过，他大体没有想到当今的主体以一种碎琉璃的状态彻底不能给出任何

① 付茜茜:《从“内卷”到“躺平”：现代性焦虑与青年亚文化审思》，《青年探索》2002年第2期。

行动，也没有一个完整的自我来接受他所描绘的“倦怠的治疗”。走出倦怠，无论是真实的还是理论的，我们需要的是整合自我的勇气与智慧，重新找回生活在历史与自然之中的完整的主体，也只有这样的主体才能真正地给出英雄的行动。①

由此可见，“走出倦怠”提供的解决对策依然回到了尼采。也就是说摆脱“末人”，成为“超人”。韩炳哲用普罗米修斯作为倦怠社会人物的原型（主体原型），呼应了卡夫卡对这一神话的改造，以此描绘“自我剥削”与“倦怠治愈”之间的张力——“诸神累了，老鹰累了，伤口在倦怠中愈合了”。其实，将普罗米修斯换成西西弗斯可能更能体现这种“自我剥削”。但无论如何，无论是普罗米修斯还是西西弗斯，他们并非自我剥削的受害者，而是抗争的英雄，正如尼采所呼唤的超人。每个时代都有每个时代的英雄与超人，只要末人“虽生在沟渠，但仍能仰望星空”②，走出倦怠便指日可待。

（二）加速社会

“异化劳动”是马克思在《1844年经济学哲学手稿》③中首次提出的概念。他继承并发展了黑格尔的“异化”概念。马克思从劳动的视角来切入，考察在私有制条件下人与劳动的关系、人与自己的类本质的关

① 汪沛：《走出倦怠：对于〈倦怠社会〉的另一种解读》，《中华读书报》2021年9月22日第13版。

② 原为王尔德在《自深深处》（〔英〕奥斯卡·王尔德著，朱纯深译，译林出版社2015年版）的一句话：“我们都生活在阴沟里，但其中依然有人在仰望星空。”此处转用为“虽生在沟渠，但仍能仰望星空”。

③〔德〕马克思：《1844年经济学哲学手稿》，中共中央马克思恩格斯列宁斯大林著作编译局译，人民出版社2014年版。

系、人与自己的劳动产品的关系、人与人的关系，并认为，劳动（自由自觉的活动）是人类的本质，但在私有制条件下却发生了异化。劳动的异化具体表现为：人与自己行动（劳动活动）相异化；人同自己的类本质（自己）相异化，即人同自由自觉的活动及其创造的对象世界相异化；人同自己的劳动产品（物）相异化；人同他人（社会世界）相异化——因为当人同自己的劳动产品、自己的劳动活动以及自己的类本质相对立的时候，也必然同他人相对立。换言之，马克思认为在资本主义的情境（现代性）之下，社会中的所有主体与"世界"的关系将会受到严重的限制：他们将与客观世界（自然）、主观世界（自己）以及社会世界（他人）相异化。

基于马克思的异化劳动，德国批判学派第四代学者哈特穆特·罗萨（Hartmut Rosa）（师承阿克塞尔·霍耐特）从"速度"与"加速"的视角切入，对西方资本主义社会的情境（现代性）进行再诊断，他指出："使得与人类相异化开来的不只是他们的行动，他们在劳动与生活时所使用的物、自然、社会世界和他们自身而已，而是还与他们的时间和空间相异化开来了。"[①]进而，罗萨指出在当今的加速社会中，社会加速从三个维度展开，人们在不知不觉中被时间控制，他指明了隐藏在社会加速背后的动力机制，深入剖析了社会加速造成的新异化现象。

罗萨基于一个对人类来说极重要的问题而考察加速社会的新异化——"什么是美好的生活？以及，我们的生活为什么不美好？"[②]这一问题被罗萨视为批判理论的核心问题。正如之前的阿多诺、本雅明、马尔库塞、哈贝马斯、霍耐特以及马克思、尼采等不都是沿着这一条延长线而

①〔德〕哈特穆特·罗萨：《新异化的诞生：社会加速批判理论大纲》，郑作彧译，上海人民出版社2018年版，第117页。

②〔德〕哈特穆特·罗萨：《新异化的诞生：社会加速批判理论大纲》，郑作彧译，上海人民出版社2018年版，导论第2页。

展开探索的吗？所以，罗萨聚焦于时间模式——他认为社会的微观、宏观面向都是通过时间结构而联结起来的。之所以如此，是因为罗萨看破了现代社会是由一种严密的时间体制所管制、协调与支配的，而这种时间体制并不具有什么伦理观念，也不是政治性的，同时也不具有经济性，但是却可以通过一种“社会加速逻辑”[①]的概念来分析。据此，罗萨将社会加速逻辑的概念与现代性的概念关联，从而再访“现代性”，进而分析其征候。也即是说，罗萨从社会加速逻辑批判的角度入手，建构其社会加速理论，从而考察并提出现代性方案的纠偏方案——重新考察由马克思和早期法兰克福学派所展开的概念——异化，从而提出“新异化的诞生”。罗萨通过对“异化”的再分析，将异化生活的对立面视为美好生活，成功将问题转换为“非异化的生活是什么？”

具体而言，罗萨首先确认“现代社会中到底是什么在加速”，从而将社会加速批判理论的核心展开为社会加速的三个维度：科技加速、社会变迁的加速、生活步调的加速。[②]当然，太阳底下无新事，古典的社会学理论中早已存在对时间结构的话语表达，比如马克思在《共产党宣言》中就宣称“一切坚固的东西都烟消云散了”。

罗萨将科技加速定义为“最能够测量的加速形式”[③]。科技加速的结果是使时间无限地压缩甚至消弭了空间，也就是哈维提出的“通过时

---

①〔德〕哈特穆特·罗萨：《新异化的诞生：社会加速批判理论大纲》，郑作彧译，上海人民出版社2018年版，导论第3页。

②〔德〕哈特穆特·罗萨：《新异化的诞生：社会加速批判理论大纲》，郑作彧译，上海人民出版社2018年版，第13–28页。

③〔德〕哈特穆特·罗萨：《新异化的诞生：社会加速批判理论大纲》，郑作彧译，上海人民出版社2018年版，第13页。

间消弭空间”[①]。正如，火车、飞机等交通工具更新迭代后速度越来越快，清除掉了原本影响人类空间流动的主要障碍，并缩减了跨越空间所需要消耗的时间成本、金钱成本以及机会成本。但是，时间对空间的消弭只是一种表象，“缩地成寸”也仅仅改变的是人们的空间感，使跨越空间的时间缩短，这本质上是一种“时间的空间化”，所以，这里并非如罗萨所说的“空间在晚期现代世界失去了它的重要性”[②]，反而空间越是显得不那么重要了，我们越是应该警惕对空间的快速忽略。因为，快速流动的时间会凝结、形成一种新的空间感（时间的空间化）。但是这种新的空间感对罗萨来说是一种“空间的异化”[③]，所以罗萨认同吉登斯所说的“时间与空间的脱嵌”[④]。也就是说，在传统社会中时间与空间紧密联系在一起，社会交往受到地域与时间的直接限制，但是随着现代性的发展，技术的进步（如交通与通信技术）以及社会组织的变化（如全球化）导致了时间与空间的扩展与重构。[⑤]但这并非是“空间性”的重要性消逝了，而这种空间的异化不正是我们要思考的“非异化的生活”的一种切入口吗？正如，“家乡”是空间世界亲密感的体现，即家

① Harvey David. *The Condition of Postmodernity: An Enquiry into the Origins of Cultural Change*, Oxford: Blackwell, 1990: 201-210. 转引自〔德〕哈特穆特·罗萨：《新异化的诞生：社会加速批判理论大纲》，郑作彧译，上海人民出版社2018年版，第15页。

②〔德〕哈特穆特·罗萨：《新异化的诞生：社会加速批判理论大纲》，郑作彧译，上海人民出版社2018年版，第15页。

③〔德〕哈特穆特·罗萨：《新异化的诞生：社会加速批判理论大纲》，郑作彧译，上海人民出版社2018年版，第117-119页。

④〔英〕安东尼·吉登斯：《现代性的结果》，田禾译，译林出版社2011年版，第15-18页。

⑤ 具体而言，时间与空间的脱嵌意味着社会关系可以从具体的时空情境中“抽离”出来，通过象征标志和专家系统来重新组织。人们的活动不再受限于地理位置和时间的直接同步性，而是可以在更广阔的时空范围内进行。社会互动和制度可以在全球范围内扩展，形成跨越不同地区和文化的社会联系。当然这种脱嵌不仅仅是技术层面的变化，它还涉及社会结构和文化认知的根本转变。吉登斯认为，这种转变是现代性的动力之一，它使得现代社会具有了前所未有的动态性和复杂性。

乡原本代表着社会的亲近性与物理的临近性，但是异化后的空间就使这种社会亲近性与物理的临近性脱节了，频繁的空间移动（无法偏安于一隅）又如何能够产生亲近感呢？所以这种异化的空间，缺少了故事、缺少了回忆，同时也缺少了自己的认同感——这种流动性不正是“一切坚固的东西都烟消云散了”的体现吗？所以，“空间性”的重要性并非随着加速的时间而变得不重要，反而更凸显了它的重要性，因为我们需要思考“非异化的生活”，不是吗？

社会变迁的加速，在罗萨来看是“当下时态的萎缩”[①]（Gegenwartsschrumpfung）。也就是说，“当下”这个时态不断地萎缩且越来越短暂，就线性的时间观——过去、当下、未来而言，加速就是“当下”[②]，即经验范畴与期待范畴重叠发生的时间区间正在不断地萎缩。在“当下”的不断再生成的过程中，我们便可以经验性地体会“当下的萎缩”，即科技加速产生了社会变迁的加速。具体而言，如果说科技加速是社会当中的加速过程，那么社会变迁的加速则可以被归类为社会本身的加速，也即变迁的速率本身改变了，让态度、价值、时尚、生活风格、社会关系、团体、阶级、社会语汇、实践和惯习的形式，都在以持续增加的速率发生改变。在技术加速的推动下，对新事物的感知还没深入就已经流逝，造成了碎片化的生活体验。人们已经习惯面对层出不穷的新事物，惯性消解了人们的震惊体验。“像机器人似的活着，像柏格森所想象的那种人一样，他们彻底消灭了自己的记忆。”[③]科技的加速和社会变

---

①〔德〕哈特穆特·罗萨：《新异化的诞生：社会加速批判理论大纲》，郑作彧译，上海人民出版社2018年版，第17页。这是哲学家吕柏(Hermann Lubbe)提出的概念。

②“当下”的有效性表现在：只有在当下我们才能描绘我们过去的经验，引导我们的行动，并从过去的经验结论推导出未来。参见〔德〕哈特穆特·罗萨：《新异化的诞生：社会加速批判理论大纲》，郑作彧译，上海人民出版社2018年版，第17页。

③〔德〕本雅明：《发达资本主义时代的抒情诗人》，张旭东、魏文生译，生活·读书·新知三联书店1989年版，第150页。

迁的加速并不是相互独立的，科技的加速带来更多的流动性，更多的流动性会带来更大的动态性，流动性和动态性是社会变迁的诱因。比如，社会中离婚率与再婚率的提升，职业更换频率的增加，即社会实践的稳定性程度在降低。

当然，“当下时态的萎缩”是时间异化的表征。“当下”也正是我们思考“非异化生活”的又一切入点。那么如何审视“当下”呢？毋庸置疑，当下的人类进行科技的生活。当下时间的相对加速源于科技（技术），那么，这就要求愿意思考的人们去看见并把握现实，而不是去预见并让自己置身于一个可能存在的假想性的未来中。这就确认了生活在当下的人们需要一种“现在学”[①]——作为现在的“当下”体现于人们“以不同的方式住在世界上”[②]，也就是说，人们通过自身的“在世生存”（行动），即生活实践，来体验“当下这一时代的萎缩”。比如，人们意识到在“进步”这一意识形态信仰下“当下”迭代的速率不断提升，使人们不能很好地“居住”在当下，而不断地试图“预见更加美好的未来”，可代表未来的“诗与远方”却不肯快速到来。如此，海德格尔提出的“诗意居住”（Poetic Dwelling）就成为解决当下时态萎缩，即改变时间异化，实现“非异化生活”的一种解决之道。

海德格尔的“诗意居住”借用了诗人弗里德里希·荷尔德林（Friedrich Hölderlin）的“人诗意地住在地球上”，即通过“居住”来建构一个世界（一个物质世界、一个有意义的世界），同时来建构“自我”，也就是海德格尔所说的“只有在住得下去的时候我们才能建

①〔法〕米歇尔·布艾希：《科技智人：从今天到未来的哲学》，刘成富、陈茗钰、张书轩译，中国社会科学出版社2019年版，第40页。

②〔法〕米歇尔·布艾希：《科技智人：从今天到未来的哲学》，刘成富、陈茗钰、张书轩译，中国社会科学出版社2019年版，第41页。

造”。[1]海德格尔的“诗意”从字面理解就是含有意义的诗歌，也就是超越诗歌本身而展现一种领会和揭示世界的方式：诗意的存在意味着人与世界保持一种开放和亲密的关系，不将事物视为工具或对象，而是能够真实地体验存在，体验并领会事物的丰富性，如此就是以一种新的思维方式，加上诗歌，从而使人实现真正的“居住”，并使人本身成为最初的“居民”。当然，海德格尔的“诗意居住”是一种理想的人类存在方式，它超越了现代性所具有的工具性与功利性。这就是用存在主义哲学的方式，将世界与“沉浸”于其中的人按照关系而非实体（各自拥有本质的先在实体）去考察。所以，人只存在于一个由意义、行动、价值所组成并展开的世界中，而这一世界是人通过“居住”这样的行动所建构的。

当下时态的萎缩导致了人们普遍对“时间匮乏”的焦虑，从而使其成为时代精神正常发挥的障碍。这就是“生活步调加速”[2]的表征。在“生活步调加速”的压力下，人们为了能够消解世界时间与个人生命时间之间的张力，就试图增加个人每个时间段内体验事物的量。也就是说，人们为了能够在有限的生活时间内更可能多地体验，而持续提升生活步调的速度。

生活步调的加速体现于人们生活的各个领域：政治、经济、社会文化领域等。文化娱乐领域首先加速发展。比如“2005年超级女声”开启了中国现象级娱乐文化盛况。2005年对于中国人来说是一个平静的年份：没有重大的体育活动，没有大的政治事件，没有大的自然灾害，整个中国的舞台都空出来了，于是“超级女声”恰逢其会，造就了“超级

① 〔法〕米歇尔·布艾希：《科技智人：从今天到未来的哲学》，刘成富、陈茗钰、张书轩译，中国社会科学出版社2019年版，第41页。

② 〔德〕哈特穆特·罗萨：《新异化的诞生：社会加速批判理论大纲》，郑作彧译，上海人民出版社2018年版，第21–28页。

女声：2005全民娱乐盛宴”[①]的流行文化现象。此后，“选秀节目”逐渐多样化且常态化发展，仅十余年，国内粉丝市场已接近成熟，“偶像选秀”节目增至上百档，在互联网媒介的加持下开始了“造星运动”或者“偶像养成”。于是，选手的素质大幅提高，选秀内容与形式不断革新，“人气”“粉丝支持”“流量”逐渐成为热词。媒介赋权使受众的参与度不断提升，从最初的手机短信投票到后来的网络直播“打榜”，受众完成了从旁观者到参与者的转换。“偶像市场”在迎来自媒体爆发式发展后逐渐进入了“分众化”时期：偶像与粉丝的关系加速演变，“偶像”越来越重视个性化与特色化，并非是单一的“榜样”的形象设定。“粉丝”类型也呈现多元化：真爱粉、铁杆粉、路人粉、颜粉、音粉、剧粉、团粉、CP粉、唯粉、黑粉、脑残粉、私生饭等。“超级女声”代表了21世纪初中国娱乐文化的重要探索，不仅改变了中国电视行业的发展方向，同时也对中国的流行文化和社会价值观产生了深远影响。

在“超级女声”现象之前，中国电视行业主要采用传统的制作模式：电视台内部专业制作内容，观众作为节目内容的接收端只能被动地接受，而且观众作为受众几乎没有反馈渠道，关于内容的受众是谁、受众与受众之间的关系都不甚明了，因此这一时期的电视节目缺乏与观众的互动，内容互动性低，受众（观众）参与度不高。这种模式是一个面对不特定的大多数人的自上而下的传播模式。所以媒介内容的多样性有限：以新闻、纪录片、电视剧以及一些传统的娱乐节目为主，且形式与内容上的创新相对较少。

但是在“超级女声”现象之后，中国电视行业“选秀节目”逐渐走向专业化，各类选秀节目如雨后春笋般涌现，成为电视屏幕上的重要组

① 张岩铭：《超级女声：2005年全民娱乐的盛宴》，《中国经营报》2005年12月17日，https://finance.sina.com.cn/review/20051217/15192206958.shtml。

成部分。电视节目内容多样，真人秀、才艺比赛、音乐选秀等丰富了节目的类型。并且，随着互联网技术与移动通信技术的快速发展，电视节目与新媒体融合，观众接收媒介内容的方式（平台）变得丰富，同时媒介赋权，使受众能够有权限参与互动，从而推动媒介内容的传播，扩展了媒介营销的新途径。从结果来看，商业化与市场化顺理成章地推进，媒介内容的制作逐渐注重市场反馈与商业价值。中国社会在媒介文化上步入“景观化社会”以及“消费社会”。

媒介文化作为社会文化的表征之一，是中国社会生活步调加速的一个缩影。但是这种加速的步调却以普遍化的投射方式，辐射着方方面面，终至势不可挡并逐渐发展成一种意识形态，从而不断地激发着人的欲望与需求。人们或主动或被动地接纳加速的生产与生活，自发（而非自觉地）地投身于“社会加速”的潮流中，追赶着加速的步伐。

随着生活步调加速的展开，“景观社会”“消费社会”就成为“生活世界异化”的重要表征，从而与罗萨的“新异化”对应，即“物界的异化”“行动的异化”以及“自我与社会的异化”。提出“新异化”是罗萨对当下社会问题进行批判性反思后的诊断结果，但其目的不仅限于此，而是基于“异化的表征与本质”思考“非异化生活”的可能性。这就是他提出社会加速批判理论的动机。

社会加速的背景下，“我们所做的事（即便是我们自愿做的事）并不是我们真的想做的事的状态”[①]。罗萨认为，社会加速助推社会“异化”，所谓“异化”就是人与世界的关系发生了深层次的扭曲，自我与世界之间相离散。具体而言，罗萨批判的五种异化如下。

---

①〔德〕哈特穆特·罗萨：《新异化的诞生：社会加速批判理论大纲》，郑作彧译，上海人民出版社2018年版，第127页。

空间异化。社会加速造就社会亲近性与物理邻近性相脱节。空间上相近的人未必是亲近的人，亲近的人也未必是空间邻近的人。社会相关性与空间邻近性也随之脱节。在加速社会，资本为不断增殖而抢夺城市空间，对城市空间进行“为我所用”的破坏与重建。人类在资本与科技的重重裹挟下，仍未能实现理想中的自由生活。人一方面享受着加速带来的丰富物质财富与便捷生活，另一方面也不得不忍受着加速压缩的生存空间。这一切都是我们所生存的空间发生了异化的表现。

时间异化。社会加速的问题最终指向的是“时间”问题。加速社会中的人在盲目激进中混淆了体验与经验。体验是个体日常生活中经历事件的过程，而经验则是对经历事件的吸收、融化进而融入主体的身份、生命的成长过程中，体验只有在高度的回顾与总结之下，才会变成可以用来掌握的经验。但在“加速”的助推下，体验短与记忆短的并存屡见不鲜，我们所体验到的时间最终却没有成为“我们自己的”时间。人在时间中建构对空间的理解。通过时间的加速从而达到空间的压缩，而时间的加速则成为现代社会中时间结构的首要特征，空间在感觉及其对社会与文化进程的重要意义上似乎“萎缩了”。[①]

物界异化。物即我们生活中使用的所有物，而物界就包含我们生产的物和我们消费的物。资本以技术建构了物化世界，现代日常生活世界被技术切割与奴役。科学技术的发展使我们不再生活在一个靠手工生产物品的时代，我们逐步在加速的激流之中，建构了一个机器重复的时代，其中科技成为了主要的霸权方。这些使得“物”处于一个不断更新迭代的过程，并且难以建立稳定关系。道德物品已经逐步取代了物理物品，人们在东西坏掉之前就将其替换掉，因为这些高效率的创新使得它们在达到物理寿命的极限前就被淘汰了。随着物品更迭加速，人们对于

① 吴宁:《日常生活批判——列斐伏尔哲学思想研究》,人民出版社2007年版,第135页。

“物”也越来越陌生。产品更迭的周期渐趋缩短，人们对新产品的学习适应能力不得不提升。

行动异化。面对信息过载的当代社会，时间似乎在使用方面被加速。罗萨认为行动异化源于人们没有时间认真思考自己真正所需之物、想做之事。劳动对于其精神来说并非是自愿付出与回报，而是被迫劳动。这样的行为方式并不能带来幸福感。人类只有在使用“吃、喝、生殖”这些动物性机能时才能感知愉悦。正如《启蒙辩证法》所写：“文化工业的所有要素，却都是在同样的机制下，在贴着同样标签的行话中生产出来的。……已经证明今天不再有审美的内在张力了，剩下的只有各种杂乱无章的兴趣。”①

自我异化与社会异化。上述四种空间、时间、物界、行为的异化形式最终导致了自我与社会相异化，即一切的时空、体验和行动都异化了。在社会加速的前提下，个人有限的精力被无限的分散，需要不断调整状态，加速时间，压缩空间，在无法获得满足感的强制劳动中适应各种事物，并因杂而不专且快，使得社会和自我的成效预期很难得到最佳结果，还会对个体的身体和心灵造成一定的伤害。

①〔德〕哈特穆特·罗萨：《新异化的诞生：社会加速批判理论大纲》，郑作彧译，上海人民出版社2018年版，第22页。

三、表象的礼赞与危机

从《摄影哲学的思考》（1983年）到《技术图像的宇宙》（1985年），再到《表象的礼赞》（1995年）与《传播学》（1996年），数字媒介研究学者威廉·弗卢塞尔[①]（Vilém Flusser）早在20世纪80年代就预见了我们今天泰然处之的技术图像社会图景，预言了我们今天的在世生存方式——数字化生存，他能于表象之上见哲思，以“媒介现象学”之方法，再访“图像”，探索图像的前世今生，并将其纳入“传播学”（Kommunikologie）之下，指明传播学将接替哲学的未竟事业——解释并改造世界，实现“范式的转换”，成为合乎信息社会的显学。反观当下社会情境，他的预言精确无误，无不一一应验，令人赞叹不已。

威廉·弗卢塞尔，巴西籍犹太裔数字思想家、传播学者，1920年5月12日出生于捷克斯洛伐克的布拉格，早年于卡尔斯大学（Karls-Universität）学习哲学。1940年因战争流亡巴西，1961年后陆续出版了葡萄牙语、德语、法语、英语等论著，1972年重返欧洲定居讲学，1991年11月27日遭遇车祸不幸身亡。其主要著作除上述外还有《后历史：二十篇短文与一种使用方法》《书写有未来吗?》《姿态：一种现象学实

① 威廉·弗卢塞尔，巴西籍哲学家、媒介理论家，1920年出身于布拉格的犹太家庭，第二次世界大战爆发后经英国流亡巴西，1961年后以葡萄牙语、德语、法语等多种语言出版论著。20世纪70年代返回欧洲进行讲学，1991年死于交通事故。他的作品包括《摄影哲学的思考》《技术图像的宇宙》《传播学：历史、理论与哲学》《表象的礼赞：媒介现象学》。

践》《语言与现实》等。更多有关弗卢塞尔的哲学思想介绍可参考国内第一本研究弗卢塞尔哲学思想的著作《人类传播论：弗卢塞尔的媒介哲学》[①]。

《表象的礼赞》[②]（*Lob der Oberflächlichkeit*）是威廉·弗卢塞尔生前手稿所汇编而成的书籍。该著作分为"表象的礼赞""符号化的世界""作为后历史的技术图像"和"新的想象力"四大主题，将技术图像作为研究对象，确认了图像符号对文字符号的超越，并呼应了"进入技术图像的宇宙"的命题。由此，弗卢塞尔最终将"图像符号"纳入他所建构的传播学（Kommunikologie）研究体系之下，从而赋予其人类传播理论版图以更丰富的意义。

弗卢塞尔将有技术装置生成的图像称为技术图像，正如他所预见的那样，站在互联网时代的我们已经进入了技术图像的宇宙，因此在此阐明他的媒介乌托邦思想是有必要的，也就是一个借助于互联网基本实现均衡对话的理想社会。主要涉及"两种图像说""抽象游戏与组合游戏""远程信息社会论"等。在《表象的礼赞：媒介现象学》中，弗卢塞尔将研究对象设定为"表象"，研究的动机则是建构"媒介现象学"的研究方法。从整体来看，就是通过肯定"表象"，来建构媒介现象学的方法论。

弗卢塞尔关注胡塞尔创建的"现象学"研究方法，但胡塞尔的现象学又称为"意识哲学"，也就是研究意识的显现与构成，所以现象学可

① 周海宁：《人类传播论：弗卢塞尔的媒介哲学》，上海人民出版社2024年版。该书是国内第一部研究弗卢塞尔哲学思想的中文著作，以已出版的威廉·弗卢塞尔的五本中文译著为蓝本，系统阐述了弗卢塞尔的传播哲学观、传播结构论、媒介观、远程信息社会论、生命观与劳动观、符号论、意识论、游戏论和技术想象论。

②〔巴西〕威廉·弗卢塞尔：《表象的礼赞：媒介现象学》，〔德〕斯特凡·博尔曼编，周海宁等译，复旦大学出版社2023年版。为方便阅读，后文提及《表象的礼赞》《传播学》《后历史》均只写主书名。

以被视为“显像学”。其出发点可以描述为“科学关注意识对象，而哲学关注意识本身”，所以现象学在胡塞尔那里更关注意识本身。而弗卢塞尔哲学更彰显存在主义底色，也就是更关注生活世界、价值与意义。

弗卢塞尔写作此书的时间区间主要是20世纪70年代末至20世纪90年代初，所以他实际生活的时代是以电视媒介为中心的大众传媒时代，并即将走向数字媒介时代（互联网时代）。他将观察之眼置于当时的主要媒介——图像媒介之上，看到了电视画面、电脑动画等图像对人的知觉、认知、行动所带来的影响。由此，他秉持“回到事物本身”这一现象学的宗旨，在实际的媒介考察中，重新认识媒介。以“技术媒介”为研究对象，追溯图像媒介作为人类传播主要媒介的生成、发展史，从而以媒介为中心再写人类传播史。

所以，弗卢塞尔研究的对象为“表面”（或者“平面”）。也就是说，弗卢塞尔以当时生活的媒介世界中的“技术图像”为切入点展开研究，从而肯定图像在人类传播中的重要作用，并指出在当时的媒介社会中，技术图像符号将超越传统的文字符号，成为占主导地位的媒介符号，由此宣告人类传播史进入“图像的革命”时代。

（一）“43210”媒介观

弗卢塞尔别具一格，以抽象游戏与组合游戏的“43210”媒介观来表述他的媒介演进史。基于“存在先于本质”，他以现象学的方法考察当时的主流媒介——技术图像（如照片发明以后的图像媒介），直接考察媒介本身的功能与结构，进而考察世界、媒介与人（意识）之间的关系。因此，通过媒介史梳理，他获得三种主要的媒介符号：传统二维图像、一维文本符号以及新的二维平面（技术图像）。三种媒介符号对应了前历史时代、历史时代与后历史时代的传播史分期，同时对应的人应具有的知觉能力分别为：魔术思维、历史逻辑思维与技术想象思维能力（对应下图右侧下方的“技术”）。

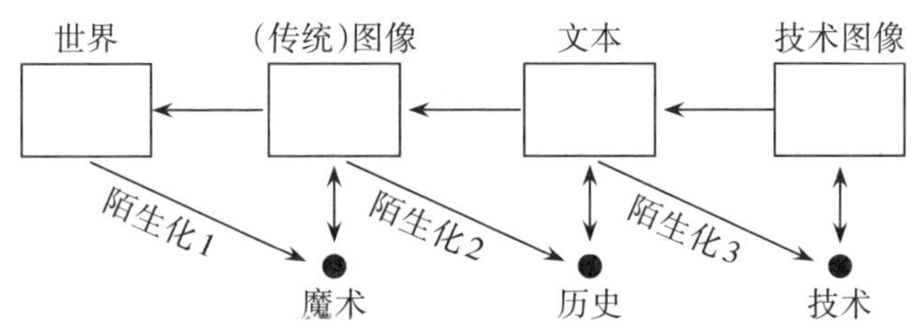

图1　弗卢塞尔世界—媒介—人（意识）关系图

“陌生化”（一种疏离并跃出的能力）是实现媒介更替与人类的知觉能力升级的动力源泉。陌生化使人类从自然（四维的时空连续体）中跃出，实现首次“成为人”，进而开始创造“人为的”非自然世界。图像的世界（二维的平面世界）由此诞生，图像开始指示世界：人们具有了将四维的世界转变为二维图像的能力，并能够将二维图像还原为世界的能力。但图像的指示能力变成了偶像崇拜之时，第二次“陌生化”随之发动，人类传播进入文本世界（一维的线性世界），以救赎迷恋图像而疯狂的人类。当文字理性逐渐走向工具理性，科学崇拜使文本具有高度抽象性与不透明性，文本也丧失了指示世界的能力，如此第三次“陌生化”开始发动，人类进入技术图像的世界（0维的点世界），为的是通过图像的二次“魔法（魔术）化”，战胜历史的危机，从而救赎文字理性（现代性）。这就是弗卢塞尔借用图像理论提出的纠偏“现代性”的方案。同时，人类传播在“43210”的维度变化中不断发展“抽象能力”，一步步从现实开始抽象化地后退，最终“进入技术图像的宇宙”。

抽象游戏是进入“技术图像的宇宙”的必经之路，随后人类传播转入了“组合的游戏”，实现由抽象走向具体的现实创造转变。具体而言，人类传播史与其说是从“现实”中进行阶段性后退，倒不如说它犹如跳舞般行进。点的移动（时间）生成线，线的移动（时间）生成面，面的移动（时间）生成立体，立体的移动（时间）生成现实。比如，人类利用电脑将线性文本粉碎成点，然后将点再组合成线、平面、立体等，实现“现实”的再生成。因此，点+时间=线，线+时间=面，面+时间=立体，立体+时间=现实。

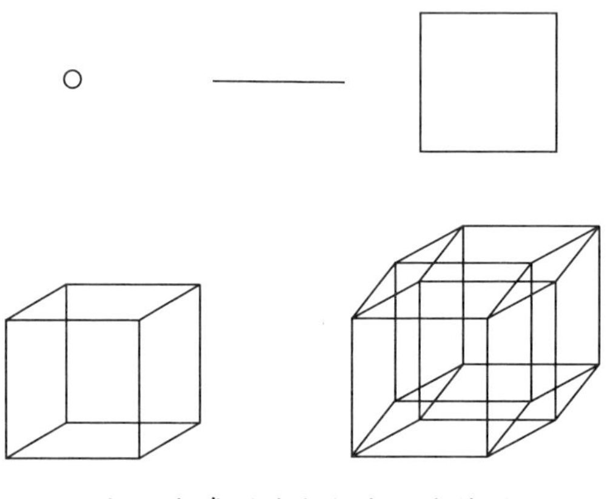

图2　抽象游戏与组合游戏简图

因此，弗卢塞尔说，“我们不再寻求解释，而是寻求感觉”[①]。也就是说，我们不再从既有的理论之下解释世界，而是直接去体验世界。我们不再去发现真理，而是利用可能性，意图创造非盖然性（信息）。信息论之父香农（Claude Shannon）认为信息是减少不确定性的东西。当然这里的信息并非局限于技术与数字，而是广义上的知识、消息、数据和信号等。人类传播的目的在于为向死的人生赋予意义，如果说人的出生是偶然的，那么向死的人生走向就是必然，从偶然到必然是自然熵增的趋势，而人的信息创造与储存表现出人类天生的反自然趋势，就是利

① 〔巴西〕威廉·弗卢塞尔：《表象的礼赞：媒介现象学》，〔德〕斯特凡·博尔曼编，周海宁等译，复旦大学出版社2023年版，第38页。

用可能性，创造负熵而走向非盖然性，以信息的“秩序化”战胜自然的无序，依靠信息代际间的传递实现人的不朽。“可能性”与“非盖然性”是弗卢塞尔传播理论的关键词，因为人类传播就是在生产（创造）与储存信息。

所以弗卢塞尔说：“我们如今不再是研究者而是发明者；我们不再是科学家而是艺术家。”[①]

（二）两种平面说

基于抽象游戏与组合游戏我们能够区分两种类型的平面：抽象的平面与组合的平面。其中，抽象的平面是从立体之中通过抽象而创造的平面（传统图像）；组合的平面是通过点的组合而投射的平面（技术图像）。在前历史时代，人们生活在“意味着”世界的图像世界中，在技术图像时代，人们所处的图像世界“意味着”与世界相关的理论，而非直接“意味着”世界。

由机械装置产生的技术图像组合形成数字虚拟世界。它是数字虚拟世界的构成要素。技术图像是线性文本粉碎成点（比特），并在技术想象力的加持下，将粉碎的点再次组合形成的新二维平面。换言之，技术图像超越了文本。

弗卢塞尔预言，如果技术图像统合了世界，那么，我们能够在由点的要素所创造的书桌之上进行书写，并且能够坐在点的集合体所创造的椅子之上。在技术图像中，重要的问题并非平面的真假，而是作为引发平面印象的点的状态所具有的非物质性的犹如幽灵般的特征。技术图像

---

①〔巴西〕威廉·弗卢塞尔：《表象的礼赞：媒介现象学》，〔德〕斯特凡·博尔曼编，周海宁等译，复旦大学出版社2023年版，第38页。

是比特要素的组合，是基于程序的计算要素的组合，并且，这一图像不再是抽象的图像，而是可以被称为从抽象之中欲要具体化的尝试。然而，技术图像是由文本所形成的概念的表面。如果说传统的图像是从具体之物指向抽象，进而移动的结果，那么技术图像则是由最后的抽象处出发指向具体之物，进而移动的结果。

（三）远程信息社会论

远程信息社会是弗卢塞尔在其传播学理论的基础上对社会发展的反思与预测的理论结果，具有媒介乌托邦的特色。弗卢塞尔认为远程信息社会是人类历史上第一个自觉而自由的社会。首先从词源构成来看，远程信息社会（Telematique）是远程通信处理技术（Telekommunikation）与信息学（Informatique）的合成词，即从技术上实现了远程对话，以及信息的创造与储存。因为，远程信息技术是使在时空上相互分离的人们从本质上相互自我实现，而使其相互贴近的技术。它是通过“网”来实现彼此连接的装置技术，是实现将话语传播转换为对话传播的技术。因此，远程信息社会是把信息生产视为一种实际的社会功能并系统化推进信息生产的社会。由此，我们可以看到远程信息社会中的关键构成要素：信息、对话、装置、远程通信处理技术等。这些关键词共同构成了我们对远程信息社会论的理解。

首先，“对话与话语”是信息生产与储存的方式。弗卢塞尔将社会视为一种织物的网，它使信息储存于他人的记忆，并发挥着生产与分配的作用。话语是信息分配（储存）的方法，对话是信息创造的方法。话语，如教室里的讲授，具有“一对多”的中心化特征，并且是一种主体对客体的交流；而对话，具有“多对多”的去中心特征，它是一种民主性的主体间交流方式。

根据对话与话语的比率，弗卢塞尔将人类社会分成三种类型。“对话式”社会，典型代表如西方启蒙时代。科学性、政治性、艺术性的对话信息持续生产，但是对话信息并无话语分配的信道，因此社会存在一种风险：分裂为意识化的精英和非意识化的大众。“话语式”社会，典型代表如大众传媒社会。由大众媒介组织集中输出话语，信源统一，并不断重复地、同质化地输出信息，因此话语的源泉有枯竭的可能，社会依旧是一种风险社会。“理想”社会，典型代表如远程信息社会：话语和对话均势，对话依存话语，而话语刺激对话。

远程信息社会是一种“网状对话”的社会，纠正了大众媒介话语传播的极权性，赋予人类传播以自由与责任。这是弗卢塞尔传播哲学构想的远程信息社会论的本质。远程信息社会，是人类迄今为止最为自由的社会。远程信息社会是一种系统搜寻新信息的对话游戏，而这种规则化的搜索被称为“自由”，搜索的方向是“意图”。

其次，远程信息社会需要理解“远距现存”的含义。这主要与远程信息社会（Telematic Society）一词的前缀“tele-”有关。它表明人们将“远处之物拉到近处的一种欲望”，即远距现存。进而言之，远程信息技术是自动地，将远处之物拉到近处（tele-）的技术。也就是说，人们不用做任何特别的努力，就可以彼此贴近。这是弗卢塞尔“数字邻居”的畅想，其思想来源于犹太-基督教思想的“爱你的邻居”。如此，不同于传统的与客体对应的“自我”，远程通信技术实现了一种主体对主体（我与你）关系的“自我实现”。同样具有“tele-”前缀的词语，比如电话（Telephone），将远处的声音拉近，电视机（Television），将远处的影像拉近，望远镜（Telescope），将远处的风景拉近。无不表现了传统的“千里眼”“顺风耳”“缩地成寸”，甚至将身外化身（Avatar）从空想拉入现实。

再次，远程信息社会必须具有技术想象能力。远程信息社会的网状特征使它具有网状对话的功能。这是新兴起的一种传播革命。这种技术变革的推动力源于技术本身，同时，也源于媒介使用者的技术想象能力。技术想象力是将想象变成现实的能力，是将看不见的点组合成具象的图像的能力，弗卢塞尔将其称为后历史的魔术，即新魔法（Neue Zauberei）。前历史时代，想象力是魔术性的，它令人在主观上相信：想象一定会实现。后历史时代的想象力凭借的是技术，通过数字技术武装的人类，能够以数字形式将想象转化成现实。技术想象的能力具有双重性，既通过图像、文字或者概念创造新事物——创造，同时，也将技术图像评价、接收、使用——阐释。“技术想象力”是创造与解释图像的能力。它综合了前历史时代的“魔法性想象力”以及历史时代的“理性”能力。“技术想象力”不仅将不存在的事物视觉化，而且还从我们可理解的事物中抽象出知识，并将知识转化为图像。所以，技术图像的发明是为了再一次让文本能够被人理解，让它再度充满魔法，以克服历史时代的危机。

最后，远程信息社会中的“新人”是一种被称为游戏者（Homo Ludens，即卢登斯人）的存在。游戏者是战胜历史并将自己转化为一个创造性地吸收历史的人。弗卢塞尔与荷兰语言学家赫伊津哈（Johan Huizinga）位于同一延长线上：将游戏视为人的生存方式（存在方式）。技术图像扮演着一种游戏性的媒介。然而，平面是由无数线构成的，所以技术图像能够中继更多的信息，图像的无限性与丰富性，能够诞生更多的艺术。游戏者并非将自身交托于娱乐，而是在对话的过程中，使技术图像的属性发生突变。远程信息社会是一种创造新关系的游戏者的社会。游戏者打开了人类所无法预测的可能性。在新的社会中，以图像为媒，贯之以装置，指尖服务于眼睛，电脑服务于想象，装置服务于世界观。

这一情况下，游戏者通过装置（Apparat）来生产技术图像。装置，不再是单纯的工具，不仅可以完成劳动，它还能够赋予信息。它能“作为游戏”来吸引人。装置改变了劳动的意义：在工业社会中，工具和机器完成了劳动，将对象从自然中剥离，并赋予信息（劳动改变了世界）。装置与工具和机器不同，装置的意图并非改变世界，而是改变世界的意义。所以，装置的意图是象征性的，装置的操作者在找寻信息时是一种“新造的人”，他是游戏的人。游戏的人将是一个参与者、决定者。他的人生目标将不再是行动和拥有，而是了解、生活和享受。他的存在不是为了解决问题，而是为了创造程序。

（四）案例：表象背后的危机

技术图像时代的图景表现为人被裹挟于图像之中，成为图像的生产者、消费者的同时也被图像控制并且日用而不自知。以技术与生活世界的关系为问题意识，考察技术图像时代的问题就尤为重要。因此，这里提出一种“后文字文盲现象”，即有别于文字阅读时代的文字文盲，后文字文盲现实是在文字时代之后，即技术图像时代的文盲现象。也就是说，如果技术图像的使用与技术图像的本质不能够明晰问题，那么技术图像符号批判就是时代批判的需要。

波士顿大学的唐·伊德（Don ihde）在《技术与生活世界：从伊甸园到尘世》中提道：人类离开伊甸园，承继尘世地球，承继的代价是采用技术。久居于现代社会，我们对生活在技术世界中的经验太过熟悉，甚至是忽略了对技术所构成的环境进行批判，而媒介技术正是在以上情况下“成其所是”。一方面受众要借助媒介技术感知变化的“新”世界，另一方面社会要依靠技术继承传统，从媒介技术论的逻辑出发，“媒介技术的本质是通过媒介与人的作用所产生的价值与影响来确定的”[①]。考察媒介技术影响下人与媒介的关系是理解现代中国媒介文化现象的重要方法理论之一。[②]技术在认知层面重塑了受众与媒介的关系。技术利用网络技术赋能而使万物皆媒，形成以场景为核心，以媒介形态为场景入口的新型媒介形态。[③]例如，技术图像时代正是由于媒介技术的赋能所形成的以场景符号为中介所建构的人与对象世界关系的新媒介生态时代，亦是该时代的物质性与人化媒介的前提。[④]对于受众而言，技术图像时代技术对媒介的赋能使视觉传播进一步发生偏向，此时受众往往倾向于沉溺在图像带来的感性愉悦中，从而忽略某部分容易被图像信息藏匿与遮蔽的符号意义。换言之，以视觉性图像符号所建构的社会不同于以文字文本符号为中心所建构的社会。在技术图像时代，图像（影像）成为人们日常获取信息的重要手段。图像的功能在于将文字的深刻性具体化和直观化，以移动短视频为代表的传播方式的流行表明“新的信息主体登场开启万人同参的影像传播文化新时代”，这体现了“感性时代用户的需求”[⑤]。

相较于文字时代，技术图像时代的受众更具感性和娱乐性，而缺少对信息的理性思考。以抽象性和联想性为特征的文字符号能在更大程度

① 李曦珍：《理解麦克卢汉：当代西方媒介技术哲学研究》，人民出版社2014年版，第49页。

② 周海宁：《互联网时代中国媒介文化的嬗变以及人的主体性重构》，延边大学出版社2019年版，第17页。

③ 张成良：《融媒体传播论》，科学出版社2019年版，第39页。

④ 喻国明，耿晓梦：《何以“元宇宙”：媒介化社会的未来生态图景》，《新疆师范大学学报》（哲学社会科学版）2021年第3期。

⑤ 周海宁：《基于移动短视频传播的文化转向与信息价值观的重构》，《东南传播》2019年第10期。

上唤醒受众丰富的联想和多义性的体验，并且有助于读者深刻地解读对象世界的意义，因此文字时代对受众的阅读、理解以及思考能力具有相对较高的要求。印刷术的发展、低廉的纸张价格以及学校教育的普及将文字文盲率降到了最低，但是，在技术图像时代，人们往往认为不需要刻意学习就能够理解图像，特别是二维的图像比现行的文本能够提供更多的信息，所以人们就更以为读图比文字更简单，于是，后文字时代的文盲——后文字文盲[1]出现了并呈现出扩散趋势。

自“新媒体”肇兴以来，信息传播的新模态既让受众对媒介技术的迭代速度充满期待，又让研究者们不得不担忧由此对人、技术与社会互动关系带来的骤然改变。裹挟其中的不仅有进步的技术，可能还包括受众知识水平的下降以及理性思考能力的“蜕化”。相关的批判性研究不胜枚举。比如，尼尔·波兹曼探讨了“娱乐至死”[2]带来的人与媒介关系的异化；麻省理工学院社会学教授雪莉·特克尔则以“群体性孤独”[3]来反思媒介发展带来的人际关系的异化。媒介的发展导致了媒介教育的新转向：采写编评等“传统基因”要与新媒介技术等“新媒体基因”相吻合，因为，新媒介基因的缺陷将使人无法满足新媒介时代的“门槛条件”，造成与时代脱节，无法从旧媒体时代顺利走进新媒体时代；而“传统基因”的缺陷则造成即使踏入“门槛”，也无法持续前行，因为后继无力，终将成为阻碍人与媒介共生、共进步的障碍。也就是说，并非进入了新的媒介时代，就能够成为相应媒介时代的人，思维意识无法跟上媒介的迭代速度，对媒介缺乏本质认知，势必造成人与媒

① 周海宁：《数字化生存：技术图像时代的传播图景》，中国社会科学出版社2023年版，第181页。

② 〔美〕尼尔·波兹曼：《娱乐至死》，章艳译，广西师范大学出版社2011年版，第1页。

③ 〔美〕雪莉·特克尔：《群体性孤独：为什么我们对科技期待更多，对彼此却不能更亲密?》，周逵、刘菁荆译，浙江人民出版社2014年版。

介，甚至人与人关系的异化。本文从技术对生活世界、人的主体的影响视角入手，考察技术图像时代后文字文盲的生产机制、本质。

1. 后文字文盲的生产机制

传统文字符号的危机催生新符号，这里的新生符号就是技术图像符号。生活于文字时代的文盲对应着生存与技术图像时代的后文盲，所以如若了解后文字文盲的生产机制，则必先了解技术图像的本质。

在技术图像时代，相较于文字，图像符号占据着更重要地位，技术图像符号对传统文字符号的超越，催生了技术图像符号的批判。以尼尔·波兹曼为例，他曾经断言童年的消逝源自于电子文化的出现。[①]“波兹曼们”对以电视媒介为首的电子媒介进行批判，他们怀念的不仅是“非电子”的童年，更主要是文字传播时代理性的受众。因为对图像的解读需要直观、感性的能力，而对文字的解读则需要抽象、理性的能力。所以，这就强调，在文字时代儿童与成人的区别在于是否具有文字解读能力，但是在技术图像时代，与对应时代相适应的人的媒介能力仿佛不在于原本文字著述所呈现的理性信息，而在于那些新奇、精美、富有视觉冲击力的图片。原本儿童与成人之间的壁垒是通过文字建构起来的，这保障了成人世界的秘密以及尊严，但是现在的儿童在识字之前便能从视频之中进行学习，甚至比成人更具有图像学习的天分，这消解了儿童与成人之间人为刻画的界限。也就是说，文字符号受到了技术图像符号的冲击，目前文字符号与技术图像符号并存于媒介化的世界之中，是人类所创造并使用的两大主要媒介。因此，探讨技术图像符号与文字符号孰优孰劣就没有了意义，而是需要正确认知为什么技术图像符号会超越文字符号而成为具有统治地位的符号。

威廉·弗卢塞尔从符号学的视角将人类文化史、传播史进行了三

①〔美〕尼尔·波兹曼：《童年的消逝》，吴燕莛译，广西师范大学出版社2011年版，第1页。

分：以传统图像（绘画）为媒介的前历史时代、以文字符号为媒介的历史时代与以技术图像符号为媒介的后历史时代。[①]他将媒介的演进视为人类面临危机与克服危机的过程。人类在前历史时代，第一次从自然世界中分离"成人"，并能够通过想象力将客观世界（四维世界）缩小为二维的平面世界，于是绘画的世界，即传统图像的世界在人手中生成，这是人类"抽象化能力"的体现。但是传统图像发展到"图像崇拜"（偶像崇拜）的阶段，传统图像媒介便不足以在人与世界之间发挥"桥梁"的联通作用，而是发挥着"深渊"的阻碍作用，于是人类在生活世界中需要进一步创造新的替代性世界，以文字符号为中心的历史时代就这样拉开了帷幕。《周易》与《圣经》的出现佐证了这种典型的开端。但是，在15世纪之后，由于计算理性的发达，科学技术趋于抽象与晦涩难懂，使文本呈现出不可读性，人类的想象力终究被囿于图书馆的墙壁之内而无法破出。如各种科学理论以及卡夫卡的意识流小说。由是，"异化"再生，新的突破契机也随之产生。在20世纪之后，人类生活世界步入技术图像时代，照片、电影、电视、电脑等媒介渐次产生。如果说传统图像是对客观世界场景进行模仿，是以客观性为视角，践行客观世界的主观化，是一种抽象性的过程；那么新的技术图像则是，以主观性为视角，践行主观世界的客观化，是一种具象化的过程。传统图像的本源是现实，将现实的四维抽象为平面的二维；而技术图像的本源是文字符号，是将线性的一维重新组合为二维的技术平面。例如，电影是台词剧本的技术性平面图像，交通信号灯是交通规则（文本命令）的技术性平面图像。

在传统图像（绘画）的生成过程中，图像的内容源于人们主观模仿

①〔巴西〕威廉·弗卢塞尔：《传播学：历史、理论与哲学》，〔德〕斯特凡·博尔曼编，周海宁译，复旦大学出版社2022年版，第45页。

客观场面。而技术图像是人们借助技术性装置（如照相机等）对客观场景进行完全客观的再现。前者以客观现实为基础，人的主观性依存于客观性；后者虽然依赖机器之眼的客观性，但是操纵机器的人可以根据自己不同的“视角”选择位置，所以是以人的主观性（主体间性）为基础的。但是人们会错误地以为，由于客观性，人们不必学习也可以对图像进行充分的理解，于是这种错误的认知，即认知失真就形成了。也就是说，这种认知失真的现象就是一种后文字文盲的体现。

图3以电影图像的传播过程为例，示意认知失真现象的产生逻辑。对于图像传播的实践来说，文本、运行者（机器操作者）、技术性图像创作的符号化过程以及图像画面共同构成了电影图像本质的四大维度。四周环绕的圆形结构表示受众对图像理解的程度，当受众的认知范围未全部覆盖图像本质的四个象限时，认知失真（后文字文盲）现象随即产生。

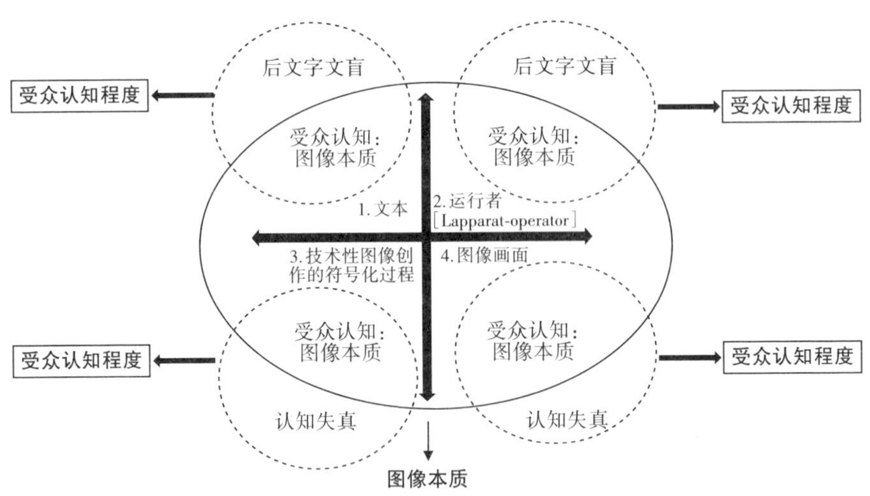

图3　电影图像传播认知失真现象过程示意图

具体而言，在技术图像传播过程中，文本比这些视觉图像先形成，依据文本内容，技术性图像才得以被创作出来，其中隐含着装置-操作者（Apparat-Operator）的一体化，即导演、制作人、演员等环节。如果人们不理解装置-操作者依据文本进行技术性图像创作的符号化过程，那就无法真正地理解技术图像的本质。

从弗卢塞尔的技术图像观来看，技术性图像符号的出现，超越了文字符号的异化（文字符号过度抽象造成晦涩难懂的结果），从而实现了人类传播的新发展。[①]但是，不同的媒介时代对应着不同的人与媒介关系，也就是说，人需要在与媒介的接触和考察中认知、了解媒介。在技术图像时代，由于技术性文本、装置-操作者被隐藏，主体认知产生认知失真现象便不足为奇：人们想当然地认为技术图像与传统图像（绘画）别无二致，以致人们无法从文字的历史时代顺利进入技术图像的后历史时代。由此，人们也无法认识到技术图像背后起到根本作用的是技术性文本符号，也就是传统文字符号——后文字文盲现象普遍出现。

2. 后文字文盲的本质

技术性图像为人们带来了一种新的感官体验，即从本雅明所说的机械复制时代（照片的发明）以后，技术复制的图像开始影响人们的认知与行动，从而使人们获得了与口传文化、文字文化时代不同的文化体验。从图像与世界关系的溯源来看，图像的发展历经了亚里士多德的模仿说，本雅明的复制说，鲍德里亚（Jean Baudrillard）的拟象说。[②]也就是说，图像与对象世界的关系是流动的——亚里士多德时代图像是对客观世界的模仿再现，到本雅明时期图像是对客观世界原封不动的复制，再到鲍德里亚时代图像与客观世界之间的联系被切断，建立了一种新的

① 〔巴西〕威廉·弗卢塞尔：《表象的礼赞：媒介现象学》，〔德〕斯特凡·博尔曼编，周海宁等译，复旦大学出版社2023年版，第14页。

② 周宪：《视觉文化的转向》，北京大学出版社2008年版，第158-170页。

虚拟关系，即产生了一种比现实更为真实的“虚拟现实”。进一步说，当人类进入虚拟现实时代以后，人类同时具备了游走于实际现实与虚拟现实之间的能力，能够进行一种数字化生存——一种技术图像时代的生存图景。特别是，随着“比特”深入我们的现实生活世界，实在（实际）世界本身只不过是诸多可能性之一，网络世界是人类创造出的“平行世界”，虚拟与现实的边界消失，而虚拟技术在现实生活中的运用，大大改变了生活世界的结构。

在技术图像时代，人们进行着数字化的生存，人的思想与行动两大维度均发生变化，并且人们应该具有新的媒介知觉能力——技术想象的能力。也就是说，与新媒介赋权相对应，技术图像的使用者个体得以激活，从而具有碎片化传播、娱乐传播以及情感传播的传播倾向。但是媒介使用者的知觉能力与媒介现实不匹配将造就新的文化危机与社会问题。例如，人们想当然地认为技术图像与传统图像毫无差别，就是人类知觉能力没有适配新技术图像时代的表征，即后文字文盲的数字化生存表征。

如果说文字文本时代的文盲无法解读文字符号，那么技术图像时代的文盲则是无法解读技术图像符号，手写文本逐渐被技术性的印刷文本所替代。宗教改革、启蒙运动、工业革命改变了人对自己的认知、人对自然的认知、人对自己创造能力的认知，并且，印刷书籍与学校教育普及，人们的识字能力普遍提高。但这仅仅使消灭文字识字率中的文盲成为可能，而因科学与技术不断发展，线性文字具有的文字-数字符号逐渐更为抽象化和难以解读，导致了新的文字文盲形成。如各种方程式以及文学文本（如意识流小说等），人们的文字想象不足以穿透图书馆的墙壁，书籍逐渐被束之高阁，成为专业人士才能读懂的对象。于是，技术图像应运而生，它的出现就是为了解决文字的新文盲现象——文字解读依旧是精英的文本解读能力，普通大众依旧无法破解文字的抽象性与多义性。平面二维的技术图像比线性一维的文字能够容纳更多的信息。按“冷媒介与热媒介”的区分，图像归属于“热媒介”范畴，虽然二者同样属于视觉媒介，但是图像提供的信息更多，相对就更少地需要人们的解读参与。但是，这仅仅是一个表象，事情远远没有那么简单。

技术图像的解读也相应地分为两种。一种是专业技术图像的解读，另一种是大众技术图像的解读。前者，如医学影像，医学专家经过专业学习，解读技术图像的能力毋庸置疑，这成功区分了普通大众。但是大众技术图像，如电视图像，人们往往自然而然地认为，这种图像不需要专门学习。学龄前的儿童不也能够看懂动画片吗？这是技术图像的一种“欺瞒”。因为在技术图像时代，所有的人在大部分时间里都是“大众”，只有专业人士在专业时间里才是“专家”，比如在实验室里你是专业人士，但是一回到客厅，在电视机前端坐，你就成了“大众”。技术图像的欺瞒性表现在主体的图像沉浸性（短视频痴迷）以及日用而不自知（不自知技术图像的本源是文字符号）——认知不到技术图像的本质。

弗卢塞尔指出，在技术图像时代文盲具有了新的意义。因为，如果文字文盲在文字时代是被排除在文字文化之外，那么后文字文盲则不同，他们是积极地、几乎是完全地参与到了技术图像时代的文化建构中。弗卢塞尔同时断言，在未来，图像支配了文字，让文字成为图像功能的一部分，那么，我们可以预测一种普遍的文盲状态：只有少数专家受过写作训练。[①]弗卢塞尔的断言说明，在技术图像时代，专业人士普遍接受了写作训练，也就是说，文字解读能力在技术图像时代依然至关重要。弗卢塞尔将后文字文盲视为一种文化现象，并通过分析“技术性

① 〔巴西〕威廉·弗卢塞尔：《摄影的哲学思考》，毛卫东、丁君君译，中国民族摄影艺术出版社2017年版，第52页。

图像符号”这一媒介对后文字文盲现象进行解读。例如，交通信号灯，人们从信号灯的表象得知的是“红灯停、绿灯行”——看到红色信号灯需要踩下制动板，如果只认知到这一点的就是后文字文盲，因为这一图像背后隐藏的是一种文字命令——违反交通规则则需要受罚。

并且，后文字文盲的文本表现为一种“去人化”，也就是说，在技术图像时代，人变成机器功能的一部分，即虽然装置-操作者复合体作为统一体，但是由于装置能力（如算法等）的逐渐提升，作为使用者的人类逐渐附属化与再异化——日用而不自知。也就是说，技术图像本应该使人们具有与之相适应的媒介知觉能力——技术想象力，人们据此能够进行数字化生存。与此同时，这也带来了“去社会化”的隐患，即“数字新媒体使人重新部落化，但是这并不意味着人的自由和解放”。[①]因为，人们沉浸在虚拟化情境之中，这造成了人本身的媒介化和技术化——人与人的关系被人与技术甚至技术与技术的关系所遮蔽——人的再异化。换言之，这是马克思所言“异化”劳动在技术图像时代的新变形。所以，自技术图像登场以来，人们利用各种视觉媒介参与到图像世界的创造过程中，特别是在移动短视频的时代，各种技术图像几何倍数的增长，可以说，不是人们在使用媒介，而是媒介裹挟着人类，建构人类的生活世界，人们只是生活在由媒介编织的象征性世界中。

3. 人与媒介关系的再反思

作为“数字思想家”的弗卢塞尔承续“启蒙”精神，续写“数字启蒙”：揭示“数字符号”的本体论地位、数字媒介营造“数字虚拟”现实的功能、“新人”游戏者的出现、“远程信息社会”的策略，以其宏大的数字价值观建构出一套完整的数字本体论与数字人类学，并以批判性的笔触警告世人，既要有媒介乌托邦的梦想，也要警惕数字极权主义的

① 张成良：《融媒体传播论》，科技出版社2019年版，第40页。

反扑。所以在弗卢塞尔的媒介哲学中，媒介总是手段，而人才是目的。

弗卢塞尔尊崇康德并超越康德。康德在《实用人类学》中指出“自我”意识能够物我两分、主客有别，这是人类心智成熟的结果，由此，自我与他者相区隔，以描绘外在于我的客观世界。弗卢塞尔超越了“主体与客体”的客观性区隔，断言在数字世界，“我与你”的关系将替代“我与他”的关系，即以“主体与主体”的等价性（主体间性），拥抱社会中的他人，怀有与他人协商的意图，以求合意之心与他人共在，而不再向客观世界进军并实施支配、统治。所以，康德以“区隔”的方法使我与他人“对立”（客体位于主体的对面）；弗卢塞尔以“合意”的方法，使我与你“合一”（“我”是他人为指称“你”所使用的称谓）。弗卢塞尔站在马丁·布伯［Martin Buber，著有《我和你》（1923年）］“我和你”理论思想的延长线上，发展出数字时代的“数字邻居”，推导出每一个“我”对每一个“你”的责任。因为，“我”与“你”的在场性决定了“我”与“你”都是具有决断能力的“主体”，都具有负责的条件与自由。所以在弗卢塞尔的思想中，责任与自由是相应的：有自我决断的能力，方可有自由，然后才可负责担当，如若想有责任担当，则必须具有决断的能力。

弗卢塞尔指出文字启蒙历经3000余年方才成功，从公元前1500年开始，直到公元1500年印刷机的出现，才最终普及了文字教育，使消除文盲成为可能。从公元1500年到1900年，文字文化通过文字理性创造出灿烂的科学文明，但最终因文字符号的抽象性与不透明性由盛转衰：文字符号无法简单明了地指示世界，以致人们无法与世界建立有效连接，于是数字符号应运而生。从摄影的出现，电影、电视、录像、电脑……媒介更替逐渐加速，仿佛进入技术图像的时代以后，人类社会也步入了加速社会。弗卢塞尔的问题由此生发，技术图像必然具有对话功能？答案并非肯定。因为在弗卢塞尔的媒介理念观照下，媒介具有话语属性（信息的单向传播与储存）与对话属性（信息的创造与双向传播），媒介功能也具有可逆性，对话功能与话语功能能够相互转化，这取决于人如何使用。比如，无线电广播的对话功能在希特勒时代，就被用来撒播其意识形态以及用于战争目标，因此彼时的无线电广播就从对话功能转为话语功能。弗卢塞尔创造"远程信息社会论"，期待以远程通信技术纠正大众传媒时代传播的话语极权偏向，这被研究者称为"媒介乌托邦乐观主义"。但是，弗卢塞尔从未敢忘却纳粹主义给人带来的警示，所以他时常警惕：呼吁人们防范数字极权主义再临的可能性。

弗卢塞尔与法国思想家德波（Guy Debord）、法国哲学家鲍德里亚各自以其时代之精神，观照了时代的主要媒介：图像。德波的《景观社会》（1967年），鲍德里亚的《消费社会》（1970年）、《拟像与仿真》（1981年）都将图像媒介作为研究对象，反思虚拟与真实，直指图像真实取代实际真实对人们感知真实世界的影响。德波与鲍德里亚的悲观之情溢于言表：德波感叹景观的异化、意义的消解、人的主体性丧失、社会的分离与区隔；鲍德里亚感叹拟像的狂欢、意义的丧失、时间的扁平化与政治的消亡。因为人们的日常生活被媒体建构的景观（图像）所包围，在商品与消费的意识形态下，一切都被商品化、娱乐化。但是弗卢塞尔"礼赞表象"，以成"媒介现象之学"。在弗卢塞尔的图像理论中，所谓的拟像、景观，甚至所谓的"原本"（Original），一切皆表象，所以区分虚拟与真实本来就失去了意义。并且，弗卢塞尔盛赞"虚拟"，因为虚拟之物，乃人工创造之物，不同于人从自然（上帝）那里被动接受的赋予之物，所以虚拟之物才是人之为人的根本体现。如此，"无法逃避就欣然接受"，何乐不为呢？当然，弗卢塞尔的乐观建立在人类主体的决断性与责任能力之上，也就是说，"一切由人"。弗卢塞尔以技术图像为研究对象，指出人类社会已然“进入技术图像的宇宙”，并且技术图像时代的人应该具有与之相应的媒介知觉：技术想象能力——制造并解读图像的能力。在图像时代创制图像是适应本时代的基础能力，但是技术图像是由文字符号所生成，是在装置-操作者的功能运行下，文字（历史）变成了技术图像（程序），只有明白技术图像时代的人是穿梭于历史时代与后历史时代的人，才不会变成如同文字文盲一样的次生文盲（图像文盲）。并且，弗卢塞尔强调传播学教育的重要性，因为他指出“学校应该成为一个场所，人们在这里能够意识到正在靠近的危险是什么，以及如何应对它”。传播学类院校直面以媒介为中心的时代文化的变化，也担负着重振时代精神的艰巨任务，传播学类院校应为对抗文化危机提供知识和技术，因为传播学作为艺术性和人文性交融的学科，应致力于为人类传播的相关文化提供服务，否则就会变得边缘化。所以弗卢塞尔不仅提出了囊括图像学的传播理论，也为与技术图像时代相应的图像教育（传播学教育）大费苦心。

“一切坚固的东西都烟消云散了”并不可怕。因为世界本来就是虚无的、荒诞的、可怕的、无稽的，并且人生有涯，向死（而生）的人生是人类命运的必然，传播便是对抗虚无（无意义）。所以，纵观人类传播史，传统图像符号、文字符号、技术图像符号渐次出现。它们出现的目的在于介入人类自我与世界之中，以发挥中介功能，从而赋予人类自身的无意义以意义。而人之所以能够创造符号，建立属人的文化，就在于人的“人为性”：它将世界、自然、人生的“必然”变成“可能”，这也是“人以负熵为生”的内涵。因为，人生来是反自然的，是对抗“必然性”的存在。虽然人类的抗争犹如西西弗斯一般，但也因他的决断与责任彰显了“人力”的光辉。

基于以上讨论，如果说过去的图像存在于世界中，那么如今则是世界存在于媒介中。人们不仅能够如电视时代一样，从电视所营造的拟态环境中去认知世界，还能够以数字化的方式，参与到数字化的图景中，去认知世界、改造世界。所以，从逻辑上说，人们生存于媒介化的世界中并非夸张。那么，如今在技术图像时代再次考察人与媒介的关系就显得尤为重要。

技术图像时代，虚拟化的实践推动现实的重构。到底是艺术模仿了现实，还是现实模仿艺术，这是一个仁者见仁智者见智的问题。或者可以说，区分艺术（虚拟的）与实际（现实的），在技术图像时代已经没有了意义。因为，在技术图像时代，虚拟的现实扩张了现实的维度，而实际的现实成为现实的众多维度之一。从媒介迭代发展的历程来看，在传统的文字符号到技术图像发展中，媒介与现实的关系可以解释为上文所叙述的“模仿说”“复制说”“虚拟说”。其中，如果“模仿说”是以现实为尊，强调了艺术是对现实的模仿，艺术居于从属地位，也就是说，艺术成为现实的一部分；那么“复制说”则是强调艺术的逐渐独立性，正如本雅明所强调的艺术功能从崇拜功能到展示功能的演变一般，艺术不再是一种附庸，而是在现实中独立。而如今“虚拟说”成为主流，虚拟现实并非仅仅是现实的一种投射，而是人类主体利用互联网等工具所创造的一个具象化的现实。因为从文字到技术图像，即从一维到零维（无维），这是人类抽象能力不断深化的表现，但也正是如此，“抽象”走到了“无维之境”，就成为一种“触底反弹”的内生动力，人们利用媒介“无中生有”，在虚拟现实中创建出由点（或像素）组成的一维甚至多维。这是从抽象走向具体的实践。所以，虚拟化的过程并非是一种抽象与虚无的过程，而是一种从虚无到万有的过程。

如此，虚拟化的实践就是一种创造性的实践，推动现实的重构，推动现实的再生。在技术图像时代，虚拟之物从原本的现实中独立出来，成为多维现实中的不同维度，从而扩张了现实的维度。从生产的角度来看，虚拟化的实践彻底模糊了虚拟与现实的边界，一种“内爆”[①]的功能，使人的知觉克服了物理空间的束缚，进而渗透到虚拟空间中。与此同时，一种新的共生、共存关系需要被人们理解，即“模仿”“复制”“虚拟”并非是一种线性的替代与被替代关系，而是一种共生、共存的关系，只不过不同的时代具有不同的偏重而已。

技术图像时代需要重访主体间性以超越客观性。在技术图像的世界中，人们的认识受到图像媒介的影响。从技术论者的视角来看，媒介对人的认知与行动两方面均产生影响，这也是“媒介即信息”的内涵所在。但是，生活在技术图像世界中的人，并非作为信息生产与传播的一个要素而存在，也就是说，在理解技术图像与人的关系之时，并非从信息的传递视角去理解，而是从信息的仪式观视角去解读。进而言之，作为技术图像的使用者与接收者的人们，他们并非仅仅是图像信息的接收终端，而是信息的制造者、传播者。所以，技术图像描写的并非客观先验的世界，而是人们利用装置（互联网、手机等）所创建的符号化的世界。那么技术图像的世界就并非是客观独立于人的对象，而是人主体力量的外化（外显）。所以，每个人都可以利用技术装置，在自己参与图像化世界的过程中，建构自己的世界。人与世界的关系，并非单纯的人与自然世界的关系，而是人与人化自然（第二自然）的关系。人化的自然并非客观存在的自然，而是人利用媒介不断生成的自然（世界）。由于每个人的固有认知不同、媒介素养力不同，那么他所创造以及理解的世界也就不同。人与人之间的关系就表现为人所创造的人化自然之间的关系。所以人与之间并非是主体与客体的关系，而是一种主体与主体的

① 张默：《论麦克卢汉的“内爆”理论——兼与鲍德里亚观点的比较》，《湖北民族学院学报》（哲学社会科学版）2014年第2期。

关系。如果说主体与客体的关系是一种支配与被支配或者使用与被使用的关系，那么主体与主体之间的关系则不存在位阶的不同，而只存在认知维度的不同、实践能力的不同。换句话说，如果说传统的人与世界之间的关系被理解为主体与客体的关系，那么技术图像时代人与世界的关系，可以被视为主体与主体的关系，也就可以以主体间性来理解。因为，这涉及人们认识真理的视角的不同。在传统时代，真理具有客观性，人们的行动是作为真理的追求者发出的，取决于谁能够最大程度地追求真理，因此人与人之间的关系是一种竞争而非合作的关系。但是在技术图像时代，真理并非是“高高在上”的一种可望而不可即之物，作为主体的人们各自以自己的视角来“创造”真理，即人与人之间并非竞争关系，而是在相互协作的过程中，一起创造真理、超越客观性。

技术图像时代重新建构人与媒介关系、人与人关系的过程需要注意三种问题。一是人的位置问题，二是消费主义的问题，三是如何使用媒介的问题（媒介对人的认知影响的问题）。人的位置问题是指人与媒介的关系是一种共生的独立性关系，人不是媒介的支配性他者，不是一种所属关系。所以提升技术图像时代的技术性想象能力，形成与新媒介对应的媒介知觉力就尤为重要。如此，人必须成为媒介化生活的参与者，而非旁观者，这就要求人需要有自律性的能力。自律能力是一种理性认知与实践的能力。在技术图像时代，人们不是在思想中完成人与人、人与媒介关系的建构，而是在媒介实践中去改造人与人、人与媒介的关系。在主体间性的视角下，人与人之间是合作共赢的关系，在携手共进的过程中，每个人都逐渐成为完善的、自律的主体——能够打破“日用而不自知”的媒介沉浸束缚，能够走出“旁观”、走到参与中。

消费主义问题在于警惕资本对人以及媒介功能的异化。技术图像时代是一种“视觉占有”的时代，“眼球经济”这一词语的出现就说明了问题，政治经济学视角的资本对人的作用不用赘言，个人力量在巨大的资本运作下是弱小的。但是人自身却存在一种资本能够与物质资本相抗衡——人的本质视角下的“象征性资本”[①]是抵抗金钱资本的一种有力“内在资本”。因为文化资本、经济资本、社会资本往往重视“有”的层面，注重物质性的占有，而“象征性资本”却注重“无”的层面，从关注社会公共性的角度，注重社会信任的建构。重构社会信任才能恢复人与人之间的信任性，才能使人站立在消费主义之上，而非沦为消费的附庸。

如何使用媒介，是技术图像时代认知与实践的关键。无论是麦克卢汉的“冷媒介”和“热媒介”的区分，还是弗卢塞尔的“对话媒介”和“话语媒介”的区分，其关键都在于人，也就是人如何在媒介的影响下使用媒介。文字媒介的习得需要十几年的学习才能不断积累以至纯熟，但是技术图像媒介由于直观性强，往往因为误解媒介而对人造成欺瞒。因此，回归到原初的学习上，进行再启蒙就尤为重要——只有正确地使用媒介，才能保证媒介文化的健康向上。

①〔法〕皮埃尔·布迪厄:《文化资本与社会炼金术》,包亚明译,上海人民出版社1997年版,第210-240页。

四、书写的危机

书写的危机可以转述为“书写有未来吗?”这是在电子书写出现之后，从人类传播过程中提炼出的问题。此类讨论与诸如“后人类”“后文字”“后现代”等如出一辙，也就是说，人类传播在迭代发展的过程中，新媒介的出现必然带来“范式的转换”，即传播的革命。与之对应，人类的认知、行为、存在方式、生活方式等均受其冲击。比如，“AlphaGo”[①]于2016年战胜了人类的“智能”，以及“ChatGPT”[②]在2022年出现后，引发人类何去何从，以及人类是否会被人工智能取代的大讨论。而“书写是否还有未来”也是在此背景下再次被提出。“书写有未来吗?”这一命题的提出可以追溯到威廉·弗卢塞尔的著作《书写有未来吗?》(*Die Schrift: Hat Schreiben Zukunft?*)。

该著作是威廉·弗卢塞尔生前的最后一部著作，1987年以德语正式出版。本书出版时正处于电子化是否会终结纸质书籍的转型热议时期。

---

① 2016年3月，AlphaGo与李世石(韩国的围棋世界冠军)进行了一系列的历史性的对局。AlphaGo在五局比赛中以4:1获胜，引起了广泛的关注和讨论。这一胜利被视为人工智能在围棋领域的一个重大突破，因为在此之前，围棋被认为是计算机很难掌握的棋类游戏，其复杂性远超过其他的棋类游戏如国际象棋。

② ChatGPT(Chat Generative Pre-trained Transformer)，是OpenAI研发的聊天机器人程序，于2022年11月30日发布。ChatGPT是人工智能技术驱动的自然语言处理工具，它能够通过深度学习来不断提升与人类对话的能力。它不仅能够撰写邮件、视频剧本、文案、翻译、符号，甚至能完成书写论文等任务。这就犹如科幻电影(*Her*)里的场景在现实生活的实现。

当时，电子出版已然出现，尤其是计算机以软盘形式（Floppy Disk）进行出版，如此，传统书写与电子书写孰优孰劣，传统书写是否有未来等就成了讨论的焦点。为此，弗卢塞尔特意在《书写有未来吗?》这一著作出版时，同时也发行了两张数字软盘版本。从传统书写的字母-数字符号，到数字时代的“数字符号”超越字母符号而分离——传统的文字书写不可避免地让位于数字表达，肯定了思维与交流（传播）的相应的变化。也就是说，媒介（技术）的变化会对人类传播以及人的生活世界图景产生影响。这正好验证了技术与人关系的命题是技术哲学的母题。同时也验证了“太阳底下无新事”。卢梭早在1749年撰写的论文《论科学与艺术的复兴是否有助于敦风化俗?》中就已经论证过科学与艺术并不导致纯粹崭新的罪行，其作用在于掩饰罪行，进而逐渐使人们接受并对罪行习以为常。卢梭秉持人类纯粹的自然性倾向，这是一种自由主义的视角。弗卢塞尔亦向往人的自由。弗卢塞尔肯定书写形式的变化推动新思维以及新的传播方式的产生，同时，也强调了人如何使用媒介，也就是在媒介与人关系的基础上，考察人应该如何做。所以弗卢塞尔是一位责任人道主义作家。

“书写有未来吗?”既是这本著作的书名，也是弗卢塞尔考察媒介的问题意识出发点。弗卢塞尔确信“现象并不是物自体，而是在考察之中出现的事物”[①]。所以弗卢塞尔不是通过既有的“成见”去看待现成事物，而是通过现象学的研究方法考察“书写”媒介的本身，以通达“书写”的各种“显象”来寻找出“书写”的本真面目。[②]

在原著的作者原序中，弗卢塞尔对书写的未来进行了批判性否定——

① 〔巴西〕威廉·弗卢塞尔:《传播学:历史、理论与哲学》,〔德〕斯特凡·博尔曼编,周海宁译,复旦大学出版社2022年版,绪论第6页。

② 弗卢塞尔的媒介现象学是一种研究方法,是指基于媒介中人与对象的相关关系,重点考察在人类传播所使用的媒介中如何理解媒介的呈现。

书写被终结了（几乎或者完全没有未来）。但弗卢塞尔的本意在于强调终结的是历史中的书写，而“后历史”[①]中的“新书写”，也就是书写的未来是可以想象的。因为，不同的媒介时代，伴随着新的媒介形式与新的媒介意识、行动，从而造就新的媒介文化。在后历史时代，新的媒介文化将文本转化为技术图像。换言之，弗卢塞尔认为书写将被新的形式所替代——技术图像的“书写”将取代原有的书写。也就是说，原有书写形式的终结使书写的未来指向了技术图像——文本将被转化为技术图像，书写的未来是书写原有形式被替代。进而言之，书写的形态发生了变化，技术图像也可以被视为一种新书写。此前的书写是一种传统书写，是以字母-数字符号为中心的文本书写。而在新形式的书写时代，技术图像是由数字（0和1组成的点的宇宙）组成的，所以数字符号取代了文本符号成为技术图像时代的占统治地位的符号。

弗卢塞尔对书写未来的批判性考察，有助于我们在新媒介时代，再次思考文字与图像的关系，直面丧失支配地位的文字符号，以及崛起的数字符号与其启蒙意义，同时以此为切入口观照我们所生活的图像化世界，如图像对话（Plog）的流行、移动短视频的泛滥等。所以，可以说媒介现象学是考察中国当今媒介文化的重要方法。

（一）“书写”的历史母题

站在历史终结与后历史生成的边界上，弗卢塞尔观察到书写的终结，以及将文本转化为技术图像这一现象。但是弗卢塞尔基于对人性懒惰的熟知，断言，人们出于惰性不会轻易接受新的媒介。犹如在2500年

---

① 关于后历史的论述，可以参见〔巴西〕威廉·弗卢塞尔：《后历史：二十篇短文与一种使用方法》，李一君译，复旦大学出版社2023年版。

前的苏格拉底时代，人们热衷于对当时刚刚兴起的文字使用进行批判，担忧文字的出现可能伴随文化危机与人的异化，在互联网时代，人们拒绝新媒介的快速发展而固守传统媒介（如以文字、书籍为中心的传统媒介），与此如出一辙。

早在公元前4世纪，柏拉图就在其著作《斐德诺篇》中，借助苏格拉底之口，将文字与口语的关系进行了对比阐释。苏格拉底讲述了一则古埃及的神话故事：很久以前，在尼罗河上游的一座被称为底比斯（Thebes）的城市中，居住着一位叫塔穆斯（Thamus）的国王。在塔穆斯统治期间，有一天，智慧之神图提（Theuth）[①]特意跑来拜访国王塔穆斯，并向他介绍自己的一切知识（发明）。文字就是图提介绍的发明之一。图提与国王的对话如下：

对于文字，图提说："大王，这件发明可以使埃及人受更多的教育，有更好的记忆力，它是医治教育和记忆力的良药！"国王回答说："多才多艺的图提，能发明一种技术是一个人，能权衡应用那种技术利弊的是另一个人。现在你是文字的父亲，由于笃爱儿子的缘故，把文字的功用恰恰说反了！你这个发明结果会使学会文字的人们善忘，因为他们就不再努力记忆了。他们就信任书文，只凭外在的符号再认，并非凭内在的脑力回忆。所以你所发明的这剂药，只能医再认，不能医记忆。至于教育，你所拿给你的学生们的东西只是真实界的形似，而不是真实界的本身。因为借文字的帮助，他们可无须教练就可以吞下许多知识，好像无所不知，而实际上却一无所知。还不仅此，他们会讨人厌，因为自以为

① 图提脸上生有鸟喙，是古罗马神话中，孕育无数知识的一位神祇。他是众神的书记官，是数学与哲学的发明者，是天文、地理、工程、测量、医药、植物等各种学问的先驱，是世间一切智慧的代言人。

聪明而实在是不聪明。”①

借助苏格拉底之口，柏拉图表明了他对文字的不信任。可以从文字的特性归纳苏格拉底对文字的五个批判。

第一，文字可以将历史储存，作为工具它可以保存记忆，但同时它会使人们的记忆力变得低下。因为，人们进行文字书写之时，并非依赖自身的记忆能力，而是将自身的记忆力交托于外部的符号。最终，人们会变得懒惰，并忘却自己本有的能力，也就是迷失自性。

第二，文字能够再认（再现），但是文字不能够呈现真实本身，从文字所提供的讯息中，人们仿佛能够知悉许多讯息，通过阅读文字，人们似乎变得全知全能，不过本质上人们可能只是看到一些表象性的事实而已。

第三，文字不像口语，它仅仅提供沉默的文本，所以当进行对话时，口语对话的双方能够通过问答而进行意义的阐释，但是文字的接收者（读者）却无法拥有口语对话时通过问答而进行意义阐明的机会。

第四，口语对话需要事先有意地甄选对话对象，但是文本并不需要。在书写者无法预料之处，文字信息可能成为无法预料的话题。

第五，文字的书写者在书写完成之后，文本就离开了作者之手。也就是说文字的书写者与文字可能不会存在于同一时空。所以，作者可能无法看到文本接收者对其所书写内容的真挚态度。

此后，每当媒介技术迭代升级，书写技术都随之发生革命性的变革。而每当此时，苏格拉底的疑问便再次萦绕在人们心间，成为人们审视媒介文化的方法论切入点。例如，当新时代开始，即15世纪，西方活字印刷术发明人古腾堡改良印刷术，机器大量复制文本得以成为可能，

①〔古希腊〕柏拉图：《斐德诺篇》，朱光潜译，商务印书馆2018年版，第74页。

印刷文字得以流行，最终使学校教育得以普及，文盲率得以降低，但是有人认为这种印刷书写没有灵魂，无益于智慧的增长。同样，在19世纪电报通信技术被发明后，梭罗在《瓦尔登湖》中大举讽刺电报的发明。

> 我们急不可待地建筑了一条磁力电报线，从缅因州直达得克萨斯州，可视缅因州和得克萨斯州之间也许根本没有什么重要的东西需要交流。……这种现象仿佛主要目标是赶快把话说出来，而不是有一说一地把事情说清楚。我们急于在大西洋底下打通隧道，让旧世界向新世界靠近几个星期，但是最先传入那只肥厚耷拉的美国耳朵的消息，却是阿黛莱德公主患了百日咳。[①]

从文字出现之后，再经过书籍印刷、电报、收音机、电视、电脑、互联网、智能手机等。正如美国《大众科学月刊》[②]（*Popular Science Monthly*）于1897年12月刊载的编者文章（*Editor's Table*）一样，引发了人们思考旧媒介的终结与新媒介登场之时，媒介与人的关系问题。具体如下：

> 每一种进步都会导致人部分能力的滥用，除非它对其他部分的活动有补偿性的作用，否则就个人的发展而言，没有任何好处，甚至可能会有损失。很明显，许多有用的新发明，虽然加快了生活的节奏，但并不能促进体力或智力的运用，而今天为大众娱乐和消遣所做的大量供给，几乎没有什么教育价值，甚至可能会伤害到反思能力。当越来越多的奢

①〔美〕梭罗:《瓦尔登湖》,苏福忠译,人民出版社2008年版,第40页。

②《大众科学月刊》是一本著名的科普期刊,1872年创刊于美国。在100年的历史中,它见证、报道以及评价了不计其数的科技进步,正是这些技术逐渐塑造了我们如今的生活世界。

侈品和各种新奇的事物摆在人们面前，诱惑着各种感官，内心的需求很容易被抛到一边，被遗忘。[①]

综上所述，从苏格拉底时代开始人们对新媒介的出现就具有一种警惕的心理。因为，对外物的依赖会造成人的懒惰，从而导致内在自性的迷失。进而言之，外物挑动人的感官，甚至情绪，使人将感官的延伸（生理反应）误认为是思想（反思）的结果。无疑，苏格拉底式的忧虑，值得我们思考，也确实能够给予我们思考的灵光，但是从另一种角度来看，荒谬之处在于，连从哲学、认识论角度对文字媒介进行批判的柏拉图的口语式对话不也沦为文学了吗？

（二）“书写”的问题意识

在中国的战国时期，荀子在《劝学》中就明确地提出了借用媒介以提升人能力的重要意义，即“善假于物”的媒介观：

吾尝终日而思矣，不如须臾之所学也；吾尝跂而望矣，不如登高之博见也。登高而招，臂非加长也，而见者远；顺风而呼，声非加疾也，而闻者彰。假舆马者，非利足也，而致千里；假舟楫者，非能水也，而绝江河。君子生非异也，善假于物也。

由上述语句可以看出，荀子从媒介对人的加持的视角，肯定了媒介的积极作用。由此可见，从媒介与人的关系来看，媒介的利用并非是对

① Lens:《一百多年了，人不长记性的吗？》，2020年5月14日，https://www.thepaper.cn/newsDetail_forward_7381942。

人的削弱，而是对人的一种解放。这也是从自由的视角对人与媒介关系的考察。弗卢塞尔亦复如是。弗卢塞尔将媒介的使用视为人对自然的反抗，即“人类传播的目的是人们想要将获得的信息储存起来。人类传播是负熵的世代传递……人类是为了将所得信息进行储存而发明技巧（方法）的动物”[①]。所以，媒介作为一种发明的技巧，能够发挥投射作用，以传统图像为例，“人类通过存在与图像之间的反馈，获得了对世界的认知。当图像的调解作用受到了妨碍，人类便再次离开图像的世界”[②]。也就是说，当传统图像这种媒介成为人认知世界的障碍（深渊），人们就会转向其他媒介（如文字文本媒介）并试图在人与世界之中架设新的桥梁以恢复人与世界间的正常联系（认知世界）。所以，媒介是一种调解机制，具有辩证法的属性——既能发挥深渊（障碍）的功能，又能发挥桥梁（联通）的功能。

根据弗卢塞尔的意思，人从自然中后退一步，得以成人。也就是说人从自然中挣脱而出，创造出属人的世界。此时，人才第一次成为人，即算作人从自然当中被驱逐。此后，按照人类传播史的划分，人类在不同的媒介时代具有不同的认知世界的意识——人类分别创造出图像的世界（前历史时代，神话、魔术意识）、文本的世界（历史时代，逻辑意识）以及技术图像的世界（后历史时代，技术想象意识）。[③]当人的意识与媒介属性相匹配时，媒介文化就能够应对发展的机遇；当人的意识与媒介属性不相匹配之时，媒介文化就出现发展的危机。不过，在媒介的

---

①〔巴西〕威廉·弗卢塞尔:《传播学:历史、理论与哲学》,〔德〕斯特凡·博尔曼编,周海宁译,复旦大学出版社2022年版,绪论第4页。

②〔巴西〕威廉·弗卢塞尔:《传播学:历史、理论与哲学》,〔德〕斯特凡·博尔曼编,周海宁译,复旦大学出版社2022年版,第81页。

③〔巴西〕威廉·弗卢塞尔:《传播学:历史、理论与哲学》,〔德〕斯特凡·博尔曼编,周海宁译,复旦大学出版社2022年版,第82–85页。

调解作用下，人与世界之间是深渊还是桥梁，取决于人能否正确地使用媒介。所以，弗卢塞尔并非技术决定论的拥趸，而是责任人道主义者。

在弗卢塞尔的理论中，信息储存（积累）“并不是偶然或必然的结果，可以将其阐释为自由的产物”[①]，是人类自由地决断，并反抗自然的结果。作出决断是一种自由意志。但是，如果人类意识的发展无法跟上媒介变更的速度，那么这可以归结为人自身的原因，比如懒惰。人无法替别人做决断，因为需要尊重他人自己做决断的能力，但是人能够自我决断。例如，弗卢塞尔认为学习传统书写需要人们在学校中付出相当的时间。通过对书写姿态的考察，弗卢塞尔发现，传统书写者是既得利益者，他们为了书写耗费了力气，所以从中获利也就变得理所当然。也因此，他们可能并不想要改变。但是弗卢塞尔的所有著述成果都是传统书写的结果。因此他解释道，懒惰并非全部原因。媒介技术的快速发展，使一些不利于书写的因素出现，即使如此，弗卢塞尔还坚持书写，原因在于他相信：书写能够更好地表达想法、自己的心愿以及欲望。所以书写不仅仅是一种对世界的认知，不仅仅是“我”跟世界的关系，还是“我”跟自己的关系，即我的“内在形式”（Forma Mentis）。弗卢塞尔会进一步反思自己的行为。

当然，正是因为他们相信的这一点使他们“误入歧路”。然而，即使假设他们是正确的，并且那些视频片段产品并不符合他们的存在，即不与他们的“精神形式”（Formal Mentis）相契合，那么，这也不能证明正是因为这种态度（认识）而使他们的存在形式变得十分陈旧（过时），进而使这一类人成为如同已经灭绝的中生代的恐龙一样的存在。

①〔巴西〕威廉·弗卢塞尔：《传播学：历史、理论与哲学》，〔德〕斯特凡·博尔曼编，周海宁译，复旦大学出版社2022年版，绪论第5页。

反而，这证明了不是每个过时的东西都必将毁灭。所谓的进步并不必一定与改善（变得更好）是同义语。因为，恐龙在恐龙的时代也是十分美好的动物。但即便如此，如果对书写的形式过于执著，那这就将成为一件值得商榷的事情了。[①]

面对时代的超越性，媒介环境的改变以及书写地位的动摇，有些人无论如何都要书写，坚信书写的高贵性而不舍弃，有人已经准备放弃书写。弗卢塞尔趁机提出了自己的问题。

（1）与书写相类似的姿态有，如勾勒、涂抹、拍摄、敲打键盘（按键）等，如何区分书写与这些类似的姿态呢？

（2）在大理石上进行雕刻，使用毛笔在绢帛上写字，键盘打字，使用录音机口语录制等，这些与书写的共同之处是什么？

（3）书写的历史如何梳理？

（4）在书写肇始之前，也就是前书写时代人们如何做？

（5）在书写终结之后，也就是在后书写时代，人们又该如何做？

传统的书写与阅读是对应的。书写的问题就是阅读的问题。所以上述种种问题既是书写的问题，同时也是阅读的问题。因此除了以上五种问题，我们还应继续提问，人为什么书写和阅读？出于何种目的且如何进行书写和阅读？综合以上问题，最后的问题应该是，这些事情都终止之后，那又会如何？

所以，这就是弗卢塞尔的问题意识所在：最终他以《书写有未来吗？》为题与阅读者共同探讨“书写”的问题。

① 转引自《书写有未来吗？》作者序言部分。

（三）“书写”的媒介史

弗卢塞尔并非对书籍和图书文化的终结进行预言，而是通过我们文化中以文字与书写所形成的人文主义及由“古腾堡式文化”转向电脑与数字符号的所谓“远程信息文化”，进而主张我们应该从既有的思考方式和价值（例如西方陈旧的人文主义）之中跳脱而出。据此，弗卢塞尔从数字时代的门槛之处，归纳了由于媒介变化而引起人的知觉与思考方式的变化。换言之，作者主张一种“范式转变”的必然性，即从历史（文字时代）开始以来，从以文字和书籍等媒介为基础所形成的线性、进步性、历史性思考方式，转变为以新的数字符号为基础所形成的非线性的、循环的、后历史性的思考方式。

弗卢塞尔清点了众多的书写方式，如字母、文本、书籍、印刷、口语、书信、报纸等，进而指出书写阐述、传递、接收了我们绝大部分的文化信息，并且这些信息也通过书写而被储存。但是如今我们拥有了更好的形式来做这些事情，也就是技术图像符号。在技术图像的宇宙中，一切可被书写的都可以发展为图像，并且效果更佳。如摄影、摄像、录像（视频）以及计算机合成的图像都比传统的书写更为完善。图像比书写更易获得反馈；图像比书写更易讨论经济、技术、政治或社会问题；图像比书写更易创造科学、哲学甚至诗歌。图像相比传统书写是更好的媒介，因为图像平面由无数的线条构成，二维的平面比现行的行承载更多的信息，所以一张图像可以被描绘为无尽的文本。图像一旦被电磁化就变得大容量且易于传递，成为一种电磁波信息，它所发出的不同声音是文字语音无法比拟的。图像能够比文本更有效地储存。因此，传统书写将变成一套古董般的存在，如同埃及的象形文字或是印第安的绳结文字，未来只有考古学家、历史学家和其他专家才会学习如何书写与阅读。[①]所以，弗卢塞尔的思想具有一种媒介乌托邦主义，即人类传播的问题表现为媒介文化的问题，那么解决人类传播问题则可以在媒介文化问题的解决方案中寻找答案。

弗卢塞尔采用直接考察“书写”现象的方式，试图在考察中重新认知“书写”。首先认为将字母（Buchstaben，Letters）与文本记号并列排序的“书写”（Schreiben），几乎或者完全没有未来。由此，他“假设”书写已有危机。因为，新符号（Code）已然诞生，它比文本更易生成、传达、接受和储存信息。录音带、唱片、电影、录像带、磁盘等的出现表明更好地传递信息的媒介也已存在了。在弗卢塞尔看来，新符号的出现就像在历史时代肇始之时文字对抗传统图像一样，20世纪末数字符号（Digital Code）的出现，就表明它在对抗并超越字母符号。弗卢塞尔认为，如果历史时代字母符号的思维挑战的是前历史时代的魔法（魔术）思维，那么数字符号的思维就是对过程性的、发展性的意识形态——它源于数字-字母符号的结构性、系统性、整体性思维方式——的对抗。弗卢塞尔预言，尽管数字-字母符号作为启蒙符号，从文字发明到文字文本的启蒙成功历经了3000年以上的岁月，然而数字符号取得21世纪新启蒙的成功只不过需要几十年的时间。

书写遭遇了危机，弗卢塞尔以文化人类学式的传播哲学方法来考察“文字文化”（Schriftkultur），比较过去与将来书写姿态间的差异。虽然学习过书写的人，在学习数字符号时代的新符号时，其年岁大了且人也变得懒惰了，但也有人相信只有书写文章，才能够通过书写的姿态实现

---

① 参见《书写有未来吗？》作者序言部分。

自己的此在[①]（Dasein）。因此，对书写的考察是为了三种类型的人而进行的。第一，相信书写存在意义的人；第二，认为必须学习电脑而不再进行书写，并且必须返回数字化的幼儿园的人；第三，尽管知道书写没有了意义但仍然进行书写的人。本书就是为第一种和第二种类型的人书写的，并且敬献给第三种类型的人。

为了完成对"书写"的考察，弗卢塞尔选取20种与书写相关的"现象"，并利用现象学的方式逐一对其分析。首先，他对"标题"（Überschrift，Title）进行"深度思考"，并赋予其创造性意义，以此开始有关（Über）"书写"的研究。所有的书写都是"正确的"，都是一种排序文本符号的姿态。神话性或者魔法性的思维是已然被废弃的循环的（圆形的）思维，书写就是将这种不再使用的思维并列排序的姿态，而且书写是一种正确排序的思维，具有逻辑性。弗卢塞尔依然使用"书写思维"，即逻辑思维来观照书写的变化过程，并对其进行批判性、反思性研究。

对"标题"这一文本形式考察之后，他进而考察铭刻文字（Inschrift）、表面文字（Aufschrift）、字母（Buchstaben）、文本（Texte）、书籍印刷（Buchdruck）、规定（Vorschriften）、口语（Gesprochene Sprachen）、文艺创作（Dichtung）、阅读方式（Lesarten）、解码（Entzifferungen）、书籍（B̂ücher）、信件（Briefe）、报纸（Zeitungen）、书写用品店（Papierhandlungen）、书桌（Schreibtische）、脚本（Skript）、数字符号（Digitale）、重新编码（Umcodieren）。最后，与本书最初出现的文本形式之一——题

① 在海德格尔的哲学中，"此在"（Dasein）是一个核心概念，指的是"存在"（Sein）的方式，特别是指人类的存在方式。具体而言，"此在"不仅仅指人类的存在，还包括了人类存在的独特性和个体性。它涉及人类如何与世界相互作用，如何理解自己的存在，以及如何面对死亡等问题。海德格尔认为，"此在"是一种时间性的存在，意味着人类总是处于一个不断变化的时间流中，并且人类的意识和存在也是随着时间而变化的。此外，"此在"还强调了人类存在的开放性和可能性的概念。人类能够通过自己的选择和行动来塑造自己的存在，而这种塑造是在一个不断变化的世界中进行的（"在世存在"）。因此，"此在"既是一种存在的方式，也是一种存在的动态过程。

目对应，弗卢塞尔通过考察“签名”（Unterschrift）表明了其核心立场：以威胁逻辑思维的第二次文盲来收尾，也就是说，为了抵抗人无法对技术图像解读，而召集数千个署名。通过对以上文本相关事物的解读，弗卢塞尔发展出如下对书写媒介变迁的思考。

从人类文化史的角度来看，最初的书写使用楔形模样的工具，它将时间循环的神话思维的信息刻在柔软的对象上，并使其硬化以便持续地传达以及长久地保存，也就是说，最初的书写始于对抗熵（Entropy，信息的消逝、热的寂灭）的不朽姿态中。铭刻（铭刻文字，Inschrift）就是最初书写的形式，它是自由意志的表现，是源于主体渴求不灭的自由精神的表达。这是前历史思维［致密且模糊的平面（图像）符号］转换为历史思维［差别的、鲜明的线形符号（文本符号）］的瞬间。

铭刻是将信息刻在对象中，随着在对象的表面进行文字书写的记录（表面文字，Aufschrift）方式的出现，铭刻走上了衰退的道路。铭刻使用一种楔形的刻刀（Stylus），而表面之上的记录则使用毛笔和钢笔。刻刀虽然在结构上相对简单，但是在功能上比毛笔和钢笔更为复杂。这是发展的征候。因为，一切东西如果想要在功能之上更为简单，那么就必须在结构之上更为复杂。特别是文学，它不要求深思熟虑或观照，而只是通过记录来讲授和教导。因此，快速的书写与阅读速度说明了流行的文学潮流的张力。伴随着快速记录，“发展”也开始加速了，并且历史意识也开始焕发活力。然而，正如今天所发现的那样，书写已然中断，没有中断并继续加速化的“发展”则被运转速度惊人的装置（Apparat）推动着。为了能够继续缓慢地观察与观照，技术图像取代了文本成为更合适的符号。但是，由于书写经历了转向“技术图像的宇宙”的非常复杂的过程，所以它并没有被简单地克服（超越）。理由如下：第一，技术图像从历史（故事、装置）那里得到营养供应。第二，这些图像将历史（装置）程序化。第三，装置犹如历史时代人类进行书写一样，但装置使用其他符号而不进行文章书写。因此，这是一个艰难地转向后文字宇宙的过程，它要求对文化进行慎重的思考。

数字-字母符号几个世纪以来进行着线性记录，它是完善的、多样化的记号（Zeichen）的混合体。文字（声音记号）、数字（数量记号）以及没有被正确定义的书写规则记号，如标点符号都是数字-字母符号。弗卢塞尔认为，字母（Buchstaben）是声音的记号，所以字母文本是听觉性陈述的总谱，它能使声音得以看见。与字母符号不同，数字是观念的记号，是以“内在之眼”来认知的图像。如数字“2”是精神性的图像，它被识别为“一对”。因此字母文字将听觉性的认知符号化，而数字将视觉性的认知符号化。也就是说，字母符号从属于音乐的领域，而数字则属于戏剧艺术的领域。神经生理学认为字母与数字分别调动着不同的脑功能，左右脑在阅读字母和阅读数字时发挥的功能也不同。因此，字母-数字符号通过使大脑处于混乱状态，从而造成数字被字母压抑。如此，言语与图像之间的辩证法（Dialektik）结构就能够在字母-数字符号的内在紧张中得以确认，文本是字母-数字的符号化，比如在观察一页科学文本时，人们看到了被数字之岛所中断的字母的行。在人类的认知体系中存在无法妥协的现实（Wirklichkeiten），即听觉性字母文字与视觉性数字的并存。不过，由于眼睛支配耳朵的革命已然产生，数字开始从文字中解放。电脑这一计算机器开始慢慢地替代人类的精神功能——计算、逻辑思考、决断、预测。在这种计算机的影响下，科学将犹如马赛克般的可数算的小石头（Calculi）拼凑在一起并设计出一幅世界图景。更为确切地说，科学不仅在无生命的维度（原子碎片），在生命维度（基因）中也是如此发挥着作用。在生命维度中，社会（Gesellschaft）被视为一个马赛克，其中那些构成要素（个人）根据可计算的规则相互结合与分离。同时，我们原本的思维被解释为可数量化的要素的计算。如果说现在（数字形式的）眼睛超越（字母形式的）耳朵，并开始占据上位，那么人们就可以利用数字对听觉性的认知进行操作（数字化）。由于字母符号的发明者将制作（传统）图像的人和将神话阐释为魔术（魔法）的人视为同一敌人，所以发明字母的动机是为了超越前历史（魔术性、神话性）意识（Bewußtsein）。因此，字母符号是历史意识的发明。也就是说，如果我们抛弃了字母，那么我们是为了超越历史意识。人类厌倦了由历史意识所推动的“发展”，并进一步验证了历史思维的疯狂性与杀人性。这是我们试图抛弃字母符号的真正理由。

在文字对抗口头语言的斗争中，为了将从神话那里口传的魔术展开为线（条），在将死的字母发明过程中，字母犹如吸血鬼（Vampir）一般吸吮着语言的生命（血）。如此获得生命的字母所形成的线（列、行）被称为文本（Buchstaben）。文学（Literatur）可被称为文本的宇宙，它作为半成品指向了接收者（读者），并由接收者将其完善。因此，读者的阅读方式越多，那么文本的意义就越丰富。文本（信息）的命运取决于接收者。于是，在书写之时，“我为谁而存在”这一问题在文本所支配的社会中成了一种政治问题。书写文本并公之于众（发表）是一种政治姿态，除此之外的所有政治参与都遵循文本并服从于文本。此时，书写者只能到达（触及）与文本的传达渠道相连接的接收者。文本的作者首先是为连接渠道的中介——出版人进行书写，这是为了将与出版人一起的半成品文本拽入信息的环境中，以抓住读者。文本虽然被凝结而成、无懈可击，并且它犹如流水一般排序良好，但是充满矛盾的优秀文本是书写者、出版人之间的创造性对话，这使人们怀有希望：并非所有的文本都是技术图像的替罪羊。

与其说16世纪推动欧洲宗教改革转变为政治革命的书籍印刷（Buchdruck）是印刷物制作的技术，不如将它分析为信息革命时代的新的书写与思考方式。在字母–数字发明以后，从公元前2000年代中期开始，人们就开始使用挤压、单页形式的支架、金属的阴刻技术来印刷书籍。然而，他们并没有在描绘文本记号之时生成类型（Typen）的思维。古腾堡的伟绩就在于他从字母–数字文本中发现了类型。古腾堡之前的书写者将文本符号视为把特殊口头语言的特殊声音可视化的字符（Charaktere）。因此，当时存在四种文字符号（拉丁语、希腊语、希伯来语、阿拉伯语）分别将各自语言以特殊的方式可视化。然而，当时的书写者开始模糊地意识到一个事实：文本记号实际上不是文字而是类型。书籍印刷从两种问题中将这种模糊的意识进行明确的阐释。首先，书籍印刷表明了这些类型并不是不变的（永恒的）形式而是可以制造的、改善的、废弃的模型。正是这种问题意识认知到如今文字书写的历史思维所处的危机。其次，印刷物是类型的事物，而不是特别的、不可比较的、唯一之物。一个印刷物是众多原稿中的“一卷”（Exemplar），它不是特殊（唯一的一张纸）的事物，而是具有作为一个类型的价值。在思考印刷物时，类型化、记号的创造、意义赋予、信息提供，是与人类品味（尊严）相符合的事情。制造特别事物的劳动被视为非人类、压迫性的劳动，其结果产生了安装机器的工业革命。书籍印刷成为工业革命的根源，也成为其模型。信息不只被印刷在书籍中，而且织物、金属、塑料之上也被印刷。书籍印刷能够被视为正宗的字母书写，是欧洲社会正宗的、历史的、科学的、进步的思维的表现。然而，信息革命将书籍印刷、字母符号以及与其对应的思维都变得非必要了。这种革命（信息革命）正在诱导新的、还未被看到的然而已经能够被预感到的思维方式产生。

如果想要理解预感与信息革命一同浮出的思维方式的方法，那么只需要看一下那些将新的记号置入装置的人是如何操作的就可以了。他们为了将装置程序化而敲击键盘。所谓的程序，也就是指示/规定（Vorschrifton）。这些人并不是越过句子的句号而指向他人进行书写，他们是为装置本身书写。由此可见，书写的本质已然发生了变化，并且这种书写由于是不同方式的书写，于是“程序化”（编程，Programmieren）这一新的名称出现了。这对反动（保守）主义者来说不仅是不方便的，而且是一件危险的事情。对这种新生事物的恐惧可以从表面看似无害的维度去分析。也就是说，人们不再以字母符号书写文章，而是使用所谓的二进制符号（Binary Code）——一种不同的符号来书写。人工智能在解读字母文字的能力上还是非常欠缺的。这种新的电脑符号虽然在结构上非常简单，但是在功能上相当复杂。我们虽然都学习了字母符号，实现了民主的去文盲，但是大部分人由于还没有学习电脑符号的使用方法，因而再次以电脑文盲的形式成为新的阶层。从摩西的“十诫命”开始到宪法的出现为止，虽然所有的规范（律法）都是人为创造的，这使神话性作者（神、民族等）具有神话性的权威以操纵其他人，然而使用方法（说明书）规定着与机械相关的自动的人类的态度。因此，使用方法越短，机械就越自动化，是程序占据了完全自动化的位置。此时，这些规定从命令性的陈述（你必须做）转变为功能性条件的陈述（如果……就……）。在电脑程序中，由于没有“命令”，在完全去政治化的状况中，人类与社会就犹如控制论系统（Kybernetik-System）一样被自动操纵。

当程序化从字母-数字文本中被分离，那么思维的可视化就不再需要通过“口语”（Gesprochene Sprachen）来发挥作用了。在包括西方文化在内的所有字母文化中，以口头语言通往符号的迂回路已经变得非必要了。当字母符号还是支配性符号时，它所产生的思维与言说的接合，随着文字符号被其他非语言符号（如数学的、雕刻的、完全新的符号）超越而被扬弃。因为这种接合是思维规则的逻辑（Logik），并且语言批判以思维分析的方式被使用。当字母符号被超越时，思维从言说之中被解放出来，并基于非语言符号的思维方式，在意想不到的状况下被广泛展开。此时，从字母符号中分离出来的口头语言，以唱片、录音带、言说的图像（有声电影）等方式泛滥，并指向社会尖叫和低语。如今，这种声音符号虽然被视频剪辑（Videoclips）和数字影像等新的符号再次超越，但是后文字时代的口头语言顶多作为音乐和电影的辅助符号而被使用。

传统上，在字母符号占支配地位的时代，文艺创作（Dichtung）并非作为模仿（Mimesis），而是作为创作（Poiesis）与语言紧密连接。也就是说，文艺创作可以被视为由词语与句子操纵的语言游戏。文艺创作通过创造语言的宇宙而进行战略扩张。然而，不同于模仿，文艺创作由于装置的导入以及相应的新符号的出现，走上了到目前为止无法预料到的道路。如今图像摆脱了模仿的功能，转换为创造的、文艺创作的方式。这种文艺创作的力量已然在诸如电影、视频、综合性图像中变得可视化了。然而，在语言游戏的意义中，文艺创作对新文化的接近似乎被封闭了。因为，文艺创作受到了字母书写的束缚。文艺创作的书写是体验模型的创作，如果没有这样的模型，人类几乎就无法认知。在这一意义下作家就是认知器官。由此，具备了装置并输入数字符号的作家就要知道如何计算他的体验，并在原子中分解，以进行数字程序化。在进行这种计算时，作家确认了一个事实：他的体验已经被其他人事先模型化了。他不再将自己视为作家，而是视为置换者（Permutator）。他所操纵的语言不再被视为他内部积累的原料，而是钻入他的一种复合性体系并通过他被置换。在语言的游戏意义中，我们可以期待两种文艺创作。一种，遵循程序，这是一种不断地朗诵言说新的文化思潮的人工智能，即人工性的吟游诗人将出现；另一种，信息制作者在置换游戏的帮助下，使文字或者其他符号化的文学以惊人的速度在荧幕上闪耀。在预想文字符号书写的终结以及它的完善的形式之时，人们所畏惧的是阅读的没落，即批判性解读的没落。具体来说，人们所畏惧的有两个事实：在不久的将来，所有的信息，特别是认知以及体验模型，将被无批判地被接收的这一事实；以及信息革命将人类无批判地置换为信息接收者，即能够转换为机器人（Robot）的这一事实。

如果人类具有健康的理智[①]（Verstand），那么会说书写在阅读之前。因为必须有什么首先被书写出来，才能阅读。然而，如果遵循弗卢塞尔，那么这就不是真理了。早在文本发明之前，阅读就早已开始了（如，豌豆[②]）。书写本身仅仅是作为一种阅读方式（Lesarten），是为了能够按照线条贯穿，从而像豌豆一样，从一堆文本符号之中被阅读。“阅读”具有“拾取”的意思，拾取的动作意味着“选择”和“智能”。拾取的结果是“优雅的”与“精选的”。书写者并不是第一批“知识分子”（Intellektuellen），而只是历史时代标志性的知识分子。他们与过去相比，更优雅地“拾取”。阅读在书写之前，拾取在贯穿之前，计算在电脑化之前，如果接受这些事实，那么我们就能直面被健康的人类理智

① 康德的主要著作《纯粹理性批判》(*Kritik der reinen Vernunft*)中，他使用了“Vernunft”(理性)、“Verstand”(理解力或理智)和“Wissenschaft”(科学)等术语来阐述他的认识论和批判哲学。在该著作中，康德对“Verstand”进行了深入的分析，探讨了它如何处理时间和空间等直观形式，以及如何通过这些形式来认识事物。

②〔巴西〕威廉·弗卢塞尔:《表象的礼赞:媒介现象学》,〔德〕斯特凡·博尔曼编，周海宁等译，复旦大学出版社2023年版，第2章《贯穿:一个具有疑问的手势》。贯穿需要松散的且能够被贯穿的要素(如贝壳、珍珠或豌豆)、线(细绳)和一根针。在书写时，我们通过笔拾取流动的文字符号并排列成行，阅读也是对文字的线性行依次拾取文字并解读，这是以贯穿的姿态展开的，所以这造就了我们文字为代表的历史时代的线性意识。

所遮蔽的困难。如今，实际（Wirklichkeit）由于是那样（如实地）存在着的世界，所以它失去了主张价值中立的科学信仰，即失去了无批判的信仰。也就是说，我们失去了批判以及阅读的所有能力。现在，学习阅读与书写就变得没有任何意义了。作为替代科学阐释和批判的阅读方案，鼓励破解谜题的阅读，即将单个谷粒捡起来进行组合，进而形成没有意义的某种东西，这种组合游戏被证明是一种戴着面具的批判性阅读。今天，在悠久的阅读方式转换为“电脑化”的新阅读方式的过渡期中，重要的问题是从历史的、价值评价的、政治的意识中跳跃而出，转为控制论的（人工智能的）、意义赋予的、游戏的意识。未来的阅读将以这种方式进行。

“数字”（Ziffer）一词源于阿拉伯语“Sifr”（空着的）。阿拉伯人所导入的“数字”（Chiffre）和“0”（Zero）具有同一词源。数字是一种空的容器，必须将其内的某种“量”（数量）向外拽出。如数字“2”就是将“双”向外拽出而被使用的空着的容器，而数字“a”是为了能够将某种量的发音拽出而空着的容器。文本是一系列数字，是字母或者其他的文本符号，对它们进行阅读就是解码（Entziffern），即将包含在数字（容器）中的量（它的内容）向外拽出。解码有三种类型。第一，小心地展开（解说）；第二，急切地粗略浏览（服从）；第三，怀疑地暗中研究（批判）。那么书写者为何大多颇感不平呢？对于这一问题，弗卢塞尔进行了回答：他们在书写之前是读者，读书从存在论上看是先于书写的。被书写下来的东西是对以表面的且批判的方式来阅读的文本的回答。由于读者消化文本的方式多样，所以，如果作为读者的书写者以不同的方式将文本消化掉，那么对于经历过一次启蒙的他来说，以固有的方式来消化文本，绝对不是什么令人惊奇的事情。他已经熟练掌握了以自己固有的编号来解读（解码）的方法。所剩下来的只有空着的容器。

假如，我们有一次知道了在书写之时，我们仅仅是在画0，那么“数字”一词就寻回到它原来的荒凉的意义（0，根本的无意义）了。

随着书写的没落，纸张与批判性的能力消失了，比图书馆更优的人工性的记忆出现了。这时，被图书馆保管的东西全部都转移到了新的记忆中。《大不列颠百科全书》（*Encyclopaedia Britannica*）的内容占据着比1立方米还小的体积，其中所承载的信息在按压键盘的瞬间就可以使用。书籍（B̂ücher）可以视为处于森林（制造纸张的树木）与人工智能之地的中间阶段。在这一阶段里，我们离开了森林，重新获得翻转（Umdrehen）、展开（Aufschlagen）和翻页（Blättern）。翻转与革命是同义词，它以物理的方式对抗墙壁，以科学的方式对抗范式，它在过去的工业革命以及如今的信息革命中被确认。被翻转的书籍在桌子上被展开。我们为了确认书里包含着哪种内容而打开目录，为了确认作者存在于哪种社会中，而打开内容索引与人名索引。并且，我们为了想象首先必须被分析的是原来的什么，而依据图片将书展开。如果是不错的人，那么他对这种行为就会感受到良心上的谴责。因为图片是在被书写之物的功能之内被插入的。此处，良心的谴责是受到妨碍的历史意识的征候。毕竟，展开书是选择被展开书的阅读方式的姿态。如果书页夹在手指之间来翻页，那么你可以期待偶然从书中抽出的线，能从松开的末端开始，与任何可以缠绕的东西相遇。然而，在真正的人工记忆之中，任何翻页都是不存在的。如果书籍屈从于功能性的记忆，那么人们就会以一种比展开书和翻页更为复杂的方法来展示他们记忆中所储存的信息。所有的科学和技术正在开发这种方法。

“信件”（Briefo）一词，德语意味着“简短的文本”，英语意味着“简短的文本摘要”。信件是人们等待的，或者是没有预料到的某种东西。等待显然意味着自明性的宗教范畴，即意味着希望。邮政源于希望的原则。并且等待信件由于具有时间的节奏与间隔，所以信件被视为庆典性的文本。所有的庆典性之物就是这样。信件遵循固定的仪式：发信人、场所、完成信件的日子、收信人、格式化的问候语以及告别语。还有邮件书写的语法、正字法、强制的韵律等，它与文艺作品或诗歌的写作是相似的。同时，对书写信件的人来说存在两种策略。一种是“古典的”书信写作，它力图根据规则创造一个结构化的整体；另一种是“浪漫的”书信写作，它旨在缓和规则，从而创造性地扩张规则。诗作的张力就是在这两种古典和浪漫之间来回穿梭，这种张力在历史的、个人的意义里，能够被视为最精致的艺术。从这一意义来看，书信能够被视为阅读文本的最高形式的模型。今天当我们忘记了信件书写艺术之时，我们尚未学习的主体间性的新艺术，即“电脑艺术”登场了。人们在远离书写之时，他们沦为了孤独的大众。然而，我们能够预感到，大众媒介正开始分化为主体间性的书信形式。正是这种模糊的预感（此处如果使用所谓“希望”一词就过于强烈了）才允许我们看到信件和邮政的衰落。

电视、广播等新媒介出现之前，纸质的报纸（Zeitungen）与书籍或者杂志相比，是一种短暂的、一时性的、迅速被超越的记忆。然而，虽然在固定电视屏幕上看到或者通过扬声器听到报纸内容时，它在时间上是落后的，但是与新媒介相比，它成为了一种更持久的记忆。这与站立的现在（Nuanc Stans）——永恒性，是相似的持续性的问题。从广播或者电视的视听者（听众）时间中发出的非物质信息，不断流过且不停歇，然后被吸收到接收者的记忆中，而报纸与此不同，它作为人工记忆，允许触摸、揉皱和剪裁。一言以蔽之，它是能够被分析（理解）的。与电磁波媒介相比，可被分析的报纸能成为更持久的记忆的支柱。弗卢塞尔预测，如果视频、音频磁带以及电磁波媒介大量地、低价地进入所有家庭，那么报纸就会以历史意识的最后残渣的形式消失。如果作为政治自由表现的报纸的自由成为自由的基础，那么通过控制论所操纵的信息的生产和分配对报纸的超越，就会使我们震惊。由于报纸以中心化（中央集中式）的方式送信，所以它在结构上是法西斯式的（Faschistisch）。如果在这种法西斯式结构的内部谈论报纸的自由（政治自由），那么报纸的消失便毋庸置疑。问题在于法西斯式报纸的结构是否在今天也一样强有力地适用于新媒体，或者，是否正是报纸的消失才使其他的网络类型路径（电路图，Schaltplan）受到关注。所以问题在于自由。

如果将信息从私人空间上传到显示器屏幕之上，那么我们感兴趣的所有商品都可以通过电缆从中央配送中心配达。基于这种假设，弗卢塞尔预测，作为交易书写工具商店的书写用品店（Papierhandlungen），将会随着文本的没落而消失。信息革命是政治的、文化性的革命。因此，书写文化（Schreibkultur）没落了。从书写用品店的交易来看，打字机或者老式的书写工具让位于不再消耗纸张的人工智能——文字处理器（Word Processors），并且它似乎被卖出得更多。纸张这一书写工具，从书写用品店，经过书写者的桌子，进入废纸篓，然后再进入垃圾桶，再从这里回归到自然中。我们说不定是西方历史中第一代能够从废纸篓里进行书写的一代人。当我们展望未来之时，我们只看到了废纸篓背后的垃圾。下一代必须艰难地从废纸篓里爬出来，并且必须眺望整个马戏表演（书写用品店—书作—废纸篓—垃圾）。因此，指向书桌的书写用品店的本质从此再也不能被忽视了。

拒绝遭遇现实的（物理性）抵抗［无抵抗，如印度的甘地（Ghandi）］就是消灭权力，如果试图对这一事实进行分析，那么通过想象空着的书桌（Schreibtische）就十分充分了。指向权力的意志诱惑着我们去书写用品店购买书写用具，然后重新将桌子装满。这是一种非常特殊的力量，是与刀相对的笔的力量。将圆展开为线（条），在线（条）的帮助下，试图到达（触及）他人的这一意志将书写者引诱至书写用品店以抓住笔的权力。弗卢塞尔认为，这种指向特殊权力的意志是在西方文化的形式中实现的，并且从这一意义来看，笔的权力领域能够被称为我们社会的“基础结构”（Unterbau）。然而，总结书写用品店和书作的视角，这允许我们将文本的没落理解为政治的没落。书写用品店随着城市和公共空间（出版的空间）的消失，特别是随着纸张的消失而收到了死亡的判决。最后，当人们将目光转向书写工具时，在“时代精神”（Geist der Zeit）中，书写的目的就被完全忽视了。当排列的线条在为组合那些点的谜题让路时，“为什么”这样的问题还是否有意义呢？

新颖之处在于，不是经过出版社而以读者为对象，而是经过电影、电视、广播的生产者而走向视听者和听众的文本是存在的。书写这种文本的人被称为剧本（Skript）作家。这些人所站立的根基位于无法轻易停止的滑坡之上。这种根基是一种平面，是从文本文化的高地，通往技术图像文化深渊的桥梁的倾斜平面。因此，那些剧本作家总是滑溜的，并且同时，火急火燎地滚入深渊之中。犹如在绳索上行走的曲艺师一样，他们通过文本曲艺（Schriftakrobatik）试图在文本和图像（文本与声音）之间取得平衡。然而，他们无法这样做，因为图像的重力场会吸引他们。尤其他们的马戏表演，由于它必须在媒介之内产生，必须在媒介的输出（Output Programme）中被引用，所以这并非公开喧嚣的演出。他们在舞台背后默默地书写剧本，这种剧本是混种（Hybrid）的。它们一半是为了戏剧表演的文本，一半是作为人工智能自动计算程序的先行者，并已然被装置程序化了。

20世纪以后，自然科学所取得的成果可以概括为两个关键词。那就是相对性（Relativität）和量子（Quanten）。第一个关键词——相对性——

表明迄今为止被视为绝对性的空间与被视为明确流动的时间只不过是观察者（主体）间的关系。因此，遵循这种相对性，距离、间隔、认识的根本问题，以及在不久将来的认知、情感、意志、行为就被决定了。第二个关键词——量子——表明迄今为止被认为坚固的世界只不过是偶然间变得杂乱无章的微粒子。因此，遵循这种量子论，偶然以及对这一世界相应的统计是与数学相匹配的，原因与结果仅仅呈现为统计性的概率。这当然就从根本上变换了我们的情感、意志以及行为。我们从此无法像以前一样生活了。伴随着这种思考的转换，信息革命发生了，我们需要重新学习两种思考。第一，我们只是思考图像，但是不会认为任何东西都是图像。因为，我们所认知的一切东西都只是头脑中计算机化的图像，什么东西也不是。第二，思考不是连续的话语式的过程。也就是说，思考是“量子化”的。这与西方文化中特有的思维方式截然相反。在西方，思考总是发展的过程，这一过程从图像与想象中分离出去并对其进行批判，以成为概念性的东西。这种思维方式源于字母文字，也源于思维方式的字母符号化（反馈）。从这种对思考的新见解中，数字符号诞生了，由于反馈，我们越多地使用符号，我们就越明确地进行量子的且与图像相结合的思考。并且，数字符号运行的装置，作为模仿我们神经系统的二进制符号（Binary Code），以“0—1”的形式被制作。其结果犹如字母符号对抗了本来在图像文字（表意文字，Piktogramme）内所承载的魔术和神话，今天数字符号以结构的、系统分析的、控制论的思维方式，对抗了文字（历史）符号所承载的意识形态并替代它们。

以新符号将文学重新编码（Umcodieren），是一个令人晕眩的课题。因为它要求我们从精神世界转移到陌生的世界中。这是从口头语言转向表意文字式的图像，从逻辑规则转向数学规则，尤其是从行的世界转向由点构成的网状世界。弗卢塞尔认为，当从文本到电影、CD（VOD）、电视程序以及电脑重新编码时，其中最引人注目的是通过科学文本创造的东西。源于逻辑性、数学性思考的陈述同时成为图像，并且这些图像是会移动的且具有色彩。这是因为科学的思维可以被翻译为新的符号而不需要使用与之相应的翻译理论。重新编码的情况，存在两种正相反的倾向。一种倾向是不想学习重新编码的人，他们认为不需要重新学习。另一种倾向是，有一些人急于将已经写就的或者即将被写就的一切都重新编码为数字。在这两种极端倾向的中间，存在一些人知道重新编码或者再学习的必要性以及艰难性：从这些人身上可以期待翻译理论以及重新编码的哲学。如果这样的理论和哲学成为现实，那么从字母文化转向新文化，就能成为一种有意识的思考与生活条件。否则，如果没有重新编码的理论与哲学，那么就存在极速跌落为文盲式野蛮的忧虑。因此，在这本书的结尾，弗卢塞尔警告在从字母符号向数字符号重新编码的过程中可能出现后文字文盲现象。为了抵抗这种第二次文盲，弗卢塞尔认为需要数千个署名（Unterschrift），并以此结束了这部著作。

（四）案例：中文书写“输入化”的溯源与危机

在人类文明从口语时代迈入文字时代的过程中，书写以及书写文化诞生了。书写，就其本意而言是以手执笔来写字。但是，随着印刷术的出现，中国文字，即汉字从以手执笔的书写变成了排字印刷[①]和符号输

① 排字印刷是一种古老的印刷技术，它涉及将单个的字母或符号(称为“字粒”)组合成文本的过程。这种技术最早出现在中国，可以追溯到11世纪的北宋时期，由当时中国的发明家毕昇发明了活字印刷术。这种发明标志着印刷史上的一次重大技术革命，极大地促进了知识的传播和文化的繁荣。

入[①]，排字[②]成为文字输入（书写的“输入化”）的最初始模型。近代印刷机传入中国[③]后，历代中国人经历了从尝试创造属于中文的打字机到数字时代发明中文输入法的艰难过程。

自现代与国际接轨以来，中国进入数字化发展期，传统书写文化必然面临书写的“输入化”的各种冲击。纵观历史，近代印刷机的输入对中国的书写以及文化造成了重大影响。书写媒介的变化，导致与书写相关的人类思维与行为均产生相应的变化。尤其，中文书写的“输入化”在很长一段时间无法实现对传统书写的超越，于是，国人开始反思汉字书写的自身性问题。以《新世纪》周刊为阵地，鼓吹“万国新语”的吴稚晖、李石曾等人提出废除汉语主张；章太炎则认为不同语言皆有自身的特性，不必强同，“万国新语”诞生于欧洲，也只适用于欧洲。[④]两派的论争对中文的发展产生了重要影响。“新文化运动”提倡新文学，使用白话文，汉字在革故鼎新中保存自身。而计算机发明后，数字化发展使汉字面临着更严重的生存危机。

传播学家罗伯特·洛根指出，字母表（字母符号）是一种传播媒

① 符号输入是指在计算机或其他电子设备上输入各种符号、文字和字符的过程。在现代社会，符号输入已经成为人们日常工作和生活中不可或缺的一部分。随着信息技术的不断发展，符号输入的方式也在不断演变和升级——键盘输入、手写输入、语音输入等。

② 在排字印刷中，首先需要制作或获取所需文字的字粒，制作好字粒后，它们被储存于字母箱中，以便随时取用。排字是印刷工艺中的一个重要步骤，它涉及将单个的字母、数字、标点符号等印刷文字（称为“字粒”或“排版单元”）按照一定的顺序和格式排列在印刷版面上。排字准确无误是保证印刷质量的基础。

③ 近代印刷机的传入对中国产生了深远的影响，它不仅改变了书籍和印刷品的生产方式，还促进了知识的传播和文化的繁荣。19世纪初，西方的印刷技术开始传入中国。首先是传教士在中国开展了印刷活动，他们为了传播基督教教义和科学知识，引进了西方的印刷机和排版技术。其中最著名的是马礼逊（Robert Morrison）和伟烈亚力（Alexander Wylie），他们在广州设立了印刷所，使用了蒸汽动力印刷机，这是西方近代印刷机在中国首次使用的记录。

④ 吴蕊寒：《汉语存废之争：〈新世纪〉派与章太炎的辩论》，《学海》2021年第5期。

介，它对信息形成与组织方式能够产生重要影响。[①]他认为“字母表乃发明之母”，因为基于一定秩序形成的字母符号规则与逻辑，使字母能够指导世界上大多数拼写文字。在中国清末切音字运动中，汉字表音化获得一定发展：切音式的注音为汉字与“字母符号”产生关联奠定了基础。但是，汉字符号系统作为一种文化形态具有自适应性（Self-Adaptation），对完全表音化具有“系统免疫”。[②]字母文化与汉字文化不同，汉字对表音字母的抵抗体现于表意性特征上（正是这一特征阻碍了汉字输入系统的研发）：每个汉字单体都具有意义，除非注音，否则无法像字母一般拼读，而且中文的偏旁部首不仅数量庞大并且形态不固定，难以像字母一样进行恰当的拆解和拼写。对比之下，字母文化仅凭一定数量和形态固定的字母就可以完成任何一个词汇的拼写：因为一个字母只代表一个要素，只有几个字母以一定规则完整输入，词汇才具备完整意义并能被解读。也就是在拾取，并通过线性意识排列字母符号进行书写或阅读活动中，字母文字具有先天的优势。所以，在对比中文与西方字母之后，洛根坦言由于汉语词汇存在极大的语音冗余，因此在电脑到来之前，中国人很少甚至根本就没有任何动机去开发拼音文字系统，更不会去研制字母符号文字。[③]那么中文书写的“输入化”如何解决呢？“数字+字母”的组合方式，超越了数字或者字母单向地对汉字的替代。

数字符号和字母符号是人类文明发展的两个重要媒介：拼写字母是

① 〔加拿大〕罗伯特·K.洛根：《什么是信息：生物域、符号域、技术域和经济域里的组织繁衍》，何道宽译，中国大百科全书出版社2019年版，第73页。

② 胡易容：《符号达尔文主义及其反思：基于汉字演化生态的符号学解析》，《兰州大学学报》（社会科学版）2018年第3期。

③ 〔加拿大〕罗伯特·K.洛根：《字母表效应：拼音字母与西方文明》，何道宽译，复旦大学出版社2012年版，第40页。

历史时代的产物，字母是用来记录口头语言的符号（古埃及的象形文字、古希腊字母和拉丁字母，这些符号奠定了西方语言的基础），并且字母符号对应着线性思维，也就是说，“字母符号承载着被称为历史的这一主要信息的形式，人们通过字母符号的范畴去体验、认知、评价世界”[①]。数字[②]和字母都是商人发明的，将数字和字母结合使用，商人能够更加高效地进行贸易和交易的记录。数字使得他们可以准确地计算数量和金额，而字母则能够记录交易双方的名字、商品的种类和其他重要信息。所以，字母和数字的结合，不仅改进了贸易记录的方式，还推动了数学和语言学的发展，这对文明进步具有深远的意义。

在历史时代字母-数字符号的基础上，互联网时代的“数字”（Digital）得以发展。在历史时代的字母-数字系统中，“字母”是指用来表示语言中声音或意义的符号，“数字”是指用来计数和表示数量的符号，并且这种数字系统通常是基于十进制的。但是互联网时代的“数字”的基础是“二进制”，也就是说，只有“0和1”。并且王庆节认为，数字时代的“数字”应该从“字”的角度来理解，因为数字的本质是一种命名方式，是认定和表达存在者或存在物的“同一性认同”问题的。[③]也就是说，文字时代的数字和数字时代的数字虽然存在着基础、应用范畴、复杂性等不同，但它们都是一种“命名方式”，是一种“认同”的问题。所以，中文书写的“输入化”最终解决办法就是依靠“字母+数字”的

① 〔巴西〕威廉·弗卢塞尔：《传播学：历史、理论与哲学》，〔德〕斯特凡·博尔费编，周海宁译，复旦大学出版社2022年版，第61页。

② 商人发明的数字，实际上指的是古代巴比伦的六十进制系统，这是一种古老的数学体系，使用60作为基数来计数。这种体系在公元前4世纪的巴比伦时期非常流行，对后来的数学和天文学的发展产生了深远的影响。六十进制系统之所以重要，是因为它为角度的度量、时间和日历的计算提供了一个统一的框架。我们现代人熟悉的圆周角度（360度）和一小时60分钟、一分钟60秒的计时方式，就是源自于那个时代的六十进制传统。

③ 王庆节：《文字时代与数字时代的哲学思维》，《中国社会科学》2023年第2期。

组合，并且是随着计算机应用的出现而被创造出来了。

其大概经历了这样的过程：早期国内依据“电报码”仅凭四位数字就可拼写汉字。1976年台湾的朱邦复发明了第一代仓颉输入法，支持繁体中文的输入、字形输出和汉字排序等操作。1983年王永民发明了五笔字型输入法，根据汉字的特点，将汉字分解为133个字根，在美式键盘上便可以快速输入单字。20世纪90年代，中文之星、Autoway中文平台项目组、北京黑马公司等先后推出了拼音输入法，能够实现长句子拼写，微软（Microsoft）通过收购拼音输入法后推出了“微软拼音输入法”。经过十余年的发展，进入21世纪，仓颉、五笔、拼音、双拼等形式的中文输入法定型，五笔和拼音成为最具代表性的两种输入法，而今拼音输入法普及度远超五笔字型输入法。

中文输入法在数字化时代通过“字母+数字”的形式取得了成功。一方面，将汉字分解为可数的部件，利用符号编码的形式，将汉字字根与字母或者数字绑定，敲击键盘字母或者数字即可得到经程序拼合字根后的汉字，再选取候选字实现输入。另一方面，源自20世纪的汉字表音化发展，汉字与26个字母以拼音的形式进行了配对，赋予了汉字拼音属性，通过字母实现了汉字的可拼写和候选字选取。中文输入法成功解决了中文的数字化问题，并保留了汉字的特色。

此外，随着触摸屏技术的发展，手写输入成为了中文输入的重要补充。对比来看，手写输入以“形”输入，而非以“音”输入，因而更符合汉字本身作为象形文字的特点，但是其缺点也较为明显。首先是速度慢，汉字作为象形文字笔画众多，而拼音则较为简单，拼写的速度明显快于笔画书写；其次是识别错误率高，不同的人有不同的书写习惯，而识别往往采取结构识别、统计识别等方法，一旦手写的汉字超出了标准的结构和平均值所允许的范围，就无法识别出想要输入的文字。相比之下，拼音输入法采用标准化识别，虽然不同的人拥有不同的书写手势，但所指向汉字的读音是一致的，故而输入的准确率高于手写输入。“计算机+互联网“的数字时代让中文输入系统从机械打字转向数字模拟输入，核心的解决方案就是依靠字母和数字的组合实现的。

拼音输入法是当前阶段最广泛且易上手的中文输入系统，不仅解决了当前中文所遇到的书写“输入化”的危机，并与输入者的个人生活、社会交际、日常工作等社会行为紧密联系。书写的“输入化”取代了内嵌于社会文化的传统以手执笔的书写行为，但是以拼音为代表的中文输入方法正面临着技术叠加带来的冲击。

新输入技术的挑战带来了书写环境的复杂化。新技术不断攻克了中文世界涉及传播与发展的基础输入问题，并出现众多解决方案，比如与普通话紧密相关的音码输入，或133个字根的五笔形码输入。也就是说，五笔输入法、拼音输入法在其各自流行时期都培养了一批忠实的用户，而就趋势来说，只要我国学生接受的还是拼音教育，拼音输入法的用户只会不断增多，“字母+数字“逻辑就会长期影响着我国汉字输入思维。

技术迭代的影响已经越来越快地作用于人们的生活，影响也更加深远，“字母+数字“的输入逻辑已经开始崩溃。字母输入的崩溃主要源于应用场景的变革。从手写到指尖敲打，是文字时代到数字时代的变革，未来是场景化发展的时代。源于《雪崩》的“元宇宙”一词指向了虚实共生、沉浸、交互、开放的未来场景，龚才春将元宇宙技术分为五层——基础设施层、接入技术层、基础软件层、数据治理层和数字创作层，它们最终服务于应用开发层，也就是服务于游戏、社交、会展、直播、教育、军事和文旅等人类生活场景。[①]场景化生活使人们眼睛与手指分离，眼睛将聚焦于虚拟场景，手指将在虚拟世界中进行探索，眼睛再也无法

① 龚才春:《元宇宙:大变革前夜》,大有书局2022年版,第61页。

注视着字母进行敲击。这种崩溃的另一方面在于解构汉字的亚文化潮流。当前许多青年亚文化将表达方式不断以戏谑方式进行解构，汉字字母化表达将汉字置于表达文字之外，只在意义空间发挥作用，例如“YYDS”已经取代了“永远的神”，并且在网络空间和影视中成为流行表达形式，这种驱逐汉字的表达形式使作为抵抗主流文化的亚文化也在抵抗着中文的表达形式。

语音的“输入”使声音书写日常化。如果说文字的书写意味“去文盲化”，是代表着从原来的口语时代进入以文字为中心的历史时代，那么语音输入则是，借由数字化技术，使文字时代“终结”，人类传播进入“第二口语时代”。从“输入”的视角来看，一方面，语音输入技术与文字输入的编码方式完全不同；另一方面，语音输入降低了文字输入的难度（但是并非不需要文字逻辑所代表的理性），提升了文字输入的便利性。语音输入是一种音码转换的过程，最主要特征在于抛弃了文字书写的过程。发声是人天生的技能，在经过后天学习后，转化为言说的技能，语音输入降低了文字输入的门槛，使文字输入逐渐普遍化，但对输入设备和音码转化技术有较高的要求，音码转化技术必须能够克服不同人的口音和表达习惯问题。在面向未来的输入场景中，语音输入扩宽了未来生活的参与群体范围，也打破了必须依靠手指与眼神合作的输入方式，眼睛、手指和嘴巴可以各行其是，充分调动感官的分工协作，从而提升了身体的参与感。

在数字设备日益普及的当下，语音输入成本已经能够被大多数人承担，老年人也能够快速地学习和使用语音输入，“书写”已经超越了传统的认知，与“输入”成为同义词。科大讯飞作为国内领先的语音输入科技公司，为国内大多数语音输入场景提供技术支持。2023年科大讯飞发布了讯飞星火认知模型，将在文本生成、知识问答、数学能力上超越

ChatGPT，并且目前讯飞星火在语音的转写和翻译方面已经超过了人类。[①]语音输入在某些场景下直接取消了转换文字的过程，将声音直接转换为模拟信号进行传输，接收方可以直接播放发送者的语音信息，例如社交媒体中的语音信息传输。

虚拟交互输入带来智能书写的多样化发展。进入未来的生活场景后，VR技术改变了人类的认知方式，导致键盘远远不能满足人类的交流需要，因此目前正在探索一种脱离键盘的输入方式。智能输入脱离了键盘的束缚，但借鉴了按键的方式，通过算法和摄像头的配合，将捕捉到的手势手形进行分割和预处理，再提取伸出手指的数目和大拇指的特征，算法对此进行识别而转换输入。[②]一般中文输入法是点触式互动，手写输入法是滑动式输入，并且手写能识别中文之外的文字输入，而智能输入完全抛弃了输入面板，智能设备能够按照既定程序根据用户手势变化而完成文字识别和文本转换。

智能输入的手势操作要求重新设计虚拟按键，以实现快速且便利地创造手势逻辑。目前世界上比较成熟的方案有Leap Motion和Google Glass，这两套智能设备的智能输入更为适配西方字母的逻辑，虚拟现实场景下的中文智能输入技术正在开发中，但目前也有不少设计进行了实验。[③]毫无疑问，智能输入在未来的输入场景中将大放异彩，但也存在诸如设备成本和学习新输入逻辑成本高，以及识别转换率尚且不足以支撑普遍应用等问题。

---

① 范佳来：《科大讯飞刘庆峰：讯飞星火大模型10月实现中文超越ChatGPT》，https://www.thepaper.cn/newsDetail_forward_23130510，2023年5月18日。

② 李芬兰、张文清、庄哲民：《基于手势识别的智能输入系统》，《汕头大学学报》（自然科学版）2014年第3期。

③ 门文、胡也畅、邵颖：《增强现实场景下的交互设计研究——以中文输入为例》，UXPA中国2016行业文集，2016年。

五、危机诊断的方法论

弗卢塞尔以现象学哲学为研究方法，企图超越科学的危机，他并非与科学断绝关系、彻底否定科学，而是创造性地重组科学，试图在重组后的科学中找到传播理论（即传播学）的有机位置。弗卢塞尔研究姿态理论，是将姿态理论中涉及人类交流的部分作为研究对象，从而考察姿态的传播属性，以完善传播理论。所以，他并非考察所有的姿态现象，而是考察姿态现象中的传播属性，从传播理论中汲取动力，最终指向传播理论。总之，弗卢塞尔以现象学的方法考察姿态现象，从而走向姿态理论，以完善他的人类传播理论（Kommunikologie）。

弗卢塞尔将“传播学研究”视为最新研究领域，并认为传播学研究正在将姿态理论作为研究对象。因为，与其他人文科学相比，传播学研究更具有“符号学”属性，并且，即使与其他人文学科关注同样的现象，传播学也更侧重于研究现象的象征维度。比如，在传播学的研究话语中，“符号”“讯息”“记忆”“信息”等术语都是其研究的关键范畴。姿态理论不是一种形式理论，它研究的并不是自由本身，而是自由如何被表达。也就是说，姿态理论涉及表达，是对意义的研究，它从属于符号学。具体而言，姿态理论的研究内容可以表述为：客观信息与意义之间的辩证关系研究。

弗卢塞尔认为因为传播理论关注姿态理论的一个特殊方面——交流

方面，所以姿态理论并非从属于传播理论，而是一种“界面”理论，它将不同的学科综合，从而弥补人文与自然科学之间的鸿沟，它拒绝任何“价值”，坚决指向“人类”，以影响和改变人类。姿态理论反对固有的、预设的意识形态，反对制度化的科学结构，由此具有了反学术特征。姿态理论是跨学科的、反学术的、反意识形态的。

（一）情动与姿态

有关姿态的概念，弗卢塞尔认为“姿态可以被视为一种运动（移动）”，并且需要对其进行“意义”的发掘，才能理解“姿态”。姿态这种运动与其他运动的区别在于姿态是一种表达自由的运动（移动）。姿态理论的阐释力来自对自由表达的研究以及使其系统化。姿态理论的核心在于它具有伦理性特征，这种伦理性体现于人的参与性。所以弗卢塞尔强调，一个运动之所以成为姿态，不在于它是自由的，而在于它“以某种方式”表达了自由。这一“某种方式”就是“某种技术”，并且姿态理论的技术应用触及自由如何表达。

姿态被定义为一种自由的表达，即被定义为能动的在世生存，那么姿态的总和即为历史（Res Gestae），也就是已发生的事件本身。如此，姿态就是行动，是能动的在世生存，虽然，姿态是历史的总和，但这是一种反历史的后历史。因为，在姿态理论中，时间维度只是姿态发生的四个维度之一，不同于历史哲学，时间维度构成了事件的主轴。尤为重要的是，姿态理论研究姿态背后的自由问题，即表达而出的自由问题。并且，姿态不是用来说明的，而是需要解读（理解）的。这就再次确认了姿态的符号性与意义指向性。

提出姿态理论的目的在于为提升人的自由作出贡献，并能够让姿态以完整的意义呈现出来。姿态理论将是一门自称为“后历史”（Posthistorisch）的未来学问。无论在理论上还是实践上，它都将是一门“新人类”的学问。这种新的学问，不会是价值中立的，自由就是它的价值，它将成为解放的工具。我们处于“新的革命形式中”，这种新的革命是一种传播革命，身处其中，我们必须重新定位，重新发展出一种新的理论。而姿态的问题就是我们能动的在世生存的具体现象的问题，是自由的问题。

弗卢塞尔指出“情动”与姿态密切相关。他认为情动是一种通过符号赋予内心状态以意义的方法。因为情动是内心状态通过姿态的象征性再现。内心状态可以通过大量的身体动作来显现，所以它们通过情动的姿态游戏来再现。简言之，情动可以理解为通过姿态表达内心状态的方式。“内心状态”一词具有模糊性，它包含了一个从知觉到情绪、感受性以至思考（理性）的领域。但是若对情动进行考察，就必须先考察“将内心状态转化为姿态”。

允许内心状态脱离原始语境变为形式的（美学的），也就是允许其以姿态的形式出现，那么从情动的角度理解内心状态，它就是“人为的”（Künstlich）。例如，有人拍打我的手臂，我移开手臂，那么拍打本身不会对移开手臂这一反应（过程）赋予意义，但如果我以一个符号化的约定俗成的姿态移动手臂，通过我的姿态，我将疼痛从荒谬的、无意义的、自然的语境中释放出来，将其置入文化语境，赋予其象征意义，那么“疼痛”就是人为性的（Artfizialisiert）。

情动通过将内心状态形式化为象征化的姿态，从而将内心状态“精神化”（Vergeistigen），在这个意义上，可以将内心状态理解为能够被转变为人为性的东西。内心状态被“人为性”赋予了（无论是实际的还是想象的）意义，生命也据此被赋予了意义。

弗卢塞尔认为“符号化再现”与“非理性之物”是观察姿态与情动的切入点，其中将“某种特定的姿态理解为非理性之物”的时候，情动就落入我们的观察之中。比如，艺术体验——艺术就是一种由非理性之物的符号化再现所凝结的姿态，艺术体验就是艺术与情动交叉融合的结果。因此，弗卢塞尔认为情动不是伦理问题，不是认识论问题，而是一个审美问题。

（二）探索的姿态与科学研究

在中世纪，宗教的仪式姿态演变形成了艺术、政治、经济的所有姿态。所有的行动（以及一切思想、欲望与被动的体验），都沉浸在宗教性的氛围、仪式姿态的结构中。人们在16—17世纪，逐渐地完全放弃了仪式的姿态，于是探索的姿态发生了转向：包含仪式姿态的所有姿态依据科学研究的体系得以分化形成。这就是姿态研究的缘起：从宗教信仰到科学研究的转向，引发了姿态研究的偏向。

自工业革命以来，对环境中事物的技术操作，就像对人和社会的技术操作一样，似乎这是姿态发生根本性改变的原因。然而，技术的姿态是根据所谓的“纯粹的”科学的姿态形成的。探索的姿态事先无法知道它寻找之物是什么，它被称为“科学的方法”，是用手来触摸的姿态。探索的姿态是我们所有姿态的范式（Paradigma），但它无法成为其他姿态的模型。因为探索的姿态是无目的的，因此也是“无价值”（价值中立）的。姿态的探索无法作为“权威”（Autorität）存在，但它依然成为了权威。科学研究在我们社会中所占据的位置与其自身是相矛盾的。

大约在16世纪，革命的资产阶级将其自身的姿态（对没有生命的对象的研究）引入我们的社会中。如此，这一姿态成为了所谓“纯粹的”

研究的姿态。通过这种方法，一种新型的“自然”被发现了，并且这种自然允许人们探寻客观而精确的知识。人类成为这一自然的超越性的主体。超越性主体的姿态是自然科学的姿态，并且它成为我们所有姿态的模型。然而，这一姿态也正处于变化的边缘：它处于“危机”（Krise）中。科学研究不可能像资产阶级的意志所希望的那样，是一种超越智慧的姿态。因为，科学研究是人类的一种姿态，它帮助人类潜入世界，从而以自己的兴趣改变世界以适应自己的需要、欲望与梦想。

探索的姿态旨在寻找客观且严谨的知识，这一姿态看似是不可能的。但是，一种新的探索的姿态正在出现。主体与客体的区分是科学研究的前提条件，至少自笛卡尔之后，我们一直承认这一点。认知主体通过等价性（Adäquation）的姿态寻求对可感知对象的客观理解。所以科学研究不是“无条件的”：主体与客体是相互不同的个体，并且它们是在认知过程中相遇的，这是其前提。

但探索的姿态越发清楚地表明，认知并不是主体与客体的碰撞。认知是一种具体的关系，主体性的和客体性的两极可以从中抽象而出并被概念化：主体与客体是具体关系的抽象性的推定。“超越的精神”与“客观给定的世界”是从具体的现实中推定而出的意识形态性的概念。因此，所有对象是通过探索才成为了对象，并且所有的主体是通过对某物的探索，才成为了主体。没有盼望和痛苦，没有价值，就无法探索。尤为重要的是，认知是热情，热情是认知的形式之一。所有的这些都是在充实的人类生活中，于“在世存在”中产生。所谓纯粹的、道德中立态度的姿态就是一种欺瞒的姿态——因为这是不人道的，是异化的，是疯狂的。技术统治之所以危险，是因为它行之有效。如果以道德中立的立场看待社会，那么实际上是将社会对象化了。社会成为能够识别的、可操作的装置，而人类成为可识别的、可操作的功能部件。

探索姿态本身展示了客观性是一种犯罪。客观性必须要被摒弃。然而，仅通过这一点还无法改变探索姿态的结构。因为，它在本质上是将主体与客体同化。弗卢塞尔以批判性的笔触对所谓的科学研究进行批判。研究者必须经过一种净化意识：使自己“问心无愧”——忘掉有人为他支付经费、忘掉他的发现可能对社会有益或有害等任何与价值判断相关的考虑。他批判结构化的“观察”：只不过是把对象适用于观察者记忆中被储存的结构与观点。他批判所谓的“理论”：只不过是借用逻辑性与数学性的结构验证储存于人们记忆中的操作性假说的一贯性。他批判所谓的“基础研究”：只不过是不断证伪已有的观察，然后推导出更为简化、更为全面的“新”理论。

所以弗卢塞尔提出自己的忧虑。科学研究与技术至上的信仰，不断增强着人类对象化的能力：我们能够操控经济，我们能够将人类的精神程序化，然后对其进行操作。也许我们甚至能够制造出人类。与此同时存在着两种怀疑：这种逐步的对象化是否会加速具体现实的丧失；这种逐步对象化的过程是否能够吸引更多的兴趣。

由此，弗卢塞尔提出“探索的姿态”的转向。首先是“理论”的概念在其意义上发生了革命性的变化：对古代人而言，“理论”是对永恒形式的观照性直观；对资产阶级而言，它是同一组连续的假说；现在，理论正在成为一种“在世存在”的策略——在理论的维度上，探索的姿态成为生活的姿态。

弗卢塞尔提出“空间关系学”。空间关系学是一个主体间性的维度：它测定的是对其他人和我来说，共同性的“存在”。在研究的过程中，我自然而然地与他人相遇，他们对我来说是贴近的，也是有趣的。

弗卢塞尔认为，资产阶级的研究，相对而言是以客观性世界认知为理想目标的话语。现在，研究对我们生活环境而言，是以主体间性的认知为理想目标的对话。资产阶级的理想结果是一种操纵整个客观世界的技术。今天研究的理想结果是实现生活条件的最优化，借用远程信息处理技术（Telematik）获取共同接近的可能性。弗卢塞尔认为远程信息社会是人类迄今为止最为自由的社会，他所定义的远程通信社会是一种系统搜寻新信息的对话游戏，而这种规则化的搜索称为“自由”，搜索的方向是“意图”。对这种研究来说，线性的进步是不存在的。进步反而是为了带来共同的机会而彼此贴近。

弗卢塞尔再次确认：探索的姿态依然是我们所有姿态的模型。探索的姿态具有复杂而痛苦的变化，这成为我们所有姿态变化的基础。我们能够在物理学、生物学、经济学以及考古学的各个领域中观察到这一变化。从根本上说，这不是方法论的变革，而是存在论的变革。也就是说，它是一种正在奋力崛起的新信仰。这就是为什么我们的姿态在改变，我们的现实在转变。我们不再认为，现实是一个客观世界并且与人类精神对立。我们开始相信现实是实在现实（Faktum），我们与他人共存于这一世界。事实上，新的形式才是有趣的，对于这一事实，如果我们看看探索的姿态现在如何变化就能够知道。为了寻找原因，一直摸索着“向下”（钻研）的姿态正在变成向着迫近的可能性张开双臂的姿态。

（三）价值危机的诊断

弗卢塞尔认为没有存在论和义务论，就不可能有方法论。换句话说，就是没有科学和政治，就没有技术。但是人类历史首先三分劳动，在科学和政治之间建立了分界：技术嵌入了科学和政治，方法论吞噬了存在和义务。具体而言，历史为我们提供了三种劳动模式。古典的献身式劳动：指向目的论，探究世界应该是什么样子，强调劳动是为了实现某种价值——伦理的、政治的、宗教的、实用的，此时的人们拥有“虔诚信仰”。现代的研究性劳动，指向因果论，探究世界是什么样子，强调劳动要在认识论、科学、实验以及理论的基础上展开，此时的人们“无需信仰”。当代的功能性劳动，指向形式论，探究方法，强调劳动应该在技术、功能、效率、战略和控制论基础上展开，此时的人们“疑虑重重并绝望”。在功能（技术）取得胜利之后，世界上所有怀旧的反对意见都不足以挽回“现实”和“价值”。“真”的概念和“善”的概念最终被装进了“无意义”的黑箱中。认识论和伦理思想被控制论、战略思想和程序分析彻底取代：历史（Geschichte）终结了，劳动也终结了。弗卢塞尔认为，当方法渗透到存在和义务之中，当技术渗透到科学和政治之中，荒诞就会乘虚而入，于是人类社会进入无劳动的后历史。

这就是弗卢塞尔用以诊断人与劳动工具关系的异化的“价值危机”（Krise der Werte）视角。不过，在历史时期上述三种劳动模式是相互交织的、不会以纯粹的形式实现，并且，它们服务于同一个目标，它们是有用的分析框架（Zweckdienliches Schema），也是恰当的模型（Modelle）。

弗卢塞尔认为大多数人并不劳动，而只是充当了劳动的工具。如此，人与工具就进入一种异化关系：人们无意知道世界是怎样的，或应该是怎样的，他们甚至从没有过改变世界的想法。弗卢塞尔从批判异化的视角指出，在异化关系中的人们只是被动地参与历史、忍受历史。

弗卢塞尔指出，在前工业化时代，工具（机器）是人的附属物，人可以随时更换工具：人是常量，工具（机器）是变量；在工业化时代，人在机器下劳动，人是机器的附属物，劳动时人可以随时被替换：机器是常量，人是变量。由是，财产的问题成为了问题。所以，资本家和无产者都成为机器的财产。因此，解放应该是指从机器中解放出来，而不是借助机器得到解放。“谁应该拥有机器”这个问题也就意味着“有没有任何人或物可以超越机器”。从此，人们的生活就是在装置中进行功能发挥，成为装置的功能执行者，于是“将我们自己从装置中解放”就变得毫无意义。

（四）姿态现象学的具体策略

弗卢塞尔直面人类传播的变革，探索姿态的新转向，从现实姿态入手考察，在考察中重新认识姿态，从而建构姿态现象学的实践。具体来说，他的考察对象包括15种具体的姿态：书写、言说、制作、爱、破坏、绘画、摄影、拍摄电影、翻转面具、种植、剃须、聆听音乐、抽烟斗、打电话以及录像。这15种姿态的内涵简要概括如下：

书写的姿态。弗卢塞尔认为书写以其独有的直线性和内在的对立统一而在诸姿态中占据特殊的位置。这种姿态所表达的就是西方的“官方思维”。严格说来，历史始于书写姿态出现之时，西方社会是通过文字获得思维方式的社会。但这一切即将改变：日益重要的精英阶层的官方思维逐渐外化为网络数据库和计算装置的编程，其结构与书写姿态迥然不同。大众被编入了技术图像的符号中，从这个意义上说，人们再次变成了文盲（系统分析师不需要书写，计算机的运行不需要字母符号，大众文化不需要阅读，电视也不需要字母来提供信息）。书写的姿态即将成为一种古老的姿态，它所表达的存在方式已被技术发展所取代。由此，弗卢塞尔以批判性的笔触揭示了书写的危机。

但是，弗卢塞尔认为我们可以乐观地看待这一发展。书写的姿态实际上是一种贫乏、原始、低效和昂贵的姿态。字母表（符号）就其内容和结构而言，是自我意识思维的有限符号。书面文本的膨胀进一步贬低了书写姿态的价值：人人都是书写者，没什么大不了的。显然，摆在我们面前的问题要求我们用比字母更精练、更准确、更丰富的符号和姿态来思考。我们需要用视频、多维符号、模拟和数字模型以及程序来思考。作为一种存在方式的表达，书写不再有效，也不再有价值。现在是时候承认这一点并认识到后果了，比如在小学的教学计划中。弗卢塞尔指出了直面书写危机的方法，即通过小学教育实现媒介教育的转型。

言说的姿态。弗卢塞尔认为，言说者不是与世界对话，而是越过世界与他人对话。言说者是在寻找他人，他的言语是伸向他人的触角，尽管这些言语是根据问题来选择的，但其主要意图是让他人理解。因此，言说者的思维是一种“理智之适应事物”，他的目的不是获得某种“客观”真理，而是使主体间的理解成为可能。言语确实应该根据问题的功能来选择，但选择的标准并非只有问题导向，言语的可理解性同样重要。言说的姿态不仅是一种认识论姿态，也是一种美学姿态。

弗卢塞尔将言语分成两种：对话性（Dialogischen）言语和话语性（Diskursiven）言语，它们之间的差异在言语分析中至关重要，但却无法通过观察对话来发现。当言语冲破沉默之墙时，它就从言语的可用领域进入了人与人之间的关系领域，这些关系是如何结构化的问题变得不那么显著了。说话的人将他的言语引向某个语境，他从来不是对空言说，从这个意义上说，言语是一种称呼（Anrede），一种宣告（Aussprache），即是一种对话体。但他所表达出的言语会形成链条。由于句法和语义的原因，这些言语彼此相连，从这个意义上说，言说的姿态始终是一种话语姿态。对话与话语之间的区别在说话的瞬间难以确定：言说者在言谈之际能够选择对话或话语，可能只有在人际关系的网络中、在政治舞台上才能显现。但是，在言说的姿态转变为与词语结合在一起的统一体之前，还需要做出另一个决定，即在被沉默之墙分割开来的两个领域之间做出决定。

制作的姿态。人类双手的对称性决定了左手必须在四维空间中转动，才能与右手重合。由于第四维度的不可及，人类的双手永远只能互成镜像。我们可以做出一种姿态，让两只手达成一致：尝试让两只手集中在一个障碍、一个问题或一个对象上。这就是制作（Machen）的姿态。这种姿态是从两侧向对象挤压，以使两只手能够相遇。在这种压力下，对象改变了形态，新形态即是印记在对象世界中的“信息”，即赋予形式。对弗卢塞尔来说，信息是某个对象上所附加的思想和价值，而信息通过形态得以具体体现。

在制作的姿态中，首先直面的是范畴的姿态：将对象世界纳入由感知姿态开启的范畴中。然后是把握的姿态：双手无意达成对某物的全面认知，而是为了相遇抓住相关的侧面。紧接着进入理解的姿态：这是为了比较手中之物与此前抓握之物，传统说法中的分类、归纳、概括都是源于理解状态的抽象，这些状态都无法脱离手的存在，因此“理解”并非精神的运动。在理解了自己的对象之后，两只手开始向其对象赋予某种价值或形式：左手将对象推入形式之内，而右手将形式按压到对象之上。这就是“评价的姿态”。当形式取决于对象的功能时，我们称之为技术的姿态，这是“价值中立”的科学研究的结果。相反，当对象作为形式的功能存在时，我们说这是一种艺术的姿态，我们称之为设计。如果对象已被评价，双手就开始“塑造”它，改变它的形式。双手对对象施以暴力，不允许它保持原样，它们否定对象，并在与对象的关系中肯定自己。这就是“生产的姿态”。“生产”意味着将对象从一个环境中抽离出来并带入另一个环境，在存在论上改变它。生产证明了我们的手是怪物，双手通过生产宣称只有我们改造世界，我们所处的世界才不会是虚假、糟糕和丑陋的。这种怪诞性正是我们人类的“在世存在”之道。

“制作的姿态”（Geste des Machens）发生在“生产的姿态”之前，这一阶段，对象只是以被动的、安静的、无声的、愚蠢的和“可被抓握的”方式待在那里，这是对象世界存在的方式。但在生产的压力下，对象开始做出反应，它拒绝被转化为产品，抵制自己受到暴行。它变成一种难以处理的“原材料”。并且，双手厌恶它。对象的原始性让双手受伤，生产的姿态也因这种伤害而改变。双手感受到原材料的阻力，并对伤害做出反应。这就是“研究”（Untersuchens）的姿态。通过这种姿态，材料被感知，甚至被贯通，双手发现材料在抵抗强加于其上的价值。

当双手研究并掌握了改变对象的方式时，它们就会再次改变它们的姿态。这就是“加工”（Erzeugens）的姿态。双手可以对对象施加一种价值，它们可以深入对象的核心，实现彼此的相遇和重合。

对象应被理解为适合双手的原材料，并由实践之手牢牢握住，而理论之手则握住价值，对对象施力使其成型。因此，两只手相向地挤压，以便在要实现的价值中重合。在这一过程中，对象发生了变化，其价值、形式和理念均发生了变化。尚未成型的对象顽固、执拗地抵抗，让理论之手感到有必要调整它施力的方式。在对象顽抗的压力下，形式的不断重塑就是创造（Schaffens）的姿态。通过这种方式，双手将新的形式强加给对象世界。

但制作的姿态终归要终结。当双手从物品上拿开，摊开双手，让对象滑入文化脉络中时，这一切宣告终结。它是牺牲的姿态，是顺从（Resignation）与分享（Gebens）的姿态：展示的姿态（Geste des Darreichens）。这种姿态不是双手对作品感到满意时做出的，而是出现在当他们知道继续的制作也不再能为作品增色时。当双手无法让作品变得更好，它们就会停止工作。展示的姿态是一种顺从的姿态。

制作的姿态起初是一种憎恶的姿态：它建立边界，并排斥其他、施加暴力以及使之改变。但展示的姿态是一种爱的姿态：它奉献、给予、献身。在展示作品时，双手将自己献给他人。它们将自己的作品公之于众。展示的姿态是一种政治姿态和开放的姿态。制作的姿态以向他人张开双手的方式结束。因此，从最终的结论看，制作的姿态是一种对他人的爱的姿态，并伴随着对他人的尊重。双手在对象中寻找整体性却始终无法找到，这是一种令人失望的爱的姿态。这是一种人类特有的姿态。它试图克服人类的处境，并且超越顺从，在爱中终结。

爱的姿态。爱的姿态现象学必须应对两种危险：哗众取宠（Sensationalismus）和谨小慎微（Prüderie）。因为爱的姿态并非被习惯所遮蔽，而是被压抑所遮蔽。我们不关注大多数姿态，是因为我们不关注习以为常之物，所以当我们关注它们时，它们似乎变得新奇而令人惊讶。但是，我们看不到爱的姿态，因为社会压力要求它是私密（私人性的）的，而私密顾名思义就是不可见的。如果通过某种反作用力将其公开，那么它似乎就成了一种有争议的姿态，这显然改变了它的性质，而这（基于反作用力的公开）与表现欲或炫耀无关。

在“爱”的姿态中，我们看到了为数不多的姿态中的一例（其他例子包括挥舞国旗和拔刀相向），它们出现在各地的海报、报纸和电视节目中。现象学的任务是展露覆盖这一姿态的表现欲。只有挥舞国旗的姿态才以表现欲为动机。这一姿态是露骨的，现象学的任务就是揭露表现欲姿势背后的表现欲本质。如今，与摇动国旗的表现欲相比，爱的姿态的表现欲更强烈，而且爱的姿态的表现欲对这一姿态来说，是作为一种“陌生化”（Verfremdung）的效果而附着其上的。现象学通过“去陌生化”（Entpornographierung），揭示出处于失落风险的这一姿态的核心意义。

性与爱边界的模糊性是我们所处境况的特点，这使得我们很难看到这两种境况之间真正的密切关系。技术想象符号（弗卢塞尔将创造与解读图像的新的想象力称为技术想象力，技术图像符号的发明，是为了再一次让文本符号能够被人理解，以克服历史时代的危机）为我们程序化了性的姿态，而我们常常将性与爱的姿态混为一谈。由于性膨胀贬低了性的价值，爱的姿态的价值也因这种混淆而被贬低了。由于我们逐渐失去了超然性所需的纯真，变得越来越技术化、富有虚拟性和批判性，所以我们越来越难达到爱的姿态的基本要求。这是个人和社会的悲剧。因为爱的姿态是我们在他人身上迷失自我（被同化），以及征服异化的途径。没有爱的姿态，任何交流（Kommunikative）姿态都是错误的。或者说按照早先的说法，爱的姿态是一种原罪（Sünde）。

破坏的姿态。破坏的姿态是对“恶”（Bösen）进行提问。探讨所谓毁灭意志（Zerstörungswillen）是否存在不是科学问题，而是一个非科学的问题，它应该关注毁灭意志作为自由选择的动机如何存在。这个问题涉及的不是常常所说的“恶”，而是本来的、伦理意义上的“恶”。

因为某物是被生产出来的就判定它成为了妨碍，这是不人道的。生产的过程中，人类的精神与世界的非精神（Ungeist）结合，背叛了人类精神反对非精神的承诺。在这样的行动中，人类的精神动机是纯粹的，因为它没有任何意图。在所做的事情之外，在非盖然性与盖然性之中，无法“预见”（Abzusehen）任何东西。这是恶魔般的纯粹的恶（Pure Bosheit）。然而，当行动以无意图的且“纯粹的动机”驱动时，它们就是恶的，这种情况很少发生，因为它是不人道的（令人遗憾的是，“纯粹的善”也是如此）。

对破坏性姿态的观察还能让我们避开那些将所有东西都相对化的人所设置的陷阱——认为恶是平庸的。我们也可以放心地忽略这些非道德主义者。因为，这些人错误地将恶理解为是自身能力不足导致的，从而自动地摒弃了人类的尊严。以纯粹的、无意图的破坏和解构的姿态，在纯粹的动机中背叛精神（对形式与自由），虽然少见，但却存在。从这种姿态中，我们能够解读出作为在世存在的恶的“此在”，作为纯粹的、根源性的恶的“此在”。魔鬼是存在的。

绘画的姿态。待绘之画就是绘画姿态的意义，绘画的姿态通过创作“赋予”它意义，通过预设它“拥有”意义。画家在姿态中实现自己，因为他的生命接受了姿态赋予的意义，而姿态赋予意义的方式是通过笔触、移动脚步和眨眼等指向性运动实现的。指向性运动本身并不是“劳动”，而是劳动的计划。然而，指向性运动试图改变世界，并带来改变的发生。画家在绘画的姿态中变得真实，因为在绘画的姿态中，他的生命指向了改变世界的方向。他的生命指向即将绘制的画作，并通过画作指向与画家同在的其他人：指向未来。因为，接近绘画姿态的方式是对姿态的分析，即“对应—意义”（Gegen-Bedeutung）。姿态之间的对话、具体事件的相互交织，正意味着改变世界，意味着在世界中为他人而存在。所谓的“世界”，并不是由“事物”组成的客观环境，而是由相互作用的具体事件组成的环境，其中一些事件之所以有意义，是因为这些事件中的一部分通过赋予世界意义，从而使世界有了意义。如果一个人通过观察绘画姿态从而摆脱了西方的客观世界观，他就能看到“具有意义”“赋予意义”“改变世界”和“为他人而存在”这四种表述虽然各异，却表达了同一种事实：自由。

自由就是真正的生活。自由不是选择的功能，不是选择越多自由越大。自由是对未来的自我分析。绘画的姿态是自由的一种形式。画家并不拥有自由，但他置身于自由之中，因为他在绘画的姿态中。自由与真正地存在是同义的。对绘画的观察让我们看到了自由的具体现象。只有通过后续的解释工作，才能区分其存在论、美学和政治维度。具体的自由实际上是不可分割的：它是我们认识到他人与我们同在这个世界的方式。

如果有一种关于姿态的普遍理论，或一个负责辨析姿态的符号学学科，那么艺术批评就不会是经验主义或“直观”的，也不会像今天这样试图通过因果论来说明美学现象。相反，它将是对凝固成绘画的姿态的精确分析：这就是编排学（Choreographologie）。在没有这种编排学的前提下，我们的最优策略就是观察我们面前和身上的姿态，将其作为一种自由的实例。这意味着我们要试着用全新的眼光看待世界，摒弃传统中客观化和抽象化的偏见。这样，世界就会重新“显现”，被具体现象的光辉所照亮。

摄影的姿态。弗卢塞尔提出了触及摄影核心的命题：摄影是作为一种观看的姿态、“理论（Theoria）”的姿态而存在的。摄影的姿态是一种哲学姿态，或者换一种说法，在摄影发明以后，人类不仅可以通过文字媒介进行哲学思考，也可以通过摄影媒介进行哲学思考。因为摄影的姿态是一种观看的姿态，它由此参与了古代哲学家所称的“理论”的姿态，生产出被哲学家们称为“理念”的图像。与大多数其他姿态相比，摄影姿态的意义并不在于直接改变世界或追求与他人交流。相反，它的目的是观察某种事物并将观察的东西固定下来，以追求其“形式化”（Formal）。马克思主义者经常引用的观点是，哲学家们只是用不同的方式解释世界（比如观察世界并谈论世界），而问题在于改变世界。将这一观点应用于摄影的姿态时，并不太有说服力。摄影是凝视世界的结果，同时也是对世界的改变，它是某种新类型的东西。在哲学中所诞生的那些概念，虽然并不像摄影那样具体，但是相同之处是它们适用于传统哲学。毫无疑问，摄影的具体性（Greifbarkeit）就是理由——摄影比哲学传统的方法的结果更具优势。

拍摄电影的姿态。历史（Geschichte）具有双重含义："事件"（Geschehen）和"对事件的叙述"（Geschehenes erzählen）。拍电影的姿态似乎并无特别新颖之处，它也在叙述事件。但这是一个错误。电影导演并没有叙述，德语Erzählen（法语为Raconter，英语为Tell）一词就说明了这一点，这一词语意味着重新规划过去安排好的事物，并在这样做的过程中对事物另行安排。

电影图像并不像传统图像那样意味着一种场景真实。相反，它们意味着那些指代场景的概念。电影所描绘的也不像传统图像那样是一种现象的再现。它描绘的反而是一种现象的理论、一种意识形态、一种意味着现象的命题。因此，电影不是叙述事件，而是想象事件并使其变得可想象。电影创造了历史，尽管它总是从具体的现象（实际）中后退三步。

如今，历史有两个维度：日常生活的四维和笛卡尔式的三维。虽然复杂的反馈将这两个层面联系起来，但与我们所碰撞的、抵抗的四维相比，人们更倾向于存在视觉欺瞒（Trompe L'oeil）的三维。我们不能排除这样一种可能性，即在未来，具有重要实存意义的历史将在观众面前的银幕和电视屏幕上展开，而不在时间—空间中展开。这才是真正的后历史。这就是为什么电影是我们这个时代的"艺术"，而电影的姿态是"新人类"的姿态，虽然我们并不完全认同这些"新人类"的存在。

翻转面具的姿态。翻转面具的姿态，即从错误的（相反的）方向观察面具。翻转面具的姿态尚未得到检视（观察），也许因为对它的研究只出现在相对较新的文献中，而且只是作为一种暗示。从"错误"的一面接近（研究）面具，就是从前所未有的角度观察现象。

当面具被翻转过来时，它就不再是面具，而变成了一个被操控的对象。当然，我们也可以说，这种存在论上的转变是由于面具的语义维度被排除了，但这让继续对这一姿态进行现象学研究变得容易。翻转面具改变了它的位置，它不再贴于脸前，而是被拿在手中。在所有与面具相关的传统姿态中，面具在我面前，它位于我与他人之间，或者不在我面前，或者应该或者不应该在我面前。从这个意义上说，这些姿态是历史性的，它们关乎未来。然而，在做出将面具转过来的姿态时，我站在了面具之上，我超越了它，它结束了。这意味着这个姿态抢占了未来，并将它留在过去。

因此，这种姿态比拍摄电影的姿态更加激进，是一种后历史姿态。拍电影的姿态是对历史的剪切和粘贴。通过展示“错误”的一面，通过揭示历史的无意义，翻转面具的姿态“预示”（Vorweg）了所有历史。所罗门、第欧根尼或佛陀则不同，他们看穿了所有的面具，然后确信所有历史皆为“虚荣”（Eitelkeit）。所罗门、第欧根尼和佛陀都是令人失望的演员和导演（Regisseure），更何况这种姿态允许所有已实现甚至可能实现的历史被编排（计划）。有了翻转面具的姿态，人们就不再扮演历史中的角色，而是在与历史游戏。

随着面具的翻转，历史失去了一切意义，但生活的意义却未必如此。相反，与历史进行游戏的本身就可以成为一种赋予意义的方式。我们会发现翻转面具的姿态也是一种赋予意义的姿态。

种植的姿态。弗卢塞尔认为，生态论者的立场与面具翻转者的立场相同，它是一种在超越历史之时所获得的立场。种植者是反向的采集者，生态论者是反向的种植者。农民是反向的游牧民族，生态论者是反向的农民。猎人是前历史的，农民是历史的开创者和载体，生态论者是后历史的。猎人将不可预见的世界编成目录（网、织物）。农民强迫世界进入一种秩序（耕地）里。生态论者将世界视为关系（即Oikós）。猎人的超越是内容的，农夫的超越是形式的，生态论者的超越是人工智能的。

种植的姿态是历史性的姿态。它是戏剧性的，是一种行为，而且是一种行动。这就是为什么罗马人称田地为Ager，称种植为Agricultura（有控制的行动）。在历史的长河中，这种姿态一变再变，以至于我们几乎无法辨认出它最初的形态。但现在，它开始转向其反面，即向生态学转变。生态学更结构化地称自己为“关系科学”。

“关系”（Oikós）与“田地”（Ager）恰恰相反，它不是行动（Agieren）的领域，而是关系（Sich-Verhalten）的田地。在这种反向的姿态中，人不再是面对客体的主体（行动者），而是创造关系背景的程序设计者。那些要求我们同情而非憎恨森林的人的姿态，是超越历史的姿态。因此，这种姿态可以让我们推测实存的危机的姿态：生态论者与种植者以不同的方式存在。简言之，他不再是政治性的存在，而是生态性的存在。因为生态运动，目前正在向政治领域推进，其目的是混淆政治领域，在可预见的未来发展出将政治瓦解的趋势。

剃须的姿态。剃须和园艺都可以被理解为皮肤学的姿态（Dermatologische Gesten），这一事实表明皮肤内外两侧都具有很强的渗透性，但即便具有渗透性，它仍表明着人与世界之间的一种阻隔。剃须的姿态既不是要改变世界上的某样东西，也不是要改变做出姿态的人，而是要改变做出姿态的人与他的世界之间的“皮肤”。因此，它既不是狭义上的劳动的姿态，也不是仪式姿态，它是劳动和仪式之间的姿态。它可以被称为皮肤学的姿态，或者如果我们能够从美容（Kosmetik）这一词语中，认识到它的词源“宇宙”（Kosmos），那么它也可以被称为美容的姿态。

剃须与自我分析恰恰相反（尽管剃须时会照镜子），剃须不是为了认识自己，而是为了改变自己（成为与目前的自己不同的人），而且剃须会带来疼痛，并不是因为剃须刀会意外地刺入皮肤，恰恰是它不会刺入。剃须本质上是一种遮掩。剃除胡须不是因为胡须遮住了脸，阻碍了人与世界的交流，而是因为胡须遮住了人与世界的差异。剃须的目的不是为了与世界建立联系，而是为了与世界保持距离，并在世界中坚持自我。这是通过显露出人与世界之间的皮肤来实现的。年轻人留胡子，不是为了隐藏自己，而是为了表达对自我与世界之间差异的怀疑。胡须是对认同的拒绝。

同理，我们可以继续比较理发师和园艺师、美容师和城市规划者，以及社会工程师和生态保护者的姿态。这些姿态的目的既不是使自然人性化（创造文化），也不是使人类自然化（为人类保护自然），而是强调和扩大人与世界之间的边界区域：皮肤。这些都是皮肤学的姿态。园艺师、规划师和生态学家都是美容师。他们追求的不是人类的在世存在，而是一种“美容”形式的人类存在。他们为了扩大人类与世界之间的差异，而将杂草、污染物以及混凝土建筑推倒并清除掉。

聆听音乐的姿态。聆听者的姿态，尽管也与观看和思考有关，但似乎并没有以同样的方式刻板化，因为它涉及的不是身体的运动，而是身体的姿势（Stellung）。然而，从姿态的视角来考察中世纪的图像学，我们会发现聆听的姿态是一个核心主题。这是圣母玛利亚被圣灵感孕时的样子，是因话语（逻各斯）而受孕的姿态。玛利亚“感孕”，也就是说她听到了一种声音。

聆听音乐的人实际上并不专注于自己，而是——在身体内部——专注于传入的声波。也就是说，在欣赏音乐之时，身体变成了音乐，音乐变成了身体。

聆听音乐是一种身体转向普遍数学的姿态。之所以能做到这一点，是因为音响的振动不仅能贯通身体，还能与身体的皮肤产生共鸣（一起振动）。皮肤是人与世界之间的“无人地带”，它从边界线变为纽带。在聆听音乐的过程中，人与世界之间的隔阂被消弭，人战胜了自己的皮肤，或者反过来说，皮肤战胜了人类。聆听音乐时，皮肤的数学性振动传递到肠道，传递到“内心”，这就是“狂喜”，是“神秘的体验”。它打败了黑格尔的辩证法：在聆听音乐的过程中，人类通过发现自己即世界，世界即自己，从而不会在发现自己时失去世界，或发现世界时迷失自己。因为他和世界并不是主客体之间的矛盾存在，而是作为“纯粹的关系”，即作为音响的振动而存在。

只有在聆听音乐的过程中，人们才能在身体上，具体到神经上、字面意义上，具体地体验到科学所说的“场”和“相对性”。就像在“声音的场域”中一样（声场是引力场的一个特例），人们体验到人与世界的关系，即相对于彼此，成为一体，此即胡塞尔所说的“纯粹的意向性”（Pure Intentionalität）。由此，聆听音乐就是一种“绝对性”的体验，即在普遍性的数学的场域中，主体与客体的相对性的体验。

抽烟斗的姿态。“为什么有一些人抽烟斗”这一问题是“人为什么要做出仪式姿态”这一问题的特例，它进一步包含了为什么是这些姿态，而非其他姿态被仪式化的问题。这两方面问题的答案似乎显而易见：为了“纯粹的快乐”。许多人之所以抽烟斗，是因为他们在这一特殊的姿态中感到愉悦。

抽烟斗是一种允许我们行动的姿态，即通过自己的风格在世界上找到自我。这就是“这是一件乐事”。这种快乐只能被定义为“审美”，因此现在我们可以说，当我们讨论作为艺术生活现象的仪式姿态时，艺术一词的含义是什么了。艺术一词意味着通过姿态“享受生活”，在适当的范围内自由而无目的地见证自己。因此，所谓的“艺术生活”是一种重要的生活样式，它取决于姿态呈现的风格。“艺术生活”无意改变世界，也不是为了与他人共处于世界，而是为了在世界中发现自己。抽烟斗的姿态就是这种生活很好的例证，因为在大多数其他“艺术生活”的例子中（如舞蹈或祈祷的姿态），改变世界或寻找他人的问题都是权衡利弊的重要因素，但在抽烟斗的过程中，它们几乎不起作用。正如我们将看到的那样，抽烟斗姿态的美学纯粹性归功于它的世俗性。

抽烟斗体现了一种限制性的自由，它没有任何目的，也不做任何分享，为什么有些人还要抽烟斗呢？是为了享受生活（成就自己），从而寻找自我。但是抽烟斗的要求远远低于艺术姿态，因此它就没那么“开放”。所以有些人把抽烟斗当作仪式生活的一种替代品，也就是对仪式生活的世俗化。

打电话的姿态。要描述电话的功能，需要两种完全不同的方法：一种是从打电话者的立场出发，另一种是从接电话者的立场出发。根据这两种不同的立场，电话装置呈现出完全不同的对象，这很好地诠释了现象学的命题，即任何对象的存在都必须与某种意向性关联。从呼叫者的角度来看，电话是一个哑巴和被动的工具，耐心地等待着被使用；而对于接听者来说，电话则像一个歇斯底里嚎啕大哭的孩子，必须当场得到满足才会安静下来。

从电话中，我们能够开始学习一种新的远程呈现（Telepräsenz）体验，替代原来的面对面体验。作为一种远程呈现的手段，电话以及电话这一词语的前缀“tele-”都具有教育意义。

弗卢塞尔在当时认为，可以想象未来人们将要面对两种媒介现实。要么电话网络成为一个不断分支的网络模型，例如，双向的录像视频网络和电脑终端。在这种情况下，我们正在走向一个承认他人以及在他人中承认自己的远程信息处理社会。要么一个中央控制的、程序化的大众社会。但是，在电话这种看似无害的装置中，两种可能性都显而易见。

究竟哪一种可能性会成为现实，在一定程度上取决于我们自己。

录像的姿态。“录像机”是一种相对较新的工具。“工具”是为特定目的生产的物品，它“对某事有益”。目的位于工具之内，并且工具基于目的而具有了形式。然而工具也向来不止是一个对象（Objekt），或者说一个问题（Problem）。“问题”是希腊语，对应拉丁语Obiectum（对象，物体）一词。因此，我们有可能忽略工具通过形式显露出的目的，而追问“它是什么，用它能做什么？”对于传统的、熟悉的工具，这种“问题”意识被熟悉感所掩盖。比如我们不会问床是什么，有什么用途。我们知道它是睡觉的地方，也是藏钱的地方。但是，如果工具是新的，它的问题面向就会显现出来。这就是新工具令人着迷的原因。

从谱系上看，电影与之前的壁画—绘画—照片一脉相承；录像与水面—放大镜—显微镜—望远镜一脉相承。就其起源而言，电影是一种艺术工具，电影是描绘（Repräsentieren）；相反，录像是一种认识论工具，录像展示（Präsentiert）、推测以及进行哲学思辨思考。这种对比不一定是功能性维度的。电影也可以展示（如纪录片电影），录像也可以描绘（如录像艺术）。然而，“录像机”这一工具的起源给人的印象是依旧存在尚未展开的一系列认识论的虚拟世界。

录像制作者可以操纵时间的线性属性。他可以使历时性的时间共时化。所有录像带都可以为了将时间的片段在统一的表面上同步，而被重复使用。因此，它与音乐家的创作颇为相似，都是一种构成（Komposition）。但是，录像制作者沿着事件的序列走向作品，而音乐家沿着声音的序列走向作品。从严格意义上讲，录像的原材料创造了历史：一系列场景的连续铺展。它不仅发生在历史上，也影响着历史。从这个意义上说，它是一种后历史的姿态。它的目的不仅是纪念这一事件（历史性的参与），也是为了创作替代性的事件（后历史性的参与）。

通过对录像姿态的观察，我们可以发现“解读”我们在这个世界上的存在方式。也就是说，我们可以通过观察姿态的变化来“解读”我们目前正在经历的实存形式的变化。进而言之，每当出现前所未见的姿态时，我们就拥有了解码新的存在形式的钥匙。操控录像机的姿态在某种程度上代表了对传统姿态的改变。所以，破解我们当前存在主义危机的一个方法就是观察这种姿态。

下篇：

现象研究

一、“人设”营造：概念、理论与启示[①]

“再精心打造的‘人设’，也不过是一种刻意呈现出来的形象，本质上是一种营销行为。”《人民日报》时评一针见血地点明了互联网“人设”的本质，并建议理性看待明星“人设”。在流行文化中“人设”俨然成为网络流行语的新星，在网络平台上占据着一席之地，进而发展成为一种社会文化现象，并成功地引起了各界广泛的关注。

点开网络短视频平台，会发现不少明星网红账号有着鲜明的个人特色。他们大多主打妆容颜值、唱歌跳舞、搞笑幽默等特点，每推出一个短视频作品，都严格符合账号调性，也就是常说的“符合人设”。而特定的“人设”也吸引着特定的粉丝群体，成为移动互联网时代的粉丝文化现象。……在一些互联网内容平台，利用“人设”打造明星网红、吸引粉丝并进行流量变现，已形成一整套成熟的商业模式。在“双11”等重要消费节点，有着讨喜“人设”的明星网红，动辄“带货”上千万元，这既证明了粉丝经济的巨大潜力，也说明“人设”作为一种商业模式的成功。甚至有人说，要想在短视频、社交网站走红，就必须预先设

---

① 本文系根据山东省社会科学规划一般项目《全球风险社会视域下网络空间治理的社会舆情引导研究》(编号22CXWJ01)阶段性成果之一：贾雨薇、周海宁：《互联网“人设”的表征、问题与启示》，《东南传播》2023年第8期，修订而成。

计好“人设”。[①]

《人民日报》时评亦指出了演艺界的明星“人设”现象背后的“资本”运营本质。因为这种明星“人设”虽然始于资本，但是在大众传媒与粉丝的参与、传播下，这种明星“人设”呈现出丰富化、精细化的特点，并表现为社会共同建构。资本运作的“人设”虽然符合市场经济的规律，但是存在“人设坍塌”的风险且这种风险范围与影响不容小觑：可能造成青少年（粉丝）认知失真、行为失序。错误的示范与引导，势必导致行为的失范与失序。因而，学界的关注就具有了紧迫性与重要性。

“人设”源于游戏、动漫，它本意是指角色的外貌特征、造型、个性等细节的设计[②]，国内较早研究“人设”的文章主要聚焦于中西方电影中人物形象风格的差异性[③]。随着对“人设”的理解从动漫、游戏领域逐渐扩展到明星、大众领域的实际应用，关于“人设”的定位与意义也拓展到了现实生活中的个人形象设计[④]，此时对“人设”价值与意义的向前归类与追溯，有助于把握“人设”的重要意义。

（一）“人设”概念的追溯与界定

不知从何时起，“人设”作为新造的词在日常生活中成为一个流行

---

① 魏薇：《理性看待“明星人设”》，《人民日报》2019年12月6日第5版。

② 刘东怿：《新词“人设”》，《语文学习》2017年第2期。

③ 王颖：《中西方动画电影中人设形象及其风格的差异性研究》，《电影文学》2012年第14期。

④ 王倩楠：《情感共同体：明星“人设”现象背后青年重建社群的尝试》，《中国青年研究》2018年第8期。

词。明星“人设”与“网红”“粉丝”等绑定出现，既成为一种社会建构的象征性符号，同时也是资本、人设主体以及粉丝权力的体现，并且随着人设的生产、传播，最终回到马克思所言“在我们这个时代，每一种事物好像都包含有自己的反面”。所以“人设”也包含在这一事物发展的范畴中：它作为一个事物，越是发展就会越走向自己的反面——人设坍塌。但是，人设坍塌的结果具有风险性，对资本、人设主体不言而喻，对粉丝，特别是青少年群体的认知与行动都会产生不良影响，比如以认知失真为代表的认知危机。并且随着人设坍塌的普遍出现，“人无信不立”等传统价值观随之动摇。此类危害不可谓不影响深远。

从词源上看，对“人设”概念的考察可以从语义和语用两个角度入手。语义即语言的含义，是将符号视为语言的载体，通过赋予符号以含义，从而使无意义的符号具有意义，最终将语言符号化为信息，由此语言具有了含义；语用即语言的使用者在语境中对语言的使用，是语言的实际运用，是语言的交流功能。并且，相对而言，语义是指语言系统中词语的固有意义，因其具有抽象性、概括性而相对稳定；语用则是在交流语境中所呈现的特定的、临时的、隐含的意义。进而言之，语义可以理解为对符号或语言符号（词语、句子等表达方式）与其所指对象之间关系的研究；而语用则是对符号或语言符号与其解释者之间关系的研究，即送信者、收信者、内容（语言符号内容）、媒介（语言符号的运送载体）、语境之间的关系，也就是语言符号与环境之间的关系。

对“人设”的考察还可以从功能角度展开。词源的角度对应其语义学范畴，考察其“是什么”，即“如何是其所是”；功能的视角对应其语用学范畴，考察其“应怎样”，即“如何成其所是”。本文中“语义”的考察是基础，“语用”的考察才是关键。

从本章主题的角度来看，语用学范畴侧重考察“人设”如何从“目标价值”走向了“工具价值”——人设的“异化”：从人的本质力量的对象化，变成压迫人、扭曲人的工具。换言之，考察“人设”如何从政治、社会功能集中转向经济功能；如何从“个人而公共”（如，修身、齐家、治国、平天下的个人与社会目标的合二而一）走向“公共而个人”（明星、“网红”的“人设”大多源于行动背后的利益）。基于此，本章将考察当代网络空间中“人设”的具体图景，从而明了当中的问题所在：如“工具性”偏向的“人设”实践所彰显的问题以及过度虚拟性的爆发所导致的社会信息丧失问题。最后，探讨“人设”现象所彰显的时代性（启示）。

顾名思义，“人设”一词可理解为“人物设定”，即人物形象设定的缩略词，包括人物的内在个性与外在容貌、服装等特征。该词最早大约可见于动漫、小说、漫画等作品中对虚拟角色的性格、外貌、服装的塑造（设计）。例如，

> 今次主角感觉较中性，对小云来讲是新尝试。另外她在人设、故事世界观亦花了不少心思，主角的名字、发色、性格、喜好都有详细设定……肯用心的作者，值得支持。[①②]

如今，“人设”作为流行词，更多用作影视作品中的人物设定。例如，《甄嬛传》里的华妃，骄奢狠毒，即使杀了许多无辜的人仍然有很多人喜欢她的“人设”。华妃的人物设定体现在：“虽然她蛮横刁钻，但是在我（皇帝）面前又如小猫一般温顺，她嚣张跋扈，但从不打骂奴婢，还赏钱多多。”当然这里的“人设”评价往往涉及受众（观众）视

---

① 香港《成报》2005年3月7日版。

② 转引自刘东怿：《新词“人设”》，《语文学习》2017年第2期。

角。并非所有人都能够接受制作方的人物设定。当一部作品中角色设定不符合观众预期，或者演员表演不到位，观众常常使用“人设坍塌”等词语进行评价。比如2020年版《鹿鼎记》，由于演员张一山出演的“韦小宝”一角色与人物设定差距较大且表演夸张，导致“群嘲”现象，令人唏嘘。

随着社交媒体的流行，“人设”一词通过网络媒介化的书写，从而衍生了更多的分类，如我们常见的“吃货”“耿直”“学霸”“好男人”“高知戏骨”“阳光大男孩”等。演员、明星、名人等个人的这种“人设”并非以传统方式的自我积累形成，也非通过作品强化受众认知进而流通文化、精神等“资本”来形成的，其往往是通过营销手段，即通过“卖人设”的方式——“无中生有”地迅速生成。

这种“无中生有”的方式是一种建构主义方式。这是公众人物（明星等）为了给大众传达一个整体形象，进而营造的一种“人设”的象征性符号，是人设主体与资本刻意包装的结果；这是一种社会化的标签，简化并凝练公众人物的个人习性、性格等；同时也是粉丝的移情效果，通过将虚拟人物与个人的现实生活关联而生成共鸣情感。因此，这是一种“资本、传媒、明星和粉丝多方互动的结果”[①]。但是这种人为的社会建构性“人设”往往容易产生两种结果。一种是正面的、讨喜的“人设”，有利于“人设”本身以及人设的主体（人）的强化，并从中获益，如明星增加流量而吸引更多的粉丝注意力；第二种是负面的结果，即人设坍塌，也就是说，原本的“人设”由于无法达到人们的预期，而被“吐槽”，造成负面形象累积。

由此可见，在社交媒体时代，“人设”是一种多方力量建构的结果，

① 刘诣、汤国英：《生产、维持和崩塌：明星人设的三重逻辑》，《中国青年研究》2019年第12期。

由于这种“人设”是一种“策略”，所以其目的在于赋予具体人物形象以抽象意义，使其形成符合大众审美的符号价值。这说明“人设”成功与否在于人设建构与大众接受能否达成合意，否则，如果符号价值赋予失败，或者人设主体不能一以贯之地“按照剧本表演”，造成“人设”的标签与人设本体不符，那么就可能因为“人设超量”而造成人设坍塌。这样的案例比比皆是。比如，学术造假导致“学霸”人设的坍塌，出轨导致“好男人”“好爸爸”人设坍塌，等等。

（二）“人设”的理论溯源

理论是一种系统性、一般性、抽象性的思考或解释，它旨在解释现象、指导实践并提供对现实世界的深刻理解。理论通常基于观察、实验、经验或者逻辑推理，通过对事实、数据和信息的分析，形成一套概念、原则或者假说。对生活世界来说，理论的直接功能在于“使简单的东西复杂化”，也就是说让具象之物抽象化，从而实现人对事物理解的深刻性。比如，我们在与人的交往过程中理解人的心理，是在具体实践中逐渐形成感性认知，然后形成“经验”，进而将我们获得的人的心理方面的经验放在“心理学理论”框架中审视，并再次考察人的心理，这样我们就得到更为深刻的认知。因为人的深刻认知需要经由感性经验上升到理性经验。这就是理论的功能之一。本节将考察与“人设”分析相关的三种理论。

1.鲍德里亚的符号消费理论

鲍德里亚的符号消费理论是在马克思主义和批判理论的基础上发展出来的，特别受到了乔治·卢卡奇（Georg Lukács）的物化理论、马克思商品拜物教概念和赫伯特·马尔库塞（Herbert Marcuse）批判性消费理论的影响。此外，鲍德里亚还接受了结构主义与后结构主义的影响，如罗兰·巴特（Roland Barthes）的符号学和米歇尔·福柯（Michel Foucault）权力/知识理论的影响。

早在《物体系》（1968年）中，鲍德里亚就关注到作为基础性功能物的存在，并在著作后半部分开始关注消费者与物品的关系，尤其是消费主体在消费结构中被控制和剥削的问题。真正的理论转向是在《消费社会》（1970年）中，他首次系统地阐述了消费社会的概念，并分析了消费行为如何成为现代社会的一个核心征候。他探讨了商品如何通过广告和营销行为被赋予符号价值，以及这些符号又如何影响消费者的社会认同和个体身份认知。同时，他在《符号的政治经济学批判》（1972年）中，进一步发展了符号消费理论，论述了符号交换与价值体系关联，从而正式确认符号价值超越了商品的使用价值和交换价值，凸显其在现代社会的重要性。进而，在《生产之境》（1973年）中，他强调消费比生产更为重要，因为消费决定了社会的意义和结构。由此，鲍德里亚形成了他的符号消费理论，也就是说，在消费社会到来之后，人们对物品的消费转向对符号的消费，物品作为一种商品除了有使用价值，还具有符号价值，因此实现交换价值。因为，物品具有意义指涉的关系结构——“符号—物”的意义体系。

> 要成为消费的对象，物品必须成为符号，也就是外在于一个它只是作为意义指涉的关系——因为它和这个具体关系之间，存有的是一种任意的偶然和不一致的关系，而它的合理一致性，也就是它的意义，来自它和所有其他的“符号—物”之间，抽象而具有系统性的关系。[①]

①〔法〕让·鲍德里亚：《物体系》，林志明译，上海世纪出版社2001年版，第223页。

在鲍德里亚的理论下，物的消费变成了符号的消费。商品本来具有双重属性：使用价值和依据使用价值产生的交换价值。使用价值关注商品的物质功能，而交换价值关注商品在市场中的经济表现。马克思在《资本论》中详细而深刻地分析了这两种价值，并探讨了它们在商品生产和社会关系中的功能。在这里，使用价值是指商品能够满足人们某种实际需要或者用途的属性，也就是商品的有用性，即商品的功能，以及它如何满足人们的物质需要。比如，衣服的使用价值在于保暖，保护身体不受外界环境的伤害。使用价值是交换价值的基础，商品之所以能够进行交换，是因为存在凝结于商品中的不同数量的抽象劳动。而所谓的"等价交换"，就是两种商品抽象劳动的数量相等。按照马克思的理论，商品的价值在于生产商品所需的社会必要劳动时间，这种社会必要劳动时间的劳动被视为"共同的、抽象的人类劳动"，这种抽象劳动是不同劳动之间能够比较和量化的基础。因此，假设生产一件衣服需要5小时，生产一把椅子需要10小时，等价交换就是凝结在2件衣服和1把椅子中的抽象劳动的比较。

但是，这种交换价值在市场上表现为价格，而价格又受到供需关系、生产成本、市场竞争、技术进步、垄断力量等多种因素的影响，所以价格往往不总是等于劳动价值。从这一点出发，基于使用价值（劳动价值）的交换价值就产生了例外——"凡有规律，必有例外"，所以，鲍德里亚提出了基于符号价值的交换价值。

物品的使用价值和交换价值向符号价值转变，人们的符号消费过程实质上成为一个对自身重新编码、意义重新建构的过程。①

① 〔法〕让·鲍德里亚：《消费社会》，刘成富、全志刚译，南京大学出版社2000年版，第143页。

在消费社会中，人们进行消费，并不仅仅关注使用价值，而且更多关注商品的符号价值，也就是凝结在商品中的象征意义、文化意义和社会意义等。也就是说，符号价值是由社会文化建构出来的，它反映了商品在特定社会文化背景下的象征性地位和对应的社会身份。所以在符号价值的接受过程中，人们重新界定了自己。

具体而言，商品符号的象征性可以代表拥有者的社会地位、文化品味、生活方式或价值观念。比如，“单肾贵族”一词的出现，是因2008年苹果手机面世后，其价格高昂，消费者们调侃卖肾才可以买得起一部手机。在特定的社会背景下，苹果手机（商品）与其他手机相比，具有差异性和独特性，这些差异成为社会区分和个体表达的手段；并且，通过消费苹果手机，特定消费者认为自身“融入”到了所谓的“苹果一族”中，个体获得了社会认同感。这里的“象征性”“差异性”“社会认同”就是商品的符号价值对于商品使用者的意义所在。由此，符号价值使商品成为一种沟通的工具，它体现了人与人之间的社会交往（体现人的个性与价值观）。

在符号消费理论的视角下，明星本身异化为商品，“人设”则成为商品所具有的符号价值，也就是说，人们将明星作为商品进行消费，消费内容不仅包含明星的作品，还包括明星本身，明星作品和明星本身不仅具有使用价值，还具有符号价值——对应而言，人们消费的除了明星的劳动（作品）本身，还包括明星所建构的符号体系和价值观念。从法兰克福批判学派的视角来看，明星所代表的娱乐文化呈现出商品化的属性，是文化工业发展的必然结果。明星“人设”与明星本人是文化工业的标准化产物，明星“人设”作为一种符号化的消费产品是大众传媒与娱乐产业公司共谋的结果。他们不仅是明星“人设”符号产品的生产者，还是符号消费的助推者，同时也是消费异化的“加害者”——明星

“人设”的消费者成为无批判性地接受这一符号化产品的“受众”（围观者）。明星“人设”的崩塌作为符号消费异化的必然产物，并且循环往复，使“启蒙的辩证法”成为未竟的事业。

2.戈夫曼的拟剧理论

拟剧理论是欧文·戈夫曼（Erving Goffman）在其著作《日常生活中的自我呈现》（1959年）[①]中提出的概念。戈夫曼将社会互动比作戏剧表演，认为人们在日常生活中的行为就像演员在舞台上表演一样，他们会根据不同的社会情境和观众来调整自己的行为和形象。在这个过程中，人们使用各种“道具”和“舞台设置”来塑造他人对自己的印象，这种行为被称为“印象管理”（Impression Management）。拟剧理论强调了社会互动的表面性和表演性，以及社会规范对个体行为的限制。

也就是说，戈夫曼将社会中的人视为在舞台上进行表演的演员，每个人在社会舞台上所呈现的形象是自己预先设计的形象，其目的在于获得较好的社会效果（获得社会支持）。因而，他认为人与人之间通过互动所展示的并非真实的“我”，而是一个经过装饰的“我”，因而是一种理想化的自我形象呈现。

戈夫曼的这种“自我”生成过程的阐述，正符合马克思对人的本质的界定：“人的本质不是单个人所固有的抽象物，在其现实性上，它是一切社会关系的总和。”[②]所以，戈夫曼在马克思关于人本质定义的延长线上，将人的“自我生成”视为一种社会化的结果，即人通过与他人、与社会互动，从而逐渐成为具有社会性质与社会状态的人。戈夫曼的拟剧理论内涵具体可以表述为：在社会生活中，人与人之间的互动行为在一定程度上是一种表演，这种表演可以分割为表演前，个体坚信自己所

---

①〔美〕欧文·戈夫曼：《日常生活中的自我呈现》，冯刚译，北京大学出版社2008年版。

②《马克思恩格斯选集》第一卷，人民出版社1995年版，第56页。

扮演的角色，并且这一角色内含有“观众”期待；表演中，个体以演员身份位于为他设置好的“前台”，一方面需要完成特定的工作，满足观众期待的迫切心理，另一方面需要维持相应的前台，在观众心目中建构（呈现）其自我现实印象[①]；在表演结束后个体回到后台结束扮演。在这一表演的过程中，个体的自我呈现过程包含三个重要因素：一是重新认识你自己（信任自我角色扮演）；二是前台与后台；三是印象管理。

重新认识你自己。“认识你自己”是刻在古希腊德尔斐的阿波罗神庙的著名格言之一，通常被认为是对自我认知的号召或者对人类自身智慧的追求。随着古希腊哲学的发展，这种“认识你自己”的智慧发展为人类自我探索和自我完善的能力，也就是理性和自我反思的能力，既包含对外部知识的探索，也包含对内部自我的理解。所以，戈夫曼所理解的在日常生活中人们的自我呈现，就属于人们自我认知的一种体现，是人将自己置于社会化的关系中，确认自身在社会化中的位置，也是寻求社会支持，增加社会认同的方式之一。人们通过角色扮演以达到“自我呈现”的目的，在扮演角色时，人们具有社会期待，期盼自身得到他人的重视与认可，也就是说，通过达成外部的认可增加自己对自己的确认（认可）。进而言之，这是一种渴求被信任，到最终自我信任的过程。正如，罗伯特·埃兹拉·帕克（Robert Ezra Park）[②]对人的认识。

“人”最初的含义是一种面具，每个人总是或多或少地意识到自己在扮演一种角色……正是在这些角色中，我们互相了解；也正是在这些

---

① 〔美〕欧文·戈夫曼：《日常生活中的自我呈现》，冯刚译，北京大学出版社2008年版，第23页。

② 罗伯特·埃兹拉·帕克，美国社会学家，芝加哥学派的主要代表人物之一。1864年2月14日生于美国宾夕法尼亚州鲁泽恩郡一个商人家庭。早年投身新闻界，热衷于城市社会问题和贫民阶层的调查报道。1898年起先后于哈佛大学、海德堡大学深造，师从W.詹姆斯、J.罗伊斯、G.齐美尔等，博士论文题为《乌合之众与公众》。1914—1936年任教于芝加哥大学社会学系。代表著作《移民报刊及其控制》(1922)。

角色中我们认识了我们自己。[①]

前台与后台。戈夫曼所指的“前台”是“个体表演中以一般的和固定的方式有规律地为观察者定义情境的那一部分”[②]。“前台”包含两种构成。一种是“舞台设计”，一种是“个人门面”。前者可以称为“布景”，其目的在于精心设计舞台表演过程所需的场景以提供情境，使表演能够在预设的情境下完成；后者则是表演者通过外表和举止来展示的个人身份以及个人所处现实状态，分开来讲，外表展示个人社会身份，举止呈现一种现实状态。所以“前台”呈现的是希望被人看到的部分并进行了一定的意义生成。而“后台”，它与“前台”不同，它不是要呈现于前并公之于众的部分，而是表演者极力掩藏的部分，也就是所谓“真实自我”的部分——在这一情境下，个体卸下伪装，抛开各种预设情境限定，不用担心自我呈现形象是否完美。在戈夫曼的理解中，“前台”与“后台”能够根据表演者主观意愿相互转化。

印象管理。这是一种形象控制行为，目的是控制他人对自己的认知，也就是通过自我形象的管理、控制，从而建构自己在他人心中的印象。这种认知的前提，就是假设每一个个体在脑海中呈现的有关他人的认知是依据他人所表现出来的形象，个体对自我的概念也是基于他人对自己的反应和知觉。前者表明的是你的形象对他人的意义；后者表明的是别人对你的形象的认知对你的意义。这也就是印象管理得以可行的依据。首先，你的形象对他人是有意义的，因为这是他人认知你的依据，所以为了获得他人对你的更好的印象，你需要进行印象管理以获得社会支持，从而获得社会认同；其次，他人对你形象的认知对你是有意义

①〔美〕罗伯特·埃兹拉·帕克：《种族与文化》，自由出版社2006年版，第249页。转引自：刘依暄：《拟剧理论应用于青少年个体社会化的实现困境与对策研究》，《山西青年》2023年第18期。

②〔美〕欧文·戈夫曼：《日常生活中的自我呈现》，冯刚译，北京大学出版社2008年版，第19页。

的，因为你可以基于此形成自我评价和自我认同。进而言之，你的形象对他人认知具有意义，这可以用“我和你”的理论来说明，因为每一个“我”都是每一个“你”的前提，没有“我”就没有“你”，同时，没有“你”就没有“我”，并且每一个“我”都要对每一个“你”负责。而他人对你形象的认知对你具有意义，可以用“镜中我”[①]的理论来确认。因为，“镜中我”理论认为每个个体对他人来说都是一面镜子，个体的自我形象基于他们对他人如何看待自己的想象。也就是说，我们通过观察他人对我们的行为、态度和表情来了解自己，就犹如照镜子一般。戈夫曼的个体印象管理方式有：理想化表演、误解表演、神秘化表演、补救表演，它们的共同特点是利用戏剧技巧的方式来塑造自我在他人面前的印象。

3.布尔迪厄的资本理论

“象征性资本”是社会学和人类学中的重要概念，它由法国社会学家皮埃尔·布尔迪厄（Pierre Bourdieu）提出，是社会资本理论的重要组成部分，他对其进行了详细的阐述。布尔迪厄提出资本形式有经济资本、文化资本、社会资本以及象征性资本，并且，这些资本是人们在日常生活中使用的一种潜在性的、可以部分地相互转化的能力。[②]不同形式的资本在社会结构中相互作用并相互转化，比如说，经济资本可以购

① “镜中我”(Looking-Glass Self)由美国社会学家查尔斯·霍顿·库利(Charles Horton Cooley)于19世纪末提出。它描述了个体如何通过观察他人对自己行为的反应来形成“自我”的概念(认知)。具体而言分三步：一是，我们想象自己在他人面前的形象；二是，我们想象他人对我们行为的评价；三是，我们基于这些评价形成对自己的感受和看法。所以，“自我”这一概念在库利看来是通过与他人的互动而不断发展的。我们自我形象受到社会环境，特别是我们所属的社会群体和社会关系的影响。由此，这一理论就形成了一个通过社会反馈，理解个体如何在社会环境中建构自我形象的框架。

② 〔法〕皮埃尔·布尔迪厄：《文化资本与社会炼金术》，包亚明译，上海人民出版社1997年版，第210-240页。

买书籍、文化课程等，进而转化为文化资本，而文化资本的积累可以转化为社会资本，比如，学缘关系就可以将文化资本转化为社会资本。作为具有批判底色的理论家，布尔迪厄的重要贡献不仅在于揭示了不同资本形式的互动与转化机制，同时，他的理论为理解现代社会中的社会不平等和权力结构提供了重要视角。所以，可以说布尔迪厄是站在马克思“资本”理论的延长线上进一步审视“资本”的功能与意义。

经济资本。经济资本是指在市场经济中流通的资本形式，是对马克思资本概念的一种扩展，因为马克思主要关注生产资本，而布尔迪厄将资本扩展到经济、文化和社会领域。具体而言，经济资本并非单纯指生产手段，而通常指金钱和物质财富，如不动产、股票等能够转化为金钱的财物等。经济资本以财产权的方式被制度化，它可以用来直接购买商品和服务，满足个体的物质需求。布尔迪厄认为经济资本是其他形式资本的基础，因为经济资本具有基础的支持能力。也因此，经济资本的不平等分配是社会不平等的一个重要来源，它不仅决定了个体和集体的物质生活条件，还影响着社会结构、文化生产等。

文化资本。文化资本是指个人或群体所拥有的知识、教育、文化习俗、艺术品味、语言能力等文化资源。具体来说，文化资本的形式包括具身化的文化资本（个人的文化修养和习惯）、客观化的文化资本（如艺术品、书籍等文化物品）、制度化的文化资本（如教育文凭、证书等文化制度），所以文化资本就是一个人所接受的教育、获得的知识技能以及形成的文化气质，它是通过教育资本被制度化的。文化资本的不平等分配是造成社会不平等的一个重要因素。

社会资本。社会资本是个人或者群体通过他们的社会关系网络获得的资源和支持，也就是说社会资本是利用资源形成的社会关系网建构能力，是利用制度化、持续性的关系网中所获取的资本不断地获得相应资源的能力。所以社会资本的积累往往依赖个人的社会地位、关系网络的规模和强度以及社会网络的多样性。社会资本在职业发展、社会动员、信息获取等方面发挥着重要作用。我们日常所说的血缘、学缘、地缘等关系或人脉就是社会资源的体现。社会资本是以高贵的头衔被制度化的，从而具有合法性、持久性、继承性。

象征性资本。在布尔迪厄的理论下，象征性资本是一种位阶更高的资本。因为，象征性资本是通过社会认可而实现的资本，它在很大程度上代表了个体在社会结构中的位置与影响力。象征性资本是在经济资本、文化资本和社会资本基础上形成的，是上述资本形式的一种表现，它涉及个体在社会文化实践中的地位和声望，例如，一个人拥有较高的学历，获得较高的学位称号，这本身是一种文化制度的资本，但是基于文化制度赋予的合法性地位（同行认可），文化资本就会转化成象征性资本。同样，社会资本要转化成社会权力来使用，其前提也是需要获得相应的认可，即转化为象征性资本。所以象征性资本是通过其他资本转化过来的威望（或者说是一种社会信任），是它获得的一种“特权”。因此，象征资本又可以被视为一种符号性资本，它是个体通过社会实践获得的声望、认可和社会地位，从而成为一种文化领域的实践。象征性资本是基于他人的社会性认可而获得，因此是转化而来的资本，是一种非正式的、难以量化的资本形式，它最终决定性地影响个体在社会中的地位和权力。

综合上述可知，布尔迪厄通过揭示资本不同形式间的互动和转化，来理解现代社会中的社会不平等和权力结构的不均衡。对现在而言，经济资本与社会资本可以代际传承，因此具有一定的持续性和传承性，但文化资本的传递具有一定的隐蔽性。因此，市井就有关于“读书无用论”的言论，毕竟文化资本的积累需要相应的时间、经济等付出，转化成相应的社会资本和象征性资本也具有复杂性、不确定性，并且，教育的平等性掩盖了经济资本和社会资本的不平等性，所以“读书无用论”就有了传播的条件（教育的平等是一种表面的平等）。但相对来说，文化资本（教育）是一种相对公平和容易获得的力量。从这一点出发就有了对“读书无用论”的批判。（但“网红”在积累经济资本、社会声望上有明显的速度优势和效果，对文化资本的冲击必然成为一种显性力量。）

（三）“人设”的功能演化与问题表征

上文阐释了与“人设”相关的三种理论，表明“人设”在当今社会中已是一种消费社会表征的文化现象，契合鲍德里亚的符号消费理论——在马克思主义时代人们处于生产型社会中，人们对物品的消费是基于生产物品所形成的使用价值，而在消费社会中，人们对物品的消费不仅仅基于使用价值，反而更多地集中于商品的符号价值。“人设”是一种人物形象的设定，这说明戈夫曼的拟剧理论能够更好地说明“人设”在日常生活中的功能：通过个体自我形象的管理，人们利用戏剧般的技巧塑造自己在他人脑海中的印象，以影响别人如何看待、评价自己，最终获得社会支持与自我认同。“人设”是一种消费社会的文化现象，那么它就可以通过布尔迪厄的“资本”理论来阐释，毕竟“网红”与明星的“人设”本质上是一种经济行为（经济资本），是通过获得“粉丝流量”（社会资本），以及自身的修养、文化气质（文化资本）来获取社会支持与认可，最终决定性发挥能力的是据此获得的象征性资本，这能够决定“网红”与明星影响力的持久度。但是从历史角度来看“人设”，自古有之，然而在不同情境下，“人设”的动机与表征却有所不同。立足于

“人设”含义的演变，根据时间的从近及远可以分为两个阶段。第一个阶段可以追溯到古代日常生活中，它由私人生活指向公共生活——“人设”的古典阶段，第二个阶段为“人设”在明星与网络个人中的应用——“人设”的流行阶段。本节基于“人设”的阶段性变化对相应的问题表征进行归纳。

1.古典阶段的“人设”

“人设”是一种策略，但它并非是现代的产物，而是自古有之。古代儒家学说为整个社会提供了一套伦理行为规范，比如在《论语·子路》中有“名不正则言不顺”的记载。这句话强调了名分、地位与身份的重要性，以及在言行一致、名实相符的原则下，社会秩序和个人行为应该具有一致性。因此，儒家为各个阶层进行了身份设定（确认），并赋予他们各自的行动规则、规范，从而确保个人行为与社会秩序的统合。这里关键在于“名分”一词的含义，即名位与身份、名义。在儒家思想中君臣、父子、夫妻之间的关系为“名”，相应的责任、义务称为“分”。进而，在名分的教义下进行人伦价值的判断，其中人伦价值为“大义”。所以，从儒家的思想来看，只要人人尊重名分之下的价值观，不需要君王也能够达到社会的稳定与和谐。原文如下：

子路曰：“卫君待子而为政，子将奚先？”

子曰：“必也正名乎！”子路曰：“有是哉，子之迂也！奚其正？”

子曰：“野哉，由也！君子于其所不知，盖阙如也。名不正，则言不顺；言不顺，则事不成；事不成，则礼乐不兴；礼乐不兴，则刑罚不中；刑罚不中，则民无所错手足。故君子名之必可言也，言之必可行也。君子于其言，无所苟而已矣。”①

①《论语》，杨伯峻、杨逢彬注译，岳麓书社2018年版，第160页。

孔子生活在春秋时期，社会呈现出礼坏乐崩的特征，社会秩序混乱。这则对话起源是子路提问孔子："如果卫国国君想要孔子治理国政，那么首先应该干什么呢？"此时孔子回复说必须从匡正名分入手，理由是："名分不正，讲话就不顺当，事情难以办成，国家的礼乐制度树立不起来，刑罚执行不会得当，老百姓就会无所适从了。"在这里孔子就提出了他的"正名"思想，当然这里要正的"名"是指周礼规定的等级名分，同时，孔子回应了《论语·颜渊》中的"齐景公问政于孔子"的对答。

齐景公问政于孔子。孔子对曰："君君、臣臣、父父、子子。"公曰："善哉！信如君不君，臣不臣，父不父，子不子，虽有粟，吾得而食诸？"①

孔子回答齐景公的问政，要求做到"君君、臣臣、父父、子子"，即做君父和臣子的都要做出符合自己名分的样子，各自做出与名分相应的行动。孔子的正名思想是对当时"君不君，臣不臣，父不父，子不子"的现象进行纠偏。也就是说，通过正名使行动符合一定的规定、准则。因而"名"就具有了评价价值的功能。这就与我们溯源的"人设"产生了关联。

现代语境将"人设"理解为"人物设定"，也就如古代的"名分"。先预设一种名分，然后规定与名分相应的行动准则，由此"人设"具有了评价功能，它是一套伦理性规定，具有模范和激励作用。与名分一样，"人设"可以将规范内化为个人的认知，进而将认知付诸行动，名实相符就是行动符合名分的规定。由此，个人之于社会就是个人的有序

①《论语》，杨伯峻、杨逢彬注译，岳麓书社2018年版，第151页。

化，这促进公共性社会生活的规范化。

所以“人设”就犹如“名分”，是通过“修己以达人”，即通过各自做符合名分的事情（由私人开始），进而推及社会（公共空间），此时的“人设”指向公共性——属于政治性“社会治理”的一部分。换言之，此时的“人设”将“人”作为目标，赋予“人设”价值理性，进而成为全社会认可的共同规范，发挥着“名分”（理性）的作用，由此来指导个体生命，并通过在世生存，展开公共生活。

具体来说，此阶段的“人设”经由私人生活指向公共生活。并且，此时的“人设”通过“正名”而使人行动有序、合乎理性（礼节），犹如康德所确认的人是目的而非手段，即“在所有被造物之中，人所愿欲的和他能够支配的一切东西都只能被用作手段；唯有人，以及与他一起，每一个理性的创造物，才是目的本身”[①]。这里的“人”既是指现实中作为个体、私人的人，也是指作为抽象概念的大写的“人”（公共性的人）。“人”作为人的目标，是一种个人不断追求，可以接近但是永远无法完全到达的大写的“人”（作为“名分”的“人设”）。

在儒家的理念中，个人作为“未完善之人”通过不断的“修己”，可以无限接近“大写的人”（即作为“人设”的“名分”）。如我们对古代“侠”的形象设定——“侠之大者为国为民”，这是对“侠者”的理想形象设定。

“侠”是一种具有独特道德观和价值观的人物形象。他们通常具有高尚的品德、非凡的武艺，以及扶危济困、仗义疏财、爱打抱不平的特质——以“路见不平，拔刀相助”为己任。关于“侠”的设定和理念，最主要的是将个人抱负与国家民族大义相结合，在古代文献中有很多经典的描述：

---

①〔德〕康德：《实践理性批判》，韩水法译，商务印书馆2011年版，第95页。

司马迁在《史记》中专门为游侠作传，提到“其行虽不轨于正义，然其言必信，其行必果，已诺必诚，不爱其躯，赴士之厄困”[①]。这里强调了游侠对信义和勇敢的设定。

在《庄子》中也有关于“侠”的描述，如“彼窃钩者诛，窃国者为诸侯。诸侯之门，而仁义存焉。则是非窃仁义，圣知邪？”[②]这反映了侠客对社会正义的坚持的设定。

在《警世通言》中有“路见不平，拔刀相助”[③]的说法，这也是对侠客理念的一种设定。

此外，古代“为官者”理念的设定，有如“先天下之忧而忧，后天下之乐而乐”“当官不为民作主，不如回家卖红薯”。再如对智者、仁者与善者的理想设定有“智者不争，仁者不责，善者不评”。又如对父与子关系的理想设定有“为人子止于孝，为人父止于慈”。《墨子》中还有对君臣、父子、兄弟的理想设定。

> 故兼者，圣王之道也，王公大人之所以安也，万民衣食之所以足也，故君子莫若审兼而务行之。为人君必惠，为人臣必忠，为人父必慈，为人子必孝，为人兄必友，为人弟必悌。故君子莫若欲为惠君、忠臣、慈父、孝子、友兄、悌弟，当若兼之不可不行也。此圣王之道，而万民之大利也。[④]

这段话强调了兼爱的道德原则和政治效果，认为兼爱是圣王之道，是王公大人安身立命的基础，也是万民衣食充足的前提。墨子提倡兼

① 司马迁：《史记》，胡怀琛选注，崇文书局2014年版，第272页。

②《庄子译注》，杨柳桥译注，上海古籍出版社2007年版，第105页。

③ 冯梦龙：《警世通言》，华夏出版社2013年版，第191页。

④《墨子》，唐敬杲选注，崇文书局2014年版，第38页。

爱，认为每个人都应该兼爱所有人，不分亲疏、贵贱、贫富。他着重强调了君臣、父子、兄弟之间的一系列道德要求，即形象设定。如君惠、臣忠、父慈、子孝、兄友、弟悌等，并且，这些都是兼爱原则的具体体现。

在传统经典中，充满着对“名分”的赋予，也就是说，通过“正名”来确认个体在私人空间与公共空间中的行为规则，以使整个社会有条不紊地运转，即发挥社会统筹的功能。所以“人设”的重要性在古代的社会、政治功能中凸显，它事关个人的自我认同、个人与他人之间的关系维持、社会认同等等。当这种“人设”作为大写的“人”，成为这一种社会伦理规定、行为准则时，其价值评价、模范功能就发挥出来了，否则社会秩序就可能出现混乱，公共政治生活也将失序。所以在传统中，“人设”发挥的伦理性的、公共性的、价值评价性的功能，其目的在于维护社会的一致性。但是，当进入现代社会，因为社会环境的变化，传统的作为对人的价值评价的“人设”发生变化，其功能与结果也随之发生了转变。

2.流行阶段的“人设”

在古典阶段，“人设”将“人”作为目的，是将私人的“人”转变为公共性的“大写的人”。因此“人设”的功能展现为一种价值理性，追求人的“完善性”，以补充人本身的不足。但是在当今社会，特别是人类社会从生产型社会转入消费型社会，“人设”作为“名分”的功能出现了新偏向：从原来的政治的、社会的功能偏向，转变为经济功能。也就是说，现代性的“人设”不将“人”视为目的——指向人的完善，而是将人视为工具——将人商品化、符号化，从而追求人的交换价值和符号价值。比如，明星文化中的明星“人设”就是重要的例子。

明星的“人设”并不像传统人设将个人从私人空间带入公共空间，

以实现人之为人的价值，而是仅仅作为一种实现商业目的的“策略”，是一种虚构叙述的产物。换言之，“人设”的生成是一种社会建构的产物，由明星自身开始，经过明星作品、经纪公司、粉丝群体、大众媒介等的协作，即通过“协演”生成一种“人设作品”。[①]具体方法有，一是，经纪公司为明星量身“打造人设”，即人为地制造“共识”，生成一种公关产品；二是，利用粉丝群体的情感传播力（共情能力），模糊角色和现实的人（演员本人）之间的边界，从而将明星作品，如影视作品中的影视角色“人设”移植到现实中来，并结合现实的“人设”，共谋合成“混合式人设”。这两种方式是明星制造“人设”的主要方法。自然，这种人物的人设制造也是“制造共识”的方式，是将“人设”视为一种实现利益的手段而对其操作。

从本质上看，明星“人设”并非是明星本人的真实形象，而是作为一种风格的编码投射到接收者（受众）心中的一种想象。[②]因此，明星“人设”是一种建构过程[③]，是受众的期待、想象与明星“人设”制造方共同建构的结果。所以，明星“人设”的生成方式与动机，与古典时代的“人设”相比大相径庭。如果说，传统人设是一种行为规范、一种理想，那么人只能无限接近理想型“人设”却终将无法成为“完人”，终究难以圆满，但是，无论达成与否，古典时代的“人设”因为规范性而不容易发生人设坍塌。明星“人设”则不同，明星的运营团体，将明星“人设”作为商品进行符号化——明星“人设”来源于现实身份，却超

① 程娟：《作为虚构叙述的“人设”：对明星文化现象的一个观察》，《中外文化与文论》2021年第1期。

② 刘娜：《人设：作为一种风格的想象》，《符号与传媒》2020年第2期。

③ 刘怡：《论网感化语境下青少年受众对影视明星人设的期待结构》，《现代传播（中国传媒大学学报）》2020年第7期。

越现实身份，它是符号化建构的存在，并且它在网络中具有伪饰性[①]，其目的是基于满足受众的期待与想象，通过制造认同来获取相应的工具性效果。

但是，受众的期待与想象具有多元化、善于变化的特点，而且明星“人设”往往与真实的个人相去甚远——它是与人格部分重叠或对人格进行局部的放大与夸饰，而不是对人格的全貌展现[②]。由此，明星“人设”，一方面促进了虚拟人设的塑造，增加社会交往活动的强度，并且由于互联网媒介超越了时空的限制，特别是社交媒体的强力加持，极易引发“狂欢的热潮”[③]；另一方面，在“狂欢的热潮”的推动下，很多情况的发展容易脱离明星个人的控制，于是“人设坍塌”时有发生。

综合上述考察可知，“人设”并非是一种恒久不变的概念，在历史发展中，“人设”与具体环境相结合，时常变化。从古典社会中蕴含社会行为规范以及个人理想、社会理想的“人设”到如今的工具性的、以实现商业化利益为中心的“人设”，“人设”的生发动机、功能以及具体现实呈现都发生了变化。如果说，古典的“人设”是一种人之为人的完善，直至达成“完人”路上的一种修养，偏向于理念的价值属性；那么可以说，如今的“人设”本质上是一种“商品”，它偏向于理念的工具属性。

3.“人设”的问题表征

“文化产业化”是一种衍生概念，主要强调由工业经济向服务经济的转型。在中国，文化产业作为一个明确的概念被提出来，最早可追溯至2000年。党的十五届五中全会首次提出“完善文化产业政策”。随后

① 苏宏元：《网络人设的符号化建构、表演及反思》，《人民论坛》2022年第10期。

② 徐强：《“人设”：新现代性的自我生成及其未来走向》，《求索》2022年第3期。

③ 李丹丹、张怡佳：《狂欢理论视域下视频平台的UGC与传播——以哔哩哔哩为例》，《青年记者》2020年第26期。

在2006年，《国家“十一五”时期文化发展规划纲要》首次明确了文化产业体系建设的任务，标志着文化产业在国家经济社会发展中的地位提升。到了2007年，党的十七大报告中，文化产业的进一步发展被提出，并逐步形成了现代文化产业体系的概念。而后党的二十大报告提出了“健全现代文化产业体系和市场体系的要求”。这表明文化产业的发展不仅是一个经济问题，也是一个政治问题，关系到国家软实力的提升和文化影响力的扩展。“人设”作为一种文化现象，就是在这种文化产业化的浪潮中兴起并走向高潮的。

中国社会步入文化产业化社会后，人们不顾一切地消费一切可消费的东西，从具体的实物到抽象的服务和符号[①]，崇尚占有和消费的消费主义思潮是一种将无止境的消费视为人生根本目标和终极追求的生活态度和价值取向[②]。娱乐文化（流行文化）是现代文化产业化的重要组成部分，由于商业逻辑的渗透，呈现出将一切商品化的趋势，自然“明星”的商品化也无法避免。明星的商品化是通过包装将对外的形象固定为“人设”和符号[③]，是将明星商业价值最大化的现实途径，明星与“人设”文化捆绑显著。

（1）明星、“网红”、“人设”的包装与崩塌

明星的“人设”形成依托于多个方面，影视作品、综艺节目、采访发言等场合的演绎都是构成明星“人设”的基础。明星“人设”其实也就是明星传达给大众的整体形象，这是一种社会建构的象征性符号，在形成这种整体形象后的长期主动维系和贯彻是形象转变为“人设”的关键一步。这其中有多方主体的参与——明星个人、经纪公司、粉丝群体

① 刘诣、汤国英：《生产、维持和崩塌：明星人设的三重逻辑》，《中国青年研究》2019年第12期。

② 杨军、黄兆琼：《我国消费主义思潮的表现、实质与克服》，《思想教育研究》2022年第2期。

③ 杨军、黄兆琼：《我国消费主义思潮的表现、实质与克服》，《思想教育研究》2022年第2期。

和大众媒体，它们的互动交流是将形象转变为“人设”的途径。“人设”在大众媒体的长期宣传下逐渐成为明星个人的独有标签，这也就拥有了文化上的含义，成为代表着某种意义的符号和载体[①]，明星与他们所建构的“人设”之间就具有了最直接的联系。“人设”标签增加了明星的曝光度，提供了便捷的宣发点，构成了明星营销的一大核心。

同样的，“网红”的“人设”塑造与明星的符号化过程具有相似性，并且有些“网红”还与明星的身份重叠和交叉，明星的“网红”化与“网红”的明星化现象广泛存在。“网红”的流量度、话题度与曝光度整体低于明星，但是活跃度与交互性高于明星，这是“网红”实现经济价值的依托，体现了“网红”群体与背后的MCN（Multi-Channel Network，多频道网络）公司对于经济利益的追寻。管理账号并吸引粉丝的目的是维持人物热度与形成感召力，通过一系列充满仪式感的内容的创作与发布，展现创作定位的生活状态，打造出“人设”与符号，制造流量，即通过提升点赞、评论、分享等数据来增加曝光和收益，通过网络直播打赏的消费方式满足粉丝互动与炫耀性消费的心理，增强他们的黏着度。在作为主导者的“网红”设计的脚本下观看“舞台”上按照剧本呈现的节目，促进了粉丝在可以自由表达、无等级参与的数字化空间中互动与狂欢，增强现实情感体验。[②]MCN公司根据商业价值进行营销，对接平台，迎合受众需求，承接广告，售卖粉丝的注意力与购买力，将“网红”商品化包装后进行推广，最终实现变现的目标。[③]

在如今的泛娱乐社会环境中“人设”的崩塌现象愈发常见，明星与“网红”的人设坍塌主要有两种表现，一是违反国家法律法规而导致的

---

① 张银梅：《消费主义视野下的明星“人设”——以林丹为例》，《视听》2017年第10期。

② 燕道成、谈阔霖：《狂欢理论视阈下“网红”经济与文化的作用机制》，《现代传播》（中国传媒大学学报）2019年第5期。

③ 付怡：《消费社会视角下的“网红”现象研究》，《东南传播》2018年第9期。

"人设"彻底崩塌，如偷税漏税、涉毒涉黄涉及刑事案件等，房祖名、吴亦凡就因违法犯罪行为接受牢狱刑罚而打破"人设"，此类人设坍塌现象触及价值理性的底线，在我国不存在后期弥补、转换"人设"的可能性，且造成广泛传播的不良社会影响。二是明星与"网红"的行为与"人设"形象产生巨大差异而导致人设坍塌现象。翟天临在直播中因不知中国知网而引发热议，从而被发现学术造假的事实，"学霸"人设彻底崩塌，造成"人设"的建构出现问题。"人设"营销因其建构的自主性而与自身产生较大差异，在崩塌后吸引围观与狂欢，造成"人设"的虚假面广泛负面传播，这是"人设"社会信任降低的主要原因。

（2）社交"人设"的过度虚拟性

明星的商品化使"人设"能够营销，使它成为盈利的工具，产生经济效益，符合消费时代的主流特征。随着"人设"的使用流行，它的范围得到扩展，在社会语境下不止用于公众人物，大众也有了自己的"人设"。[①]网络空间的虚拟性带来的身份、形象建构的可塑造性给个体打造"人设"提供了便捷的条件，公共社交平台给人们提供了全新的自我展现舞台，拓展了人们交往的宽度。在这个双向陌生化的社交平台上，人们的交流互动是在考量后给出的特定信息，通过视频、图片、文字、语音等形式有序进行。脱胎于现实身份的虚拟身份形象是主动建构的，即人们可以借助一系列的符号表征在社交平台建构自己的交往身份。[②]通过对自身形象的伪饰性呈现，对热点事件发表观点、表达情绪，与不同个体进行面具下的互动交往，人们可以找到合适的社交圈层，打造出符合自身期待的社交身份与"人设"定位；通过发布动态，在保有距离感

① 许高勇、王蕾婷：《"人设戏精"网络亚文化的自我呈现、社会表征及其反思》，《新疆社会科学》2020年第1期。

② 段俊吉：《打造"人设"：媒介化时代的青年交往方式变革》，《中国青年研究》2022年第4期。

的同时，透露个人喜好、态度、生活习惯等内容，将自己认为可以让他人知道的部分形象传递给他人，从而在他人心中打造自己想要塑造的形象，进而为自己贴上某种类型的标签。[①]这些标签的形成也就意味着形象转化为了“人设”，这使其在长期稳定的基础上能与自身拥有更加紧密的联系。作为社交工具的“人设”，为社交的需求提供便利的形象切点，有助于社交目的的达成、社会支持的获取与身份认同的实现。

“人设”在它的演变过程中，尤其是在社会语境下的平常人中，是发挥意识能动性后形成的期许自我，是对自我形象在现实的基础上理想化后形成的投射。所以从这个层面来说，它具有虚拟性的基本特征。而社交中的“人设”建构，是个体在“人设”建构中的理想化、虚拟化表现，对最后的社交结果的追求，是虚拟自我的实现，表现为一种求同心理与圈层认同。这为塑造完美社交“人设”提供了便利，有利于在消费主义社会下的营销运作与社会交往，网络空间中的参与者不仅是当代社会媒介消费的主体，而且社交媒体凭借便捷的操作以及形象展现的平等化成为人们进行表演与表达的公开场域，去中心化的数字时代改变了受众身份的被动性，社交媒体的参与者也成为了意义生产与符号互动的主体。“人设”与个人本身的人格与性格特征具有差异性，当代媒体、社交平台为形象展现间接性地提供了技术支持，因而，与线下的社交相比较，线上“人设”在自我建构方面虚拟性明显增强。个体出于印象管理的考虑，有意识地强化有利于自身形象方面的表现，而对于有损所要达成的印象的那些行为会竭力抑制，以此来引导他人对个体美好印象的形成[②]，或通过与现实中完全相反的行为立场，在网络空间中对理想中自

① 路惠然：《从分享生活到塑造人设——朋友圈中的自我呈现与语境消解》，《西部广播电视》2020年第13期。

② 林江、李梦晗：《“精致”人设的自我呈现：青年超前消费问题探析》，《中国青年研究》2021年第3期。

我进行建构。这种不透明性与延时性下建构的过度追求完美、脱离现实与自身的具象化虚拟形象易产生低可信度的结果，社交账户所营造的社交“人设”的延时性与可修饰性，以及交往的功利性，势必也会造成信任感的缺失现象频生，网络空间中的社交同样存在“人设”建构上虚拟过度的问题。

（3）被动“人设”的污名化与刻板印象

“人设”的应用范围不断泛化，除了主动设定的“人设”外，被动设定的“人设”在当今也是一种常见的社会现象。此处被动设定的“人设”指的是因个体或者群体的公开信息、身份而形成的人物角色定位与标签。被动“人设”多是在“他塑”下形成的，当被动设定的“人设”形成后，处于弱势或发声渠道被阻碍而致使自身声音甚微的情况下，个人或群体的身份定位被公众普遍认可的印象所束缚，也就是刻板印象的束缚，阻碍着个人或群体正确形象的表达与大众观念的重新形塑。

个人层面的被动“人设”主体多因突发性的偶然事件被公众所知，此时公众对于事件主体外貌、职业、道德品质等符号信息的获取来源多为社交平台以及新闻媒体。以刘学州事件为例，在他的抖音账号以及其他持负面评价的抖音博主的评论区中，形成了刘学州摆“人设”骗捐的形象以及网暴现象，随后新闻媒体对刘学州母亲的采访报道加深了其“讹诈亲生父母”的形象，种种信息的合流引发了网民的厌恶情绪。社会心理学认为个体情绪可被视为舆情的起点，在网民的参与下，这种形象被广泛地传播讨论，处于潜伏和弥散状态的个体情绪被激活并相互凝结，成为群体决策行动的重要推动力[①]，进而演化为一种被动塑造的“人设”与网暴现象，这成为刘学州自杀的原因之一。最初刘学州的解

① 雷跃捷、白欣蔓：《“凝视、消费与建构”——“流调”引发网络舆论之“无组织的组织力量”考察》，《国际新闻界》2022年第11期。

释并没有被沉浸在情绪裹挟中的网民所接受，直到刘学州自杀事件再一次吸引大量的群体围观，才使得他的发声被人们理性看待与接受，从而洗掉了自身的不利“人设”，使事实被更多人所知，冲击着污名化的被动“人设”。群体形象呈现手段的不断扩充以及新闻反转使得被动形成的“人设”，尤其是污名化的“人设”有了颠覆与重塑的机会，这使得参与污名化“人设”塑造的大众可以了解不同的事实样貌，有助于人的批判性的反思。

群体性（例如老年群体）被动“人设”的形成多是一个长期的过程，此时的“人设”是赋予群体的标签，被动形成的“人设”会对此群体形象改变造成观念与行为上的阻碍。在早期的报纸与网络中，以负面弱势报道为主的老人相关报道与扶老人、让座等互联网传播面较大的涉老热点事件刻画了老年人群的不佳形象，同时随着后喻时代（在知识上是少年反哺老年的时代）的到来以及老年人群在新媒介使用上的不佳表现，老年人负面与落后的被动“人设”基本形成，在长期不断维系的被动“人设”存续期间内，刻板印象正不断加深。实际上老年群体在现实中的形象与被动“人设”多有不同。随着老年人的媒介生存环境不断向好，部分老年人从经验的持有者变成了新媒介的参与者与学习者，老年“网红”不断涌现。虽然这种刻板印象仍广泛存在，并起到约束老年群体的行为、代际沟通与反哺的效果，但是以老年“网红”为代表的新老年群体，在新媒介环境中的优秀表现正逐渐改变着老年群体的整体形象，削弱着大众刻板印象以及对被动“人设”的信任。

（四）现代“人设”的批判性反思

马克斯·韦伯提出工具理性与价值理性，其中工具理性指人在特定活动中寻求以计算、技术等手段达成最终目标的意识[①]，价值理性指人在追求目标的过程中对自身活动有意识地选择和反馈[②]，它们可以分别用来解决人应该“怎么做”和“做什么”的问题[③]。现代的“人设”与古典时代的“人设”的本质不同在于，现代“人设”的动机源于“商业目的”，目的是追求经济利润，而古典“人设”的动机源于社会公共性的追求，目的是人的完善。所以古典“人设”的高维度性使其不易“塌房”，能够有力地达成社会认同、信任；但是现代“人设”的功利性或者工具性目的，使其很容易就“塌房”，社会认同、社会信任就容易发生危机。由此，对“人设”演变进行批判性反思，从社会信任的角度考察“人设”这种文化现象就尤为紧迫且重要。

当今“人设”的建立，强调寻求更好的方式、方法和手段，追求以最小的代价实现最大的效果。在消费主义社会的人的实践活动中，“人设”工具性凸现，运用“人设”进行营销时计算成本以追求功利与最大经济效益的现象显著。商业化发展有助于经济效益的提升与产业规模的扩大。全民狂欢的时代，人们对娱乐、明星、体育、八卦的关注远远超过了公共事务，多数自媒体平台也不顾社会责任而以经济利益作为信息采集的考量标准，碎片化的阅读习惯使人们的思维方式浅层化，降低了人们对于事物的思考深度，使得互联网上用户的注意力被大量占据[④]。过度的商业化发展导向损害了社会的公共性，压制着对价值理性的

① 刘科、李东晓：《价值理性与工具理性：从历史分离到现实整合》，《河南师范大学学报（哲学社会科学版）》2005年第6期。

② 张宏：《工具理性与价值理性的整合——教育技术发展的现实思考》，《教育研究》2016年第11期。

③ 张立新、来钇汝、秦丹：《智能教育工具理性与价值理性的博弈与权衡》，《开放教育研究》2022年第3期。

④ 操梅、崔娟：《微信公众平台：自媒体的“商业性”与“公共性”的契合之路与困境》，《戏剧之家》2015年第13期。

追求。

明星、“网红”的人设建构以经济价值与流量为直接诉求，资本控制现象显著，受到如经纪公司、媒体等多方主体的干涉。多方主体之间的目标折叠与平衡，最终使建构“人设”的根本目的是追求经济价值，导致过于重视“人设”使用对经济效率的促动作用，力求以最优质的手段换取最大化的利益，从而忽视公众人物的“人设”形象的公共性——形成模范、规范以凝聚价值引导力。

网络社交“人设”同样偏向于工具理性的引导。相较于明星与网红“人设”的建构过程，社交“人设”的主体借用技术手段，以互联网为依托，建构“人设”的能动性明显增强。但过于强调完美“人设”以达成社交认同的制造“人设”方式将“人设”拉入了工具性维度，过度虚拟化使“人设”与自身（主体）脱离，将“人设”独立于自身之外——成为独立于自己的“异己”力量，甚至反向压制“自己”。

工具理性与价值理性本质上统归于人们的社会实践，工具理性指向“如何做”，价值理性指向“做什么”，在明白“做什么”和“如何做”之后，再去行动，往往产生“无往而不利”的结果。然而，如今工具理性位于价值理性之上，也就是说，在没能确认好“做什么”的情况下，就去思考了“如何做”，“风险”“危机”就产生了。避免“风险”，反抗“危机”的方法就在于使工具理性与价值理性统归于实践理性。

古典的“人设”将“人”作为目标，指向价值理性——将“人设”作为社会共同认可的公共规范，在共同理念的作用下，完善自身以通达“大写的人”，也就是“推己及人”，个人在私人领域里贯彻“人设”的价值，进而走向公共性，创建一个制度化、规范化、秩序化的社会。现代的流行性“人设”将“人”作为手段，指向工具理性——将“人设”作为追求经济目标的手段，在强调效率、注重速度、重视结果的理念下，“人”异化为“物”，成为具有使用价值、等待实现交换价值的抽象劳动的等价物。虽然，现代“人设”的逐利行为，激发了以文化产业为中心的流行文化的繁荣，但是代价却是人之为人的“人本质”的消散：人在发展过程中走向了人的反面，异化为与人本身对抗的力量。

所以在文化实践过程中，工具理性与价值理性应当实现动态的平衡，并将其设定为现代“人设”的发展方向——既需要使“人设”发挥工具性的功能，参与到推进文化产业发展的过程中，同时，也应该以“人”为最终目标，即在价值理性的指引下，实现个人由“私人”变成“公共的人”，实现“每个我都对每一个你负责”，进而推及至整个社会。由此，信任社会的个人基础与社会基础才得以形成。

在新媒介技术的加持下，“人设”的建构无论是作为社会文化的常见现象，还是作为一种已经形成体系的产业化经济现象，都与娱乐化的市场环境相匹配。互联互通的互联网空间打破了时空的限制，构建了一个全民可以亲身在场的赛博空间，吸引大众广泛、平等的参与，越来越多的互联网用户主动或被动地参与到这场狂欢之中。

但是，在流量与社交等吸引下建构“人设”的建构主体，因对经济效益、满足社交需求、获得群体认同等结果的绝对追求，在以工具价值为导向的“人设”建构过程中易出现狂欢式的表达，易引发虚拟性过度的“人设”表现。在信息的裹挟下处于狂欢广场之中的大众，参与式地围观与体验了“人设”的建构过程与建构成果[①]，并在围观过程中基于部分想象塑造和消费“人设”，在可以提供匿名服务的互联网环境中，大众更乐于发表自己的言论，通过这种互动形成的集体性狂欢，呈现出

① 范靖：《狂欢理论视域下网络直播健身的全民化现象研究——以刘畊宏直播健身为例》，《视听》2022年第7期。

的对话比现实生活更加极端[①]，网络狂欢广场成为网民们发泄情绪的出口[②]。

这场在“人设”的引导下形成的狂欢结构并不稳定，狂欢的流程和仪式多由虚拟介质完成，成员的加入或退出仅代表数字的增减，这样形成的共同体追求一种寻求认同而排斥差异的环境氛围。“人设”建构的虚拟性超过限制、非理性的消费以及情绪的极端化表达，都易引发狂欢的极化与异化，干扰正常的社会秩序，使人陷入非理性的境地，所以对于网络狂欢限度的思考与引领具有重要的社会价值。

针对于“人设”形成的互联网狂欢，为避免引发社会极化的非理性现象，需要“人设”的建构主体以及围观的大众共同遵守一定的行为限度，避免“人设”过度虚拟化，避免非理性的消费以及情绪表达的极化现象。通过社会与个人的多方努力，在工具理性与价值理性动态导向下形成的适度虚拟性尺度有助于“人设”的完善，加强媒介素养教育和规范平台的引导有助于个人修养的提高与社会效果的实现。

在市场层面，针对市场制定行业规范，降低消费主义倾向的过度引导，明确监管与处罚制度；在公司层面，对经纪公司和MCN公司的娱乐化现象进行规范，引导公司改善明星、“网红”人设固定的“商品化”现状，增加人文关怀，带动正向社会效果；在社会层面，以社会个人遵守社会规范、履行社会道德责任合力的公共之善为导向[③]，形成合乎社会普遍要求和公共利益的道德觉识；在法律层面，加强大众对法律法规

---

① 刘晓伟：《狂欢理论视阈下的微博狂欢研究——以新浪微博“春晚吐槽”现象为例》，《新闻大学》2014年第5期。

② 王国华等：《网络狂欢事件演绎路径及调控模式研究——以“洛阳交警西安抓贼反被关”事件为例》，《情报杂志》2016年第1期。

③ 蒙冰峰、周菲：《从个人之善到公共之善：网络媒体的责任伦理担当》，《牡丹江大学学报》2017年第5期。

的认识，引导大众自觉遵守以及互相监督不损害他人的合法权利，理性消费前台与后台所展示的内容；在个人层面，通过学校、家庭与社会的教育不断完善人格，学会辨别真实需求与虚假需求，认知自身的真实需求。

在“人设”的建构与围观中表达正确的价值观念，以人为中心，通过正向展现与适度社交，提高个人的能力与文化修养，是社会公共秩序维护、优良作风推广的基础。降低为追求利益而进行的过度虚拟化，减少为宣泄情绪而进行的过度情绪化表达与非理性消费，可以增强网络“人设”狂欢仪式参与者的理性，助力减少“人设”在建构与被围观中崩塌的风险，增强社会信任感，引导大众在合乎社会规范的情况下参与互联网平台中“人设”的建构与围观。

二、社交媒体的使用对日常生活的改变①

社交媒体是人们用来创作、分享、交流和讨论热点问题的虚拟社区和网络平台，用户可以通过文本、图像、音视频等方式表达自我，对年轻的媒介使用者产生了重大的影响②。社交媒体是“基于互联网的应用程序，其允许用户创建、交换或仅仅消费用户生成的内容，即个人创建、开发和共享的内容”③。根据《2022年全球数字概览》报告显示，全球社交媒体用户超过46.2亿，相当于全球总人口的58.4%，社交媒体作为虚拟社区已成为网络用户最易触达交流的传播渠道。第53次《中国互联网络发展状况统计报告》显示，截至2023年12月，我国网民规模为10.92亿，互联网普及率达77.5%，人们越来越无可避免地受社交媒体的影响。

社交媒体时代，媒介化生活成为人们日常生活的常态，每个人都需

---

① 本文系根据山东省社会科学规划一般项目《全球风险社会视域下网络空间治理的社会舆情引导研究》(编号22CXWJ01)阶段性成果:高方方、周海宁:《社交媒体时代小红书女性博主的情感营销传播策略探析》,《视听》2023年第12期;《媒介使用与价值观:一个媒介治理的视角》,《新媒体公共传播》2023年第2期,修订而成。

② 叶姗姗、占莉娟:《社交媒体中非法出版物的生存逻辑及治理策略》,《出版发行研究》2022年第7期。

③ 李明洋、高英彤:《中国移动端社交媒体何以提升全球影响力:基于“文化走出去”战略的分析与思考》,《学术探索》2023年第2期。

要进行媒介化的社会交往。媒介使用者个体作为“个媒体”[①]活跃于网络空间，并在人与媒介同构的作用下，呈现不同的个体网络行动，表现出不同的价值取向。本章的目的之一就是考察社交媒体平台使用者的媒介使用、情绪表达、社会资本与价值观之间的关系。

此外，中国专业的移动互联网商业智能服务平台（QuestMobile）数据显示，截至2023年1月，“小红书”女性用户月活高达1.18亿。从线上高消费意愿和高价产品（2000元以上）的消费能力上看，女性远高于男性。[②]随着“网红”经济的流行，基于女性博主“种草”[③]与女性用户自我表达的热情高涨，短视频、社交、电商购物平台中女性用户的使用黏性居高不下。以小红书为典型代表。从社会交往的角度来看，基于网络媒介的人与人之间的交往关系是一种“新连接”，换言之，虚拟网络的渗透，使每一个具体的、有丰富个性的人，都成为众多网络交汇处的抽象的“数据收发节点”。当今时代，社交媒介与用户网络消费的链接愈发紧密。所以，本章的第二个目的在于考察社交媒体小红书，对其进行案例分析。小红书平台集中了大量女性用户，女性博主以“种草”这种营销模式进行了丰富的情感营销。然而随着情感营销的兴起，目标偏离、理性丧失与情感倦怠等问题逐渐浮现。所以，本章将小红书女性博主的情感营销作为分析的对象，考察情感营销何以可能，

① “个媒体”(Personal Media)是个人与媒介的组合体，是指个人或非官方组织在互联网上使用的媒体平台，用以发布、分享和传播消息、观点和内容。这些媒体形式包括但不限于个人博客、微博、视频博客(Vlog)、播客、社交网络账号等。与传统的、由大型媒体机构运营的媒体不同，个媒体通常由个人掌控，内容更加个性化和多样化，也更易于与观众互动。这是新媒体时代媒介赋权的表征，个体拥有了信息生产的媒介，从而自由地进行信息的生产与传播，使自己从大众传媒时代被动的信息接收者变成参与者(或产消者)。

② 钛媒体：《2023年“她经济”洞察报》，2023年3月7日，https://www.tmtpost.com/6438270.html。

③ “种草”是网络用语，在网络上被广泛用来比喻为推荐好物、分享心得体会，从而吸引他人关注或购买的行为。类似于“安利”(推荐)的意思。

以及存在的问题。

（一）社交媒体的使用

“未来已来”，互联网媒介不断迭代升级，社交媒体作为深一层进化的互联网媒介，已与人们生活紧密关联，并凭借海量用户、便携传播、多元交互等优势，成为当代社会成员在网络场域进行交流沟通的主要选择。例如，典型的社交媒体平台为微信、QQ等，它们是“强关系”社交媒体的代表，除此之外，还包括当今备受年轻人欢迎的小红书、微博和知乎等“弱关系”社交媒体。

此处的“强关系”和“弱关系”，源自美国社会学家马克・格兰诺维特（Mark Granovetter）的论文《弱连接的力量》（*The Strength of Weak Ties*）[①]。在1973年的这篇论文中，格兰诺维特发现了社会网络中不同连接强度对个体获取信息和机会的影响，一方面他探讨了传统的社会网络，认为社会网络主要由强关系连接组成，另一方面他提出了“弱连接理论”——强调了弱关系在个体职业发展、社会流动性和信息获取中的重要性。格兰诺维特认为，虽然弱关系连接不如强关系连接那样紧密，但它们在跨越社会界限、连接不同社会群体方面发挥着关键作用。

在弱关系连接理论的基础上，有学者进一步对强关系媒介与弱关系媒介的功能进行了对比：强关系媒介作为人们日常使用频率极高的社交媒介，为用户延伸现实的社交关系搭建了重要的平台；弱关系媒介作为新兴的（生活）分享类社交媒体，与传统的社交媒体不同，它以生活和消费为内容焦点，更加注重用户黏性，形成了不同于微信、QQ等的消

① 这篇文章后来被收录在马克·格兰诺维特的著作《镶嵌：社会结构与行动过程》（*Mixed Matches: A ccounts of Social Life*）中。

费景观[1]。随着“颜值经济”[2]和“网红经济”[3]的兴起，社交媒体用户对于身材、颜值等话题的关注热度持续上升，并同时活跃于强关系和弱关系社交媒体平台，在寻求曝光和加强自我表达（以获取社会支持上）方面渴望有更多的机会，与此同时，虚拟网络信息的传递和接收也潜移默化地形塑了用户的价值偏向与行为（媒介与人的同构）。基于此，社交媒体与人的互动关系也成为传播学者关注的焦点，进而成为学界探讨的热门议题。

社交媒体变更了人们的日常交流方式，在继承传统的社交模式的基础上使其进一步更新，可以说，社交媒体的出现使我们处于一个“深度连接”的社会，无论是强关系连接还是弱关系连接。总之，“连接无处不在”。我们处于社交媒体赋予我们的虚拟化的关系（线上关系）中，并且，这种虚拟化关系投射至我们的现实社会中，从而使我们的社会发生变化：社交媒体让我们听到更多元的声音，看到更多的事实（事态），并且其他感官（如触觉、嗅觉、味觉的虚拟化也在同时进行）的虚拟化呈现也加速到来。如此，人与人，人与媒介间的交流与互动达到空前的频繁，从而在表象和本质上都呈现出新的特征。

从“社会交往”的角度来看，基于网络媒介的人与人之间的交往关系是一种“新连接”：媒介的虚拟时空，重新定义了“远”与“近”的

---

① 彭兰：《媒介化、群体化、审美化：生活分享类社交媒体改写的“消费”》，《现代传播》（中国传媒大学学报）2022年第9期。

② “颜值经济”是一个起源于亚洲的经济学概念，它指以外貌和形象为基础的经济活动和市场。这一概念强调了外观和社会形象在消费行为中的作用，以及人们为了提升自己的外表和形象而进行的投资。在中国，颜值经济已经成为一个重要的经济领域，不仅反映了社会审美的变化，也体现了消费升级的趋势。

③ “网红经济”是指借助互联网特别是社交媒体平台，依托网红个人魅力、粉丝效应和网络流量进行的一种新型的经济活动。它涉及内容创造、直播带货、广告推广、娱乐游戏等多个方面，是数字经济发展中的一个重要组成部分。

概念——人通过网络实现了“化身化”，在网络空间“无远弗届”（Ubiquitous），所有的事物都以“我”为中心，呈现出一种“此时此地”（Here and Now）的时空关系。换言之，虚拟网络的渗透，使每一个具体的、有丰富个性的人，生成一种“化身”（Avatar）式的存在，从而成为众多网络交汇处的抽象的“数据收发节点”。然而，从批判视角来看，这种节点单薄、透明且是一种无情感性的流量。之所以说“连接”消除了“远”，是因为基于新媒介的“遍在性”（Ubiquitous），实现了“远距现存”，也就是将所有远处之物都拉到近处[①]，进而使人与人之间的间隔消弭。

不过，这恰恰摧毁了“近”（人们忽视了与作为“邻居”的友人、线下实体的人之间的关系维护），取而代之的，或是一种完全的虚假“亲近感”。因为，在古代，由于人们无法进行时空的快速切换（没有铁路交通实现“缩地成寸”，无法通过电话实现“远距现存”，无法通过虚拟空间实现“身外化身”等），彼时无所谓真正的“远”，因为大家都很“近”，这是一种实在的、具体的“近”。

如今，由于发达的互联网媒介，人们对以前熟悉的“毗邻”与“切近”，已然陌生，反而是沉浸在网络空间中的虚拟的“近”，现实空间的“近”反而成为了“远”——现实切近的人反而成了“熟悉的陌生人”。也就是说，如今对远与近的感知，与传统的对远与近的感知倒置了。所以，在社交媒体时代，在人与媒介同构的机制作用下，人的认知、体验、行动都会受到影响。

---

① 〔巴西〕威廉·弗卢塞尔：《表象的礼赞：媒介现象学》，〔德〕斯特凡·博尔曼编，周海宁等译，复旦大学出版社2023年版，第185-192页。弗卢塞尔追溯“tele-”这一前缀的词源，从而揭示“将远处之物拉近”的人在技术加持下的欲望。类似的词语有：Television，Telescope，Telephone，即将远处的视像、景色、声音等拉到近处，从而将“千里眼”“顺风耳”等想象具象化。

（二）社交媒体使用改变交往的方式

合理地使用社交媒体在一定程度上能够凝聚积极情绪，满足情感需求，进而获得相应的社会资本。但是过度的沉迷则极易导致出现情绪极化、社会资本需求异化的现象，甚至导致价值观的激烈碰撞，引发价值混乱。因此，警惕社交媒体软件在无形之中对个体行为与价值观的有意形塑，避免落入脱离现实而被平台技术构建的虚拟陷阱中，就尤为有意义。

1.情绪传播的再认知

社交媒体不是完全虚拟的，也不仅仅是现实的投射，而是成为了现实的一部分，以社交媒体为代表的数字媒介不仅塑造着社会，同时也在形塑着人们的行动。互联网社交媒体因其零距离、低壁垒和低成本的特点，使得新的价值认同在一个相对集中的网络时空中得以建立和分享，个人情绪也在社交网络的披露和激化中被放大为集体情绪。[①]知名咨询公司盖洛普从2005年起开始追踪全球情绪状况，根据最新调查结果，2020年的消极情绪（消极情绪往往包括悲伤、愤怒和忧虑等）指数是过去15年里最高的。尽管全球突发性公共卫生事件可能加剧了整体的消极情绪，但在此之前，全球的消极情绪指数已经呈上升趋势，而这一消极情绪上升的媒介背景是，全球加速进入社交媒体时代，信息的泛滥与网络空间情绪的极易爆燃性达到了罕见的复杂程度。

首先，从媒介使用时间上看，根据《2022年全球数字概览报告》[②]显示，全球网民平均每天在社交媒体上花费近2.5个小时，并且每天以2

① 陈素白、张晓旭：《数字营销时代重访“镜众”概念的理论与实践意义》，《新闻与传播评论》2022年第6期。

② We Are Social & Hootsuite：《2022年全球数字概览报告（英文版）》，https://wearesocial.com/cn/blog/2022/01/digital-2022/。

分钟的速度增长。由此，长时间的媒介沉浸（依赖），使媒介使用者的情绪受到媒介环境的直接影响。其次，从媒介情绪爆燃的典型事件的角度来看，如2020年2月27日的“227事件”①，2020年5月4日“后浪事件”②，2021年“涉校负面舆情引发网民质疑”③，这些事件都快速燃爆整个网络，引发互联网行动。

从信息传播的角度来看，社交媒体平台信源的多样性，主体的多元化，信息内容的碎片化、去语境化，极易造成信息接收者对信息内容的误解，共同造成了网络空间信息传播的复杂性与信息解码的困难性。这就为情绪传播提供了滋生的土壤。情绪传播是个体或群体的情绪及与其伴随信息的表达、感染和分享的行为。④网络舆论发酵过程中，情绪往往先于真相而存在（这也是“后真相”时代，舆论生发的主要特征），并且情绪具有传染性，特别是负面情绪，其传播力具有强大的破坏力，比如愤怒的力量。愤怒往往能够牵引并带动更多的愤怒，非理性的愤怒

---

① 2020年2月底，网友在微博发布连载同人小说《下坠》，因小说将肖战“女化”引发演员肖战的粉丝不满，于是部分粉丝号召其他粉丝向有关部门举报小说及Lofter平台等，导致Lofter开始下架同人内容，AO3贴吧、官网直接被屏蔽，B站同性内容被封……点燃了各个圈子的怒火。引发了大规模网民围观与论战，最终在2月27日同人、日韩、欧美、动漫等多个圈子网友组成“227大团结”，共同抵制肖战及其粉丝。参见：《饭圈文化为什么会畸变成这个样子？从肖战227事件说起》，https://www.thepaper.cn/newsDetail_forward_6296120。

② 2020年5月3日晚，知名演员何冰应哔哩哔哩平台邀请发布五四青年节演讲视频《后浪》，视频原意是鼓励中国青年积极向上，但视频里使用高级设备、冲浪、环球旅行等画面引发网友抨击，认为这些脱离了普通人的现实生活，因此引发巨大讨论，形成支持与反对两派，何冰同时遭受网暴。参见：《何冰老师因〈后浪〉被网暴，生日祝福下现万条恶评，刺痛了谁的心》，https://baijiahao.baidu.com/s?id=1666364949123221549&wfr=spider&for=pc。

③ 2021年，网络爆出国内多所学校出现老师性侵学生、发布有害政治言论、高校违规办学等消息，包括北京师范大学原党委书记刘川生纵容违规合作办学、成都49中学生坠亡等，但由于学校宣传处置与舆论治理不当，引发了网友对学校产生大量质疑与负面评价。参见：《2021，十大热点舆情事件回顾与点评》，https://new.qq.com/rain/a/20220101A00IAU00。

④ 赵云泽、刘珍：《情绪传播：概念、原理及在新闻传播学研究中的地位思考》，《编辑之友》2020年第1期。

往往造成严重的后果。相关研究（一项基于数百万条微博推文的研究）发现，愤怒比快乐更容易沿着弱关系（Weak Ties）传播[①]，社交媒体中的微博、小红书等都以弱关系为主，这意味着借助弱关系的社会关系网络，愤怒可以扩散出去。以微博为例，“网络喷子”是社交媒体上激发愤怒情绪的重要推手。国内外社交媒体平台上，都常常可见“网络喷子”以及类似的“键盘侠”“杠精”的身影，基于网络媒介的虚拟性与一定程度的匿名性，网络空间成为这些人理想的泄愤场所。

“网络喷子”具体表现为利用网络并非是为了“交流”而是为了“反交流”，常常使用语言挑衅手段，也就是我们常说的“抬杠”，为了反对而反对，为了与他人不一致而人为地制造“是非”。所以“网络喷子”所谓的个性且自由的表达，其目标不在于“公共之善”，而在于激发愤怒与恐惧，人为制造分歧以抵制共识的产生，所以往往产生的“敌意”，是人为的分类而非共识。如此，强烈的愤怒情绪往往带有强烈的敌意指向性，从而扩散至其他用户的情绪中，引发可能的群体性的舆情事件。但是这种“网络喷子”式的交流方式不利于舆情事件的“疏通”，反而会造成情绪的爆发，引发社会动荡。

强关系与弱关系的联合传播的正面案例有，如“唐山打人事件”的扩展与进展。“唐山打人事件”由微博开始引爆话题，通过全网、全媒体进行广泛传播，进而登上微博“热搜”，迅速在抖音等短视频平台进行内容裂变式传播，甚至出现“热点搭车”的实名举报行为。这里，突出了不同的媒介在引起媒介使用者情绪反应的力度上是不同的。与微博的文字、图片相比，短视频更加具象并且更容易煽动用户情绪，网民的“在场感”更强，所以在短视频平台上形成社会传播的圈层力量后，再

① Fan R, Xu K, Zhao J. *Weak Ties Strengthen Anger Contagion in Social Media*. 2020. arXiv. 2005. 01924.

在“微信朋友圈”等形成强关系的小型“舆论场”里进行转发、评论，又进一步增强了网民的“参与感”。如此，众声喧哗下，网络空间充盈着关于真、善、美、自由、平等、正义的理念讨论，人们在天然的对弱者的同情情绪裹挟下，网络情绪持续高涨，此时，主流媒体与明星“大V”等意见领袖再纷纷参与，形成了不同层级的舆论推动力量，使相关话题持续占据“话题榜单”，进而推动官方媒体不断发布相关事件的处理状况，遏制事态扩大和负面发展，从而促进事件的终结。

社交媒体上舆情动荡，极易引发情绪传播，其原因之一在于难以达成表达的“自由”与意见一致。表达的自由是人的愿望也是人的自然而然的心理需求。但同时，表达的欲望产生于不确定性带来的忧惧。这就涉及意见的一致性难以达成的问题。换言之，新兴媒介造成了信息的泛滥，信息内容的激增，带来了信息充盈的表征：人们看似能够认知、体验更多的信息，但难以具备信源的多样性与信息一致性，这就对人们的信息检索能力提出了新的要求——“搜商”在智商、情商之后成为另一种人们所应具备的能力。

从传播学的角度来看，社交媒体用户之所以容易被情绪左右，是因为诸如微博此类媒体的信息传播，是在点与点的连接中向着不同的方向扩散，很难确定它的方向和强度。这是社交媒介通过人与人（点与点）的连接生成的新的传播方式——涟漪式传播，如微博、小红书等弱关系社交媒体传播。向不同方向传播的同时，又会在此过程中产生“裂变式传播”，又称为“病毒式传播”[①]，该传播模式以人际传播为核心，依靠用户个人的社交链条或社交圈扩散进行，基于社交媒体连接的便利性，我们也越来越容易受到身边人情绪的感染，如微信传播。尽管社交媒体

① 钟智锦、周金金：《信息疫情的病毒式传播：表征、研究现状与展望》，《新闻与传播评论》2023年第4期。

中碎片化的煽情内容能够引起一时的共情与共鸣，却难以避免网络事件的多重反转。[①]在上述两种传播模式（涟漪式传播与裂变式传播）的影响下，在以情绪为主导形成的信息传播场域中，情感极化现象频发，这就导致各类复杂的信息不断涌入，人们出于对传播者的信任难免会成为谣言的“助推者”，从而使信息偏向一隅。在“后真相时代”随着事件的不断反转，相关事实逐渐浮出水面，真相终将有可能出现。如此，情绪传播是“后真相时代”真相浮出水面所必经的过程。

2.社交媒体上的“社会资本”

在文化产业化的各种交流活动中，社交媒体平台逐渐成为主要的通道。研究表明，人们出于各种原因在社交媒体上发布内容。[②]个体作为网络社会中的节点，建立各种连接、参与各种网络互动，是为了满足自己的现实需求。[③]积极的诉求有助于用户获取社交互动的红利，但是过度的满足却有可能使个体需求走向反面。比如基于自我呈现的动机不同，又或出于强关系和弱关系媒体社交方式的不同，倘若受众使用社交媒介的需求无法得到满足时感受到无趣、空虚、无助、不愉悦等普遍消极情绪体验，并且又缺乏其他替代性方式时，用户在社交媒体中就极易呈现出媒介依赖现象，且这种情绪倾向与网络成瘾、手机依赖等媒介依赖均呈显著正相关关系。[④]

---

① 周海宁：《〈后浪〉青年宣言片反向评价的解释现象学分析》，《鲁东大学学报》（哲学社会科学版）2021年第1期。

② Brady, W. J., Crockett, M. J., Van Bavel, J.J. (2020). *The MAD Model of Moral Contagion: The Role of Motivation, Attention, and Design in the Spread of Moralized Content Online*. Perspectives on Psychological Science, 15(4), 978-1010.

③ 彭兰：《新媒体用户研究：节点化、媒介化、赛博格化的人》，中国人民大学出版2020年版，第273页。

④ 耿燕：《大学生无聊倾向、抵制效能感与新媒介依赖行为的关系》，《中国健康心理学杂志》2019年第3期。

媒介依赖理论最初是由美国传播学家梅尔文·德弗勒（Melven L. Defleur）和桑德拉·鲍尔-基洛奇（Sandra Ball-Rokeach）在1976年提出的，其核心思想是：受众依赖媒介提供的信息去满足他们的需求并实现他们的目标。例如，“点赞”在强关系社交媒体中作为传播符号成为人们表达“喜欢和支持”感情的一种延伸，同时也是人们扩展社交关系的重要方式。而在弱关系社交媒体中，比如小红书、抖音，除了上述功能外还包括博主通过点赞获得流量以“变现”等。尽管在强弱关系社交媒体中人们对于点赞的现实需求可能会有所不同，但相同的是，用户借助“互动”，以个体化的节点满足其在网络社会中的诉求，进而通过自我呈现来完成看似“完美”的个人形象建构。一般认为，发布者获得点赞是对自我呈现的肯定，而对实施点赞的人来说，这种意义的表达却可能是模糊的。因为对于某些点赞的人来说，“点赞”可能仅仅意味着“已阅”，与现在社交平台热议的“已读不回”现象有一定的相似之处。

不可否认的是，适度的自我呈现有助于维系社交关系，但是，当我们不再以单纯的记录日常生活为发布社交动态的目的，而是以点赞数量来衡量自己过得幸福与否、成功与否时，我们就容易变成戈夫曼拟剧理论中所谓的“演员”。然而在当下的虚拟网络空间中，因技术赋权，个人得以不断扩张自己的社交网络，在其中，通过不断构建个人形象来获取并培养成型的社会关系带来了长期报偿，因此我们不可避免地谈及“社会资本”（社会支持）的获取。法国社会哲学家布尔迪厄将资本定义为权力场中一切可以被获取、争夺的资源，并将其分为“经济资本”“社会资本”“文化资本”和“象征资本”四种，其中社会性资本是一种制度化了的关系网络为行动者提供的能量和资本。[①]比如2021年一款由

① 王雨磊：《论社会资本的社会性——布迪厄社会资本理论的再澄清与再阐释》，《南京师大学报》（社会科学版）2015年第1期。

网易云音乐主导推出的“色彩声学研究室”H5[①]刷屏朋友圈，参与者通过听每道题目中的声音片段最后得出自己的“性格主导色”。从传播机制来看，大多数用户主要通过识别右下角的二维码参与测试，并将测试结果分享到朋友圈。从受传者的转发诉求来看，除了基于测试本身的兴趣，将测试结果转发到朋友圈也是一种谋求或维系“社会资本”的行为。转发测试结果至朋友圈这一行为，除了表示对测试结果的认同，更多的是向自己的朋友“展现”自己的结果，或是稀有的单色，或是和其他颜色相配的颜色。通过自我呈现的方式向朋友展示“我就是这样一个人”，从而寻求情感认同。而测试结果，就作为“社交货币”，帮助个人“买”到社会资本，与他人建构并维系社会关系。与此相反，如果说在微信强关系社交媒体中构建的社交关系是紧密的，那在小红书等弱关系社交媒体中，由于陌生的关系导致其占据着大量本可构建更为可靠的深层次社交关系的精力和时间，这样的社交关系是松散的。

在社交关系松散的弱关系社交媒体中，虽然社会资本的获取较之强关系社交媒体来说更为容易，但是与其极易疏离的社交关系相同，社会资本也极易遭到分解。首先，作为社交媒体用户而言，其头像、昵称、交流手段、自我披露程度的选择，都是基本的表演策略。我们在社交媒体上对自己的形象进行“表演”，这个表演的主阵地就是我们的用户资料页面，还可以更改简介文字，选择性地删除之前的状态等。所以和线下自我呈现不同的是，社交媒体上的自我呈现持续时间更长，随着使用时间的增多，连接也会逐渐变强，但是，这却很难针对某一特定的受众。

① “色彩声学研究室”H5是一款由网易云音乐主导推出的互动式网页，通过结合各种声音的方式，参与者需要听取8道题目中出现的背景音乐，然后根据音乐联想出的内容进行选项的选择，最后生成一张带有二维码的自己性格色彩的海报。

其次，按照戈夫曼的拟剧理论，在日常生活中，人们为了迎合社会期望的形象而进行角色表演，维持有效的社会互动。表演分为“前台”和“后台”，后台是表演者不想让观众看到的地方。诚然，社交媒体空间给了用户更多的表演舞台与表演自由，但是超越“自由”的限度，就会出现后台暴露的风险。比如明星和平台博主在各类社交媒体中建设看似完美“人设”的过程，在他们看来自以为精心控制的表演是受控的，只让人们看到自己在“前台”精心设计的表演，将与粉丝的互动进一步转换成具有紧密性的社交关系，进而通过完美“人设”来获得超过其本身应有水平的“社会资本”，这就是明星和博主建立粉丝群的原因。但是事实上，基于拟剧理论，只要他们在“前台”表演，在中介准互动和中介在线互动中，就有可能不自觉地向“前台”泄露自己的一些“后台”或内幕[①]，比如明星被爆出负面新闻，博主发布的短视频频现隐形广告（也称“软广告”）。最后，基于此，一旦“后台”曝光，那么明星或博主们引以为傲的粉丝互动力量就难以再从本就瓦解的“社会关系”转换为“社会资本”了。

与上述提到的主动获取社会资本的需求不同，通过建立拟态关系来间接填补社交空缺或许才是当代年轻人对于社交关系的真正见解。比如当代青年人的“下饭神器”：“电子榨菜”[②]已经成为青年消费的新潮流。当你剧荒时，随机打开一个社交媒体平台，总能找到网友为你精心挑选的电子榨菜清单，除了追剧追综艺，有时原片的反应视频（Reaction视

① 周睿鸣、王祎琛：《“厚码”：社交媒体的可见性想象与表达策略——对微博账号“@PITD亚洲虐待博士组织”的经验考察》，《未来传播》2022年第6期。

② 电子榨菜，指年轻人吃饭时看的视频，像榨菜一样很好下饭。其特点是熟悉、亲切、轻松、毫不费脑，包括经典老剧、氛围轻松的语言类综艺、电子游戏或体育比赛的集锦、二次创作的影视剧解说等。

频[1]）也可当作下饭神器，被称为“榨菜中的榨菜”[2]。一方面，从弹幕发布的内容中，我们可以发现受众在消费“电子榨菜”的同时，也乐于成为与他人建立“拟态关系”的互动生产者。因为拟态关系的建立离不开用户在观看过程中通过弹幕虚拟在场，构建仪式感的助力。

柯林斯（Randall Collins）在《互动仪式链》一书中提出了互动仪式链理论，该理论认为互动仪式的发生需要具备四个条件：身体共在、仪式准入机制、共同焦点、共享情感体验。[3]首先，“电子榨菜”的消费者通过弹幕的方式完成了虚拟在场；其次，在虚拟空间构成“共同焦点”，观看同一风格类型“电子榨菜”的观众往往有着共同的情感连接，并产生了情绪共振，并且弹幕提供了自我情感表达的出口与通道，同时也使他们获得了同一“趣缘群体”的身份认同；最后，诸如“坐标北方发来贺电”“云南的举手”“内蒙古发来贺电”一类涉及地理定位的弹幕，极易引起观众跟风。这种以地域或学校为标签进行交流互动的方式能有效拉近屏幕内外的情感距离，会让他们有一种强烈的归属感与集体狂欢的快乐。

另一方面，与电视时代个体倾向于与亲朋好友实体在场构建仪式不同，随着独居人口越来越多，年轻人更愿意以虚拟在场的方式来满足自身的情感空缺，与天各一方的陌生人来搭建“拟态关系”，社交媒体以其互动性、匿名性、时效性等特点又加快了“电子榨菜”成为社交货币的速度。最后，受众不仅仅着重于“社会资本”的获取，也注重通过建立拟态关系来减缓与关系建立者的社交孤单感，不再以“社交货币”的

① Reaction视频，目前还没有官方的中文释义，许多人根据它的英文直译为“反应视频”。可以说就是一个将某个人对某件事物作出的反应和这件事物同时剪辑在了同一个视频里。

②《到饭点了，给大家推荐点电子榨菜》，2022年11月4日，https://www.bilibili.com/read/cv19523638/。

③〔美〕柯林斯：《互动仪式链》，林聚任、王鹏、宋丽君译，商务印书馆2009年版，第86页。

交换为目的，所以“社会资本”在某些受众之间会产生分化的结果。

3.社交媒体的价值观“形塑”

根据价值观理论，价值观传达的是对个人重要的东西。价值观是“可取的、跨情境的目标，是个体生活的指导原则”[①]。谢洛姆·施瓦茨（Shalom H. Schwartz）总结了所有价值观的五个共同特征：价值观是信念；价值观是一种动机结构；价值观超越具体的行为和情境；价值观指导行动、政策、人物和事件的选择或评估；价值观是按相对重要性排序的。[②]张洪忠认为价值取向是一种总体信念，不仅可以对人们的工作态度和行为产生直接影响，还能指导人们的行动和决策判断。[③]

在社交媒体时代，多元价值观作为传播纽带重构了社会关系网络。从以传统媒体为中心的话语格局建构来看，受众接受的信息流动为单向传播，与此相对应的，单向被动接收的过程也意味着其价值取向相对单一。与此相反，社交媒体的使用正通过多元价值观和双向传播来寻找并建立个体之间的新联系，由此解构不同个体的价值观，形成了去中心化的多元价值观结构。社交媒体为社会关系的构建提供了新的渠道，那就是曾经只能按照阶层、职业和亲缘形成的社会关系条件被颠覆，转而被社交媒体多元价值观传播所代替。比如在弱关系社交媒体，微博、小红书中，人们更能以对方是否与自己价值观相符合为判断标准来构建社会关系，可能因为某个评论底下相同价值取向的回复，超越地域限制的天南海北的人就聚集在一起，形成独特的网络社群。

① Schwartz, S. H. 2006. *Basic Human Values: Theory, Measurement, and Applications.* Revue Française de Sociologie, 47(4).

② Schwartz, S. H. 1994. *Are There Universal Aspects in the Structure and Contents of Human Values?* Journal of Social Issues, 50(4), 19–45.

③ 张洪忠:《社交媒体的关系重构:从社会属性传播到价值观传播》,《教育传媒研究》2016年第3期。

但是，多元价值观的生成对抗着社会主流的价值取向。一方面，社交媒体用户受他人评价及自我身份确认的影响，在是否发表动态、是否点赞评论的抉择中选择呈现自我的方式，也成为用户判断是否会获得社会认同的标准。不管是微信朋友圈这种强关系互动社区，还是微博这种弱关系交流平台，每个账号个体都不仅是表达分享，也是在不可避免地“展演”自己，“装饰”自己的生活，经营自己的“人设”，为获取社会资本而“投资”。因此，“外表”的重要性在社交媒体传播中不断被强化，人们仿佛在“审美同质化”的社会中生活，用社交媒体中的“主流审美”作为判断自己好看与否的标准，例如小红书中流行的“身材焦虑”“以瘦为美”等扭曲的审美观。与此同时，人们急于寻求与自己价值观相同的网络社交关系用户的认可，反而忽视了身边价值取向不同的家人。另一方面，社交媒体的价值观传播赋予社交媒体一种观念传播的自发性优势，置身在信息环境中的个体也容易受到群体行为的感染，群体的行为会对个人形成一种暗示，从而促使个体去追随群体的价值取向。有研究发现，用户发布的内容受其他用户帖子的影响，同时也可能反映了他们刚刚阅读或观看内容的情感和价值观，而不是他们自己的感受和价值观。[①]所以社交媒体中的价值观极易出现同质化现象。

适度“反连接”呼唤“人的主体性”重建。社交媒体的存在为人们强化连接、拓展连接、获取社会资本提供了广阔的平台。尽管社交媒体可以允许一个节点无限制和其他节点相连接，节点本身却难以承受过度连接的重负。正如彭兰所言，当个体不能承受社交媒体带来的过度连接时，基于某些情境的适度不连接或“反连接”思维就显得必要。[②]对个

① Hsu, T. W., Niiya, Y., Thelwall, M., Ko, M., Knutson, B., & Tsai, J. L. (2021). *Social Media Users Produce More Affect that Supports Cultural Values, but are More Influenced by Affect that Violates Cultural Values. Journal of Personality and Social Psychology*, 121(5), 969-983.

② 彭兰：《连接与反连接：互联网法则的摇摆》，《国际新闻界》2019年第2期。

体而言，通过“反连接”暂时离线的方式可以恢复线下私人空间与社交时间，减少线上情绪反映；通过暂别社交网络恢复“人的主体性”，反连接是为了更好地连接。

社交媒体平台将数据作为重要的货币，主要目的是将数据化的信息转化为经济和社会价值，但由于商业和技术原因，社交媒体在数据化的处理下基本处于封闭状态，这直接导致用户缺失了选择控制权。所以，社交媒体平台应让数据流向、治理结构等保持透明状态，在保护用户隐私权的同时将符合社会主流的公共价值观和健康的人际互动植入平台的设计中，满足基于强弱关系平台的不同用户对强连接和反连接的需求。

（三）案例分析：小红书女性博主的情感营销

随着互联网信息化的发展，为满足用户的深层需求，情感营销成为品牌营销的关键。情感营销是指品牌将消费者自身的情感差异和需求作为营销的核心，借助情感交流来实现经营目标。[①]小红书作为一个内容分享型社交平台，为满足用户的深层需求，女性博主进行合理的情感营销成为品牌营销的关键，借助满足消费者自身的情感需求来展开品牌传播也成为情感传播运用于平台营销的重要方式。女性博主在小红书平台上主动地展现自己独特的生活经验，诸如美妆技巧、生活好物等，凭借图文展开的独特“种草”方式，在收获粉丝的同时又在一定程度上为宣传商品赢得流量，小红书正是如此获取流量。但倘若博主滥用情感营销，则会导致用户出现情感倦怠与理性丧失，平台过度“种草”会引发营销价值偏离以及威胁主流文化的传播等问题。

① 张剑、韦雅楠：《互联网传播中品牌情感营销策略探析》，《青年记者》2021年第22期。

1. 小红书的情感传播策略

情感传播指的是将情感逻辑作为传播发生的底层逻辑，将人类共同的情感作为传播纽带从而达到某种传播效果的过程。[①]在新媒体时代，媒介经济不再局限于传统媒体时代的用户消费，粉丝群体情感消费逐渐兴起，产品营销的利益获取与粉丝群体对自身需求的满意程度、特定产品的选择与注意力保持息息相关，以小红书为代表的与女性消费群体紧密相关的传媒产业，有着需求特殊性与内在规律性。“种草”，源于UGC（User-Generated Content，用户生成内容）平台用户的一种社交行为，指的是平台内部用户分享某一产品优点而激发他人拥有欲并产生购买行为的过程。因此，“种草”也可以称为一种软广告。[②]现如今，博主基于“种草”的营销模式，分享所推荐产品的使用体验，受到越来越多女性用户的追捧。新型媒介互动传播不可或缺的内容就是博主对话题的引导，而引导话题生成的博主则成为了激发消费者情感能量的媒介。

一方面，基于情感传播“目的的价值性”，博主一般会向受众推荐自用好物，同时构建“人设”来展示其独特魅力的一面，以此获得相应受众群体的喜爱，与之建立紧密的情感关系，为“情感消费”做好铺垫。另一方面，基于情感传播的“角色转换性”，用户出于对喜爱的博主生活状态的想象，满足了其内心的情感需求，接受博主的商品安利。社交媒体平台的发展和普及为情感传播提供了形式上的创新，网民受社交媒体传播内容感染的同时，也易受群体的影响形成情感消费。情感的聚合为内容的创新增添了动力，情感经济是“资本将个人或集体的情感作为一种营利工具，促使情感变成非物质生产劳动所创造价值的重要

① 常启云、赵海铭：《互联网情感传播与传统节日文化认同的关系——以春节为例》，《青年记者》2023年第3期。

② 汤培哲、王文姮：《新媒体营销视角下小红书“种草”式旅游传播机制分析》，《传播与版权》2023年第11期。

部分”[1]。

小红书作为维系受众的情感、兴趣等且具有特定关系模式的人群聚合的社交媒体平台，依据不同粉丝社群，主要有美妆穿搭、亲子生活、学习等垂直领域的内容生产社群，允许博主通过发布照片或视频等，引起评论区的女性粉丝追求同款的讨论，主要如全网爆火的美妆穿搭领域。这种聚合形式形成了新的线上社群文化，成为情感经济盛行的重要动因。话题衍生内容将女性用户的关注点转移到趣味性和好奇心上，并与受众自身相联系。

小红书平台上有关不同领域商品标签化和多个话题度的讨论延伸建立了粉丝社区，无疑让兴趣不同的广大女性用户产生了聚合效应。对于女性用户来说，小红书是由美妆时尚类的垂直社区成长起来的，社区聚合了兴趣爱好相同的女性人群。若某个产品成功实现了口碑传播，那么该社群对待这个产品的情感态度将会受到极大影响。于是在“口碑传播”的影响下，又产生了二次传播，在用户黏性提升的同时，“情感传播”作为话题传播的重要支撑，对博主推荐的产品进行二次推广，从而实现了成功的情感营销。由此，小红书女性博主通过分享日常穿搭笔记以及与评论区的粉丝互动实现“种草”经济。基于此，用户倾向于与同爱好的人交流来获取认同感，以及相互模仿学习的本能共同激发内容生产而不自觉地被“种草”。对不同需求的用户进行精准的内容分发，使得用户间产生共鸣或兴趣，从而达到吸引用户留存的目的，并进一步激发用户将表达欲转化为内容生产，成为主动分享的“种草者”。不同类型的博主依托不同类型的话题，吸引不同需求的用户群，进行着针对不同用户注意力的争夺。小红书上影响较强的“种草经济”作为广告营销

① 蒋晓丽、何飞：《互动仪式理论视域下网络话题事件的情感传播研究》，《湘潭大学学报》（哲学社会科学版）2016年第2期。

产业的一种新的发展类型，创造了新型带货模式。

2.“种草”营销

依托社交平台的社群性以及情感化的营销手段，女性博主在不同领域的个人推广与形象塑造上取得了显著效果。与此同时，在社交化、场景化的传播语境中，情感驱动能让受众对正在发生的媒体事件产生代入感[①]，辅之以优秀的内容创作，博主获得了曝光度和知名度，让情感营销达到更好的传播效果。社交媒体中博主通过迎合消费者情感需求而为其搭建虚拟背景，实则利用受众对于情感符号的心理认同来掩盖其实现商业价值的根本目的。

小红书作为年轻人的集合地，打出“你的生活指南”的口号，集合了以女性用户为主的消费群体，她们的消费意愿因博主的情感输出而生，进而以消费商品对维系博主情感做出回应。富有娱乐性的社交媒体互动为年轻女性提供了新鲜有趣的情感交流途径。娱乐化的互动形式使消费文化符号更为真实，用户虚拟与现实之间的界限逐渐模糊，在“乐不思蜀”的集体狂欢中，空虚寂寞的心灵得以满足。[②]但是，通过情感营销积累的粉丝群体对产品更多地停留在浅层认知，品牌营销获得的巨大声量难以通过博主的推广得到有效的转化，仅仅处于感兴趣阶段，情感补偿无法转化为有效的购买力，这就导致博主对于产品的品牌营销与自身宣传能力的打磨建设出现了断层。此外，“种草”本身需要选择相对适合的商品，如果博主因盲目逐利进行泛在式的“种草”，那么所谓的良心攻略就会变成无味的营销手段，改变了分享好物的初衷。

因此，将社会与经济效益并重，推动主流文化与“种草”营销融合

① 张晗、张美娟：《价值与情感：拉动主旋律内容“破圈”的双驾马车——主流媒体如何做好建党一百周年主题宣传报道》，《教育传媒研究》2021年第5期。

② 赵小波：《文化产品互动营销的精神符号学本质》，《文化艺术研究》2019年第1期。

就应成为题中之意。在媒介技术的不断进化过程中，传统营销的生态环境发生了剧烈变化。随着社交媒体用户数量的不断增加，在追求经济效益的目的下，女性博主在营销的过程中越发倾向于无底线的迎合受众，低质量的内容、快餐式的发布方式正在成为当前小红书营销的主流，这无疑与主流文化背道而驰。因此，若要帮助用户摆脱过度沉浸于博主营销的现状，平台应当坚持社会主义核心价值观，解决部分女性博主出现的泛娱乐化、低俗化的问题，引导人们更高层面的情感追求。“种草文化”作为网络亚文化的一种，平台在弘扬主流文化的同时要积极引导亚文化的良性发展，使受“种草文化”影响的粉丝遵循主流文化的指导，在发展中华优秀传统文化的过程中产生对主流文化的情感认同。此外，平台应加大对博主发布内容的审核力度[①]，加强把关，严格把控低俗化、商业化、过度引导消费等不利于社会健康发展的内容，切断此类博主的传播渠道，搭建绿色健康的女性博主发展环境。

3. 启示

小红书上流行的“种草”模式作为伴随互联网发展而出现的新型营销方式，具有便捷性、传播广泛性等诸多优势，推动着用户互联网消费行为的革新。“文化工业”是法兰克福学派“启蒙的辩证法”的批判对象，是指将大众作为商品，过度强调文化的交换价值而不是使用价值，并通过现代媒介手段广泛传播。[②]“文化工业”标示出大众文化的商品拜物教特征，它表现出的对文化产品交换价值的片面追求，把文化产品

① 目前小红书对用户发布的笔记内容有三种审核方式：一是利用人工智能技术，对用户发布的内容进行自动审核，判断是否存在违规内容；二是专门的内容审核团队对笔记进行人工审核；三是审核团队依据社区规范和法律法规判断笔记中是否有违禁品宣传、虚假信息、侵权内容、色情暴力等违规行为。

②〔德〕马克斯·霍克海默、西奥多·阿道尔诺：《启蒙辩证法——哲学断片》，上海人民出版社2006年版，第143、182页。

的使用价值体现为纯粹的娱乐产品。[①]以在小红书爆火的穿搭博主易梦玲为例，当该博主在社交平台发布的“纯欲风”穿搭爆火后，在流量的驱使下，头部博主纷纷模仿，一时间“纯欲风”的复制盛行于平台，原本具备艺术价值的商品最终在批量生产下沦为平庸，用户选择的多样性被一元性替代，凭借情感营销所构建的用户与博主的亲密关系终将被消解。此外，以产品营销为主业的内容博主，其生产的首要目标是追求商业利益最大化，在无限度追逐流量的过程中，无底线地将内容质量下探，以此吸引更多潜在用户接受内容引导，从而获取粉丝转化的销量。在“泛娱乐化”的趋势下，女性博主发布的营销内容在激发用户情感的同时降低着粉丝用户的反思能力，长此以往，个别博主以及其所在的MCN机构在商业利益的追逐下和平台利益的驱动下，难免会存在为追求热点进行的过度情感营销，甚至出现违反法律法规的低俗乱象。近年来部分女性博主在营销带货的过程中，为加强传播文本与受众之间的情感联系实现促销的目的，不断向用户传递“以瘦为美”的思想观念，为此不惜编造事件以获取粉丝的同情，“网红”的个人价值观念逐渐上升为群体观点，衡量女性容貌的标准被人为限制，“容貌焦虑”乱象因此而生，反映着情感营销泛滥后产生的不良后果。

随着社交媒体的兴起，内容生产者、传播者、消费者的边界在深度互动中逐渐消失。在博主与用户建立共通情感链条的过程中，以小红书平台为代表的传播媒介的粉丝与博主的身份界定也趋向模糊。所以，小红书平台应严厉打击虚假“种草”乱象，制定详细平台内容发布规则。此外，博主提供的有现实意义的情感服务及背后体现出的社会价值应有利于实现用户对博主宣传领域价值理念的深刻认同，比如在发布内容中

① 邓志武、唐应龙：《电视选秀节目批判——基于阿多诺的“文化工业”理论》，《文艺理论与批评》2015年第4期。

标注“根据真实需要再购买”等提示，倡导科学消费，进而帮助女性用户理性“种草”，理性消费。否则，大量泛娱乐的商品广告和营销活动将会过多挤占健康的营销空间，并且吸引掉用户真正应该探讨和关注的公众议题的注意力。

基于小红书平台发展的“种草文化”在某种程度上已经成为人们日常生活必不可少的一部分，表达着大众的消费情绪，展现着大众的消费品味。小红书作为主打女性用户的平台，博主被女性用户赋予了承担社会责任的期望。正是通过对内容和形式的双重创新和把控，才能产出更高质量的内容，所以博主可通过参加女性公益活动来积累个人的良好口碑，传递社会正能量。此外，通过举办线下粉丝互动活动，在交流过程中不但可以为博主积累良好形象，还可以体现出社会责任和情感关爱，传达人文主义关怀，使消费者在价值共创的行为中增加对博主个人风格的理解，引发情感共鸣。

由于互联网的普及，人们无时无刻不受到媒介的影响，对于媒介的需求已经到达了无法摆脱的状态。在媒介提供的沉浸感知下，现实与虚拟的界限逐渐模糊，“沉浸化传播”正在渗透进社会的每个角落。[①]女性博主通过各种形式的“种草”，独特的情感观念在社交媒体的加持下使得传统上的私人领域向女性用户自由敞开，其沉迷于博主推荐商品，被“种草”的过程就是媒介渗透至社会生活的重要表征。景观社会的出现有赖于大众媒介的普及，但是，需要警惕的是，景观是“少数人演出，多数人默默观赏的某种表演”，其中的少数人指的是资本家，多数人则是指公众[②]。媒介沉浸使得景观无所不在，于是个体受困于景观的规训

① 周逵：《沉浸式传播中的身体经验：以虚拟现实游戏的玩家研究为例》，《国际新闻界》2018年第5期。

② 张一兵：《颠倒再颠倒的景观世界——德波〈景观社会〉的文本学解读》，《南京大学学报》（哲学·人文科学·社会科学版）2006年第1期。

无处可逃[①]。在小红书平台，女性博主背后所属的MCN利益机构以“少数人”的身份存在，女性粉丝用户则是被资本规训消费的普通大众。女性用户接受“种草”，除去日常生活需要外，以网络个体的身份通过个性化的情感体验与认知选择来与博主建构情感性话语体系，这标志着一种寻求自我认知和证明自我存在的围绕“自我”为中心的“情感景观”的出现。另一方面，新媒介发展迅速，人与媒介逐渐超越了使用与被使用的关系。在粉丝消费行为被博主的个人意志的规训下，若过分依赖于博主个体魅力而消费，则这种情感链条极易中断，粉丝易出现倦怠心理，这种情感诉求的满足缺乏持续的生命力。因此，女性博主流量周期较短，难以实现长期可持续发展。

把握营销尺度，明确目标用户情感需求。“种草文化”是用户和博主能够实现情感连接的纽带，把握情感营销的尺度必须提升博主的媒介素养。小红书为女性博主的发展提供了广阔的平台，博主只有提高自身媒介素养，才能使流量转化的营利能力保持得更长久。由于在交互中传受双方将会搭建情感链条，消费者在参与中会对产品投注情感，这就要求女性博主及MCN机构不能只关注商业利益，成为流量的附庸，还需关注受众的真实需求，与用户建立起价值共创的情感交互生态圈。在社交平台构建良好的传播生态圈离不开正确的营销传播方式的辅助。为避免用户在接受博主“种草”后出现冲动消费而退款的情况，情感营销的尺度必须在合理的范围内。一方面，博主应积极分析用户习惯，发布帖子时重视用户的情感体验，在多个平台以不同的方式发布对应不同用户情感需求的内容，帮助用户理性挖掘自身消费需求，以此达到提高粉丝黏性的目的。不可忽视的是，博主还应利用好社交媒体平台的评论功能，

① 唐军、谢子龙：《移动互联时代的规训与区分——对健身实践的社会学考察》，《社会学研究》2019年第1期。

以目标用户为主体，积极互动的同时注意收集受众对所推荐产品的反馈信息，进一步优化营销策略。另一方面，博主在建设好自身业务水平的基础上，应发挥自身社会影响力，抵制过度娱乐化行为，引导大众树立积极健康的消费观念。在社交媒体用户呈现情感化、消费主义、非理性等特点的趋势下，如果用户在“种草文化”创造的健康消费环境中，产生愉快的购物体验，那么最终会在社交平台上再次传播自己喜爱的博主推荐的产品，进而扩大产品口碑和裂变传播的效益，从而增强情感营销的影响力。

三、社会治理的三个视角与启示[①]

全球性重大公共卫生事件，对世界各国造成了深远的影响。它挑战了全球公共卫生系统，揭示了其面对重大危机的脆弱性，以及国际合作的必需性。公共卫生危机还导致了大规模的社交隔绝，影响了人们的日常生活、教育和工作，同时也激发了新技术的应用——远程办公、在线教育、数字健康等，进而加速了社会数字化的转型，但是长时间的社交隔绝危机不确定性也给人们的心理健康带来了挑战。更严重的是它导致了全球经济的衰退，影响了全球供应链，使经济增长受到重创，特别是旅游、餐饮、零售等行业。但是，疾病无情，人有情。2020年代初，一场公共卫生事件全球大爆发，中国自然也牵连其间。众志成城、抵抗灾难自然不在话下，其间发生的媒介传播现象亦拥有了反思与研究的价值。如武汉的“感恩海报”与其他地市的“回应海报”形成一道“语言景观”，为社会治理提供了“语言景观的研究视角”；在考察相关舆情事件传播过程中所呈现的新的传播样态、新的管理方式以及新的关系认知为社会治理提供了“舆情认知的研究视角”；淄博烧烤的“爆火”为社会治理提供了“符号化传播的研究视角”。具体而言，本章将选取三个观察视角考察社会治理的现象与启示。第一视角为“语言景观视角”；

① 本章由三部分组成。一是语言景观视角，二是舆情认知视角，三是符号传播视角。此部分由张益铭、张成良、袁丰雪、周海宁共同参与书写。

第二视角为“舆情认知视角”；第三视角为“符号化传播视角”。

（一）语言景观视角

2020年3月，武汉市文旅局官方微信以“武汉感恩有你！”[①]为题，推送了一组精心设计的海报图文。随后，国内各地竞相发布对武汉感恩海报的回信——回应海报。

1.“感恩海报”的内容分析

武汉感恩海报具体内容是参考海报图片，以文字的形式整理而出。具体来说，海报内容由文案、武汉市标志物以及感恩对象名称构成。“大难兴邦”，并非强调灾难之功，而是强调人类在灾难面前的众志成城以及“情相融、心合一”。语言的功能在于“表意”，也就是说“在心为志，出言成诗”，所以推论可知，文字是情感的具象化产物。武汉推出32张网络感恩海报，以溢满的感恩之情呈现出经典的文案文本——配之以中华民族文化的隽永之美，融合时事新闻、历史典故、风土人情以及典型标志物等，让全国各地感受到武汉的这份感激之情。各相应地区以互联网媒介为平台纷纷推出回应式海报。“回信”纷至沓来，形成一种语言景观的张力，从而构成了一种典型的语言文化景观现象，赋予了语言景观一种独特的文化传播意义。

① 2020年3月17日，武汉市文化和旅游局发布《援汉国家医疗队分批踏上返程，武汉感恩有你！》。“‘谢谢’，是这个冬天在武汉说出的、听到的最多的词语，武汉人心中有太多的感激，想要说给为湖北为武汉拼过命的你们。无法一一挥手相送，32张感恩海报，由衷向你们道一声感谢。”参见，武汉文化和旅游局：《援汉国家医疗队分批踏上返程，武汉感恩有你！》，2020年3月17日，转引自“澎湃在线”，https://m.thepaper.cn/baijiahao_6568950。

表1　武汉32张感恩海报内容“武汉感谢有你”①

文案	武汉标志物	感恩对象名称
最美不是樱花，是战斗在一线的你	东湖樱园	吉林医疗队
是你们，为生命架了桥	武汉长江大桥	重庆医疗队
老铁，谢谢！	戴家湖公园	辽宁医疗队
齐奏交响，也谱不尽感激	琴台音乐厅	安徽医疗队
三江同源，千里同心	武汉长江轮渡	青海医疗队
每一次钟响，都记得你的肝胆相照	汉江关博物馆	天津医疗队
没有一个春天不会到来	东湖梅园	甘肃医疗队
是你们，送来了春天	东湖·楚天台	云南医疗队
沅江水长，还是会流到汉阳树下	汉阳树	贵州医疗队
八闽来助，江城有福	海昌极地海洋公园	福建医疗队
天容水色西湖好，十里东湖碧水泷	武汉东湖	浙江医疗队
虽隔千里，一江连心	长江灯光秀	上海医疗队
热干面谢谢炸酱面！	武汉热干面	北京医疗队
春俏和胖妞谢谢四川老乡啦！	武汉动物园	四川动物园
秦风送佳音，楚地开胜壤	湖北省博物馆	陕西医疗队
因为有你们，心里有勇气！	天河国际机场	新疆生产建设兵团医疗队
动如雷霆，不动如山	武汉国际渡江节	人民军队医疗队
硬核搬家式援助，给力！	光谷广场	山东医疗队
你们用血肉之躯守护万家灯火	汉口夜景	山西医疗队
山水迢迢，多谢你来	武汉火车站	黑龙江医疗队
樱花再开时，天涯海角也要请你来	武汉大学·樱花	海南医疗队

① 根据《援汉国家医疗队分批踏上返程，武汉感恩有你！》一文整理成表格内容。图片内容参见，“澎湃在线”，https://m.thepaper.cn/baijiahao_6568950。

续表

文案	武汉标志物	感恩对象名称
下个烟花三月，一同登楼望春风	黄鹤楼	江苏医疗队
错过的三月三，明年一起过	东湖绿道	广西医疗队
待春风如期，再高歌一曲	知音号	宁夏医疗队
走，一起克过早	户部巷	广东医疗队
爱嗦粉的朋友，记得来武汉吃虾子	万松园美食街	湖南医疗队
约起，中山公园跳广场舞	中山公园	新疆医疗队
雨过天晴后，再来发现新的故事	楚河汉街	江西医疗队
秋时苇如雪，天涯共苍苍	汉口江滩	河北医疗队
格桑花开时，相约再相逢	木兰草原	内蒙古医疗队
不舍的眼泪，换成重逢的笑容吧！	武汉欢乐谷	河南医疗队
致敬，湖北的白衣天使	武汉街头	湖北全体医务工作者

2.各地“回应海报”

这一部分以从其他各省对武汉市的32张网络感恩海报的“回信”中，选择广西、河北、湖南、山东、广东五省区的“回应海报”内容作为考察对象。总计收集到77张回应海报，其中广西6张，河北18张，湖南21张，山东23张，广东9张。海报在网络上发布，以极其丰富的标语内容，形成一种具有特色的网络语言景观，并辅之以独特的文化底色，投射出一种丰富的文化传播价值——彰显出强大的文化认同、共同体意识、地域文化间的兼容交流、传统文化与现代文化的融合与更新、精神文化的物质化呈现等。回应海报具体内容如下。

广西回应：“一家人，心连心！‘三月三’没有错过，云上来‘嘿撩撩螺’。”共计6张海报。同时广西表示：“一家人，别客气！疫情无情人有情，广西湖北心连心。”

表2 广西回应海报内容①

文案	标志物
山水暖你，壮乡等你	崇左·德天跨国瀑布
不一样的“三月三”，网聚也精彩	南宁·青秀山
隔空山歌对起来，一起来“嘿撩撩螺”	桂林·两江四湖
三月三没有错过，广西唱来湖北和	柳州·程阳风雨桥
疫情无情人有情，广西湖北心连心	桂林·象鼻山
别客气，风月同天一家人	桂林·漓江风光

河北回应：“英雄武汉，‘冀’在心上。邀约武汉亲人风雨过后，共赏河北美景。”共计18张海报。并表达，“英雄的城市，英雄的人民，你依然在为我们坚持；忘不了同舟共济的情谊，忘不了守望相助的担当；只待胜利时刻，邀约武汉亲人共赏河北美景”。

表3 河北回应海报内容②

文案	标志物
携手看日出，枕月共安眠	河北·廊坊·天下第一城
万里长城，金山独秀，与你漫步岭上春	河北·承德·金山岭长城
红色故乡与英雄之城，共沐芳菲春意	河北·石家庄·西柏坡
好想跟随远行的车队去看你	河北·张家口·草原天路
畅享皇家园林，共赏盛世花开	河北·承德·避暑山庄
云的故乡花的世界林的海洋	河北·承德·塞罕坝

① 广西壮族自治区文化和旅游厅：《广西壮族自治区文化和旅游厅》，当代广西网，2020年3月20日，https://www.ddgx.cn/show/30250.html。

② 河北省文化和旅游厅：《暖心回应！英雄武汉被“冀”在心上！河北亲人邀我们风雨过后共赏美景》，凤凰新闻·中国国家旅游杂志，2020年3月21日，https://ishare.ifeng.com/c/s/7v1yO5LX5F1。

续表

文案	标志物
想和你一起去看海，也想和海一起去看你	河北·秦皇岛·北戴河
湖淀茫茫苇叶青，春风又暖英雄城	河北·雄安新区·白洋淀
春花正烂漫，萧疏野趣生	河北·保定·野三坡
与君泛舟湖上，畅饮家乡美酒	河北·衡水·衡水湖
盛景南湖春来早，欣邀荆楚竞妖娆	河北·唐山·南湖公园
顶尖高手各怀绝技，不妨来一场同台比拼	河北·沧州·吴桥杂技
春光好，知交待相逢	河北·邢台·扁鹊庙
过早来碗热干面，午餐就吃官府菜	河北·保定·直隶官府菜
驴肉火烧趁热吃，再加一碗小米粥	河北·沧州·驴肉火烧
下个冬天，相约一场“疯滑雪跃”	河北·张家口·崇礼
拟放扁舟尘影外，春到古城待客来	河北·邯郸·广府古城
峡谷几多情，风雨亦同行	河北·邢台·大峡谷

湖南回应海报共两组：“长沙‘声’情回应：莫客气”9条，以及“同江同湖武汉的兄弟姐妹湘约湘见”12条。共计21张海报。

表4 湖南回应海报内容[①]

文案	标志物
我们是好邻舍	长沙天心阁
我们同饮一江水	长沙橘子洲头
我们文化同根	长沙岳麓书院
我们美食同味	长沙米粉

① 人民网:《继武汉感谢海报后，长沙回应来了！》，2020年3月23日，http://hn.people.com.cn/n2/2020/0323/c195194-33897253.html；长沙晚报网:《创意海报丨武汉：谢谢你为我们拼过命！长沙：莫客气！》，2020年3月24日，https://www.icswb.com/h/103779/20200324/649944.html。

续表

文案	标志物
我们风景共美	湖南省森林植物园
我们城市共生	长沙梅溪湖国际文化艺术中心
我们交通共脉	长沙高铁南站
我们文脉同源	长沙太平街
我们是雷锋传人	长沙雷锋大道望城区路口
才饮长沙水，又食武昌鱼	橘子洲
停车坐爱枫林晚，霜叶红于二月花	爱晚亭
夜醉长沙酒，晓行湘水春	杜甫江阁
橘洲浪漫，焰火私语	橘洲烟花
如果我不在酒吧，就在去酒吧的路上	解放西
茶颜春色，愿君采撷	沩山
春风十里，和你一起	开慧乡
桃之夭夭，灼灼其华	湖南省植物园
初闻臭气扑鼻，细嗅浓香诱人	坡子街
黄而不焦，腻而不粘	南门口
看似寻常，味道如诗	梅溪湖
辣椒火炬，等你遇见	长沙火车站

山东回应：山东师范大学美术学院以“山东给力、济南给你”为主题，共计制作海报23幅，并且表示，“武汉，长江东流去；济南，黄河入海流。济南到武汉，887公里，而兄弟到兄弟，没有距离。兄弟有难，自当倾力相助。你要的，我都有，只愿你快好起来”。

表5 山东回应海报内容[①]

文案	标志物
君饮长江水，我住黄河岸，共筑中华魂！	济南建邦黄河大桥
黄鹤楼岁岁安，千佛山千千佛。	千佛山
大明湖水深，不如感情深。	大明湖
趵突波涛声汹涌，情谊长存无尽头。	趵突泉
宽厚里老济南，户部巷老武汉。 不言谢共患难，春风里樱花赞。	宽厚里
君住长江头，我住黄河尾，五湖四海皆兄弟。	黄河平原
四面荷花三面柳，一城山色等你！	大明湖
万里关山隔不断，两处同心念君安！	明湖路
明湖岸边抽枝芽，你的谢意我收下。 待到荷花烂漫时，和我一起去赏花。	大明湖
忠橙鲁能，卓尔不凡。一起嗨！	省体育中心
同是火炉，一起烧烤！	撸串
暂别窗前梅，来赏满湖荷。	大明湖
同为学府人，遥祝樱花红。	山师大
繁花似锦，不及你眉开一笑。	欧乐堡
白荷出水蜻蜓立，天南地北一家亲。	大明湖
厚道山航，爱满客舱。 你去我送，你来我接。	山东航空
因为我们都是炎黄子孙。	济南黄河大桥
因为是你，我们一湖百应。	大明湖景区
因为是你，我们“解”尽全力	解放阁

① 山东师范大学美术学院：《山东一高校23张海报回信武汉：兄弟甭客气，济南等你》，2020年3月21日，腾讯网·青春山东，https://new.qq.com/rain/a/20200321A0FI4Q00。

续表

文案	标志物
后来的我们才明白， “广”彩夺目的夜晚才是国泰民安的时候。	泉城广场
满山红遍，血脉相连，约你！	红叶谷
高耸入天外，咱们别见外！	绿地中心
一树花开两地芳	山东师范大学

广东省佛山市顺德区回应：“武汉，小弟有礼了！”共计9张海报。

表6　广东顺德回应海报内容[①]

文案	标志物
大江大河大武汉，顺风顺水顺德城	顺峰山公园大牌坊
凭栏黄鹤楼，不坠青云志	青云塔
克武汉过早，嚟顺德饮茶	世界美食之都
楚调婉转，粤韵悠扬	中国曲艺之乡
君赠我樱花，我还君木棉	木棉花英雄树
晴川阁抚琴，清晖园会友	清晖园
英雄武汉多才俊，智造顺德好平台	智能制造产业集聚地
克武汉斗江，嚟顺德扒艇	全国龙舟之乡
兄则友，弟则恭	《三字经》作者故里

从以上海报内容来看，大致可归纳出三大特征：突出地域文化特色，彰显文化多元属性；凸显传统文化底蕴，为传统文化穿上现代性外衣；基于共同文化意识形态的物质性，弘扬内在共同体意识。具体分析

① 中共佛山市顺德区委宣传部：《“武汉，小弟有礼了”——“小弟”顺德以海报回应“大哥”武汉》，南方网，2020年3月26日，https://news.southcn.com/node_54a44f01a2/c9834a68ab.shtml。

如下。

第一，突出地域文化特色，彰显文化多元属性。地域文化指“一定空间范围内特定人群的行为模式和思维模式的总和”[①]。地域文化带有所属区域特有的文化特征，是文化多样性的体现。互联网时代，地域文化搭载媒介技术之车，获得了平等参与的权利，被均等地呈现于大众面前。

互联网媒介技术迭代升级，改变了传统线性的时空观，超时空、遍在性使人们以“我”所处时空的“此时此地”，建构与他人的关系，从而呈现出一种“与邻为善”、远距现存的，将所有远处之物都拉到近处的虚拟时空观。[②]并且互联网媒介的无权威性赋权属性，赋予大众广泛且平等的参与权，由此，全国各地特色文化汇聚到网络平台的媒介使用者面前——在武汉的感恩海报以及对应的回应海报中，均展示了各地区独有的文化特色，呈现出不同的文化烙印，彰显各地文化的辨识度。如山东回应海报中，“黄鹤楼岁岁安，千佛山千千佛”呈现了济南独有的标志物千佛山，以此呼应湖北的标志物黄鹤楼。相同地，河北的感恩海报中，以“湖淀茫茫苇叶青，春风又暖英雄城”呈现了河北白洋淀的芦苇荡以回应汉口江滩的芦苇。这种外在的物质性呼应同时也映衬着内在的精神呼应——正如白洋淀芦苇荡里曾经谱写过的英雄儿女可歌可泣的英雄故事一样，白衣执甲的白衣战士延续了革命情怀、谱写了英雄事迹。

在互联网媒介的加持下所进行的文化传播，不仅仅是原有文化的扩散，更是通过与时代精神相共鸣，重新赋予文化以新时代的特性。如

---

① 李艳玲：《地方志与区域文化关系浅析》，《福建史志》2019年第4期。

② 周海宁：《基于移动短视频传播的文化转向与信息价值观的重构》，《东南传播》2019年第10期。

此，一种文化的创造性转化就生成了。新的融合文化，既突出了地域文化特色，又能与目标文化互动，既使文化的个性得以释放，同时又凸显文化的多元性，如此，“中心得以去除，他者的边缘化地位得以纠偏”。如网络回应海报中使用的“老铁”“网聚”等网络新造词语，就是在当下时代文化的个性赋予原有文化的物质内容上，实现文化创新，同时体现了文化的多元性与流行性，并以流行文化消解了大众文化与传统精英文化的对立，从而出现了边界消融的景观。

第二，凸显传统文化底蕴，为传统文化穿上现代性外衣。传统文化的现代性是指将传统文化再符号化（编码），赋予现代性的意义，从而使传统文化与时代精神相契合，实现传统文化的创造性转化。武汉的感恩海报与各地的回应海报均体现出“传统文化的底蕴”，同时也彰显了“传统文化的再转化——现代性转化”，由此，传统文化与当代文化交融，文化的内涵得以丰富，既传承了传统文化的精神内核，又为传统文化赋予现代性外衣。

毕竟，传统的古典文化如果不能实现“古为今用”，无法成功赋予现代性以实现转化，那么它只能是书籍中的经典，无法成为当代的“时代精神”。如广西回应海报中的“‘三月三’没有错过，云上来‘嘿撩撩螺’”。农历“三月三”是壮族的传统节日，自2014年开始，广西将“三月三”设为广西全体公民共同的节日，并放假两天。[①]但是原本广西人民共同节日的线下仪式化活动转变成“网聚”的“新仪式”。“网聚”顾名思义，就是通过网络平台（媒介），以“线上”的形式聚集在一起。这是一种融合了“时代精神”的传统仪式的新转化。这种创造性转化既能使人们在日常生活中践行传统文化，同时也能够在契合当代时代精神

① 陆囿霖、谢万春：《“壮族三月三”是广西各族人民的共同节日》，《中国民族报》2014年4月1日，第2版。

的情况下，为传统文化赋予新的形式和内容。这可以被视为创造性的文化传承。

在传统文化成功实现创造性的现代转化过程中，互联网媒介的使用本身也加速了这一转化。正如麦克卢汉的名言“媒介即信息”所揭示的，不同的媒介会带来不同的媒介知觉，进而影响人的媒介化实践——电的发明才带来电（灯）之下的所有活动。所以，看似实践还是那个实践，但是已经是变化了的实践，同样，看似人（主体）还是原来的主体，但是实际上，人也成了变化了的人。

例如，广东顺德回应海报中的“楚调婉转，粤韵悠扬”，湖南回应海报中的“停车坐爱枫林晚，霜叶红于二月花”，河北回应海报中的“春花正烂漫，萧疏野趣生”。它们呈现的内容多与传统经典中的“诗句”和“事实”有关，但是“天不遂人愿”，所有的线下实践均“暂停”，这些内容只能通过互联网而虚拟化呈现。但也正是媒介技术的加持，中国现实的数字化速度得以加快——虚拟与现实的融合速率提升，这为传统文化的创造性现代化转化提供了动力和动机。

第三，基于共同文化意识形态的物质性，弘扬内在共同体意识。共同体意识是“共”于伦理，即以伦理为核心的价值共识，是文化意识形态的具体呈现。[①]不论是湖北的感恩海报还是其他地区的回应海报，都是基于共同文化意识形态的物质性呈现，彰显了时代精神。共同体意识强调“合一性”的精神文化内核，通过象征性的物质文化表象，激发人们对文化意识形态的内在认同，进而确认共同的时代精神。例如，武汉感恩海报中“是你们，为生命架起了桥”“春俏与胖妞谢谢四川老乡啦”等话语，就是以具象化的物质性呈现，即长江大桥和“国宝”大熊猫两种物质文化表象，唤起人们对共同文化内核的认同感，进而生成当下新

① 樊浩：《中国社会价值共识的意识形态期待》，《中国社会科学》2014年第7期。

的“时代精神”认同。这就是所谓的“大难兴邦”的关键所在。所以，山东回应海报以“后来的我们才明白，广彩夺目的夜晚才是国泰民安的时候”这一话语，即通过具象的物质性的“日常生活中的广场夜景”的象征性隐喻，唤起人们对“国泰民安”的平和、安康的“日常生活”的再认可，进而强化了共同体意识。

同样地，在广东顺德回应海报中，以“凭栏黄鹤楼，不坠青云志”，即通过传统标志物中的“黄鹤楼”与“青云塔”，使人们通过具象化、物质性的实体建筑，再次确认对“青云之志”的认同，从而强化共同的认知——“天行健，君子以自强不息；地势坤，君子以厚德载物”的精神内核。又如，河北回应海报中的“过早来碗热干面，午餐就吃官府菜”“驴肉火烧趁热吃，再加一碗小米粥”，湖南回应海报中的“初闻臭气扑鼻，细嗅浓香诱人”（臭豆腐），山东回应海报中的“同是火炉，一起烧烤！”（撸串）等，则是基于共同的饮食文化的文化交往可能性，也就是说，通过具象的、物化性的美食，强化人们对饮食文化的认同和共同体意识。

3. 社会治理之加强语言景观的研究与运用

这一部分通过武汉的感恩海报与各地的回应海报，着重考察了海报的文字语言的意义赋予活动，也就是海报的图文组合所形成的语言景观的重要意义。由此发现，语言景观在突出地域文化与彰显文化多元性；凸显传统文化地域，创造性转化传统文化；强化共同体意识，凝聚新的时代精神几方面具有强大能力。并且，21世纪的文化研究开始了媒介化转向，感恩海报与回应海报就是以互联网媒介为基础形成的一种符合这种转向的精神互动新样式。如此，以互联网媒介为中心考察这种文化现象的语言景观呈现，就成为考察中国媒介文化的重要切入点。同样地，这就为社会治理带来了重要的启示。

（1）景观理论是研究媒介化中国社会的一个切入点

语言景观最初的内涵指路牌、广告牌、街名、地名、商铺招牌等各类公共标牌的书面文本。[①]而随着研究维度的不断深化，语言景观的内涵也随之增加。例如，有学者认为，语言景观除关注语言文字本身，更应该从关系的角度出发，考察语言与文化、视觉话语等之间的互动关系，即关注以语言文字符号为中心的空间话语建构问题。[②]所以，语言景观研究是从语言与文化的关系视角出发，考察语言的文化功能，特别是在互联网媒介时代，以互联网媒介为中心的语言文字符号的文化功能，即文化教育功能、交流传播功能等。[③]在互联网媒介时代，网络虚拟空间与现实实际空间共同构成一种线上与线下融合的混合式生存空间，媒介的使用者不但以实体的自然人身份进行实际生存，亦能以数字化存在的虚拟身份进行数字化生存。[④]因此，新时代语言景观的研究范畴由传统线下语言景观变为传统线下语言景观与虚拟化的线上语言景观共存的混合语言景观范畴。

景观一词源自《景观社会》[⑤]及"景观社会"这一术语概念。景观社会是指以技术性媒介为中心的"图像社会"。居伊·德波认为景观社会的本质是以图像媒介为中心的人际间的社会关系，[⑥]即现实（事实）经由图像媒介作用于人的视觉与意识，使景观成为错觉（欺瞒）和虚假

---

① 巫喜丽、战菊：《我国城市语言景观治理的发展及优化》，《人民论坛》2022年第10期。

② Jaworski,A.&C. Thurlow. *Semiotic Landscape:Language Image, pace*. London: Continuum,2010.

③ 张艳翠：《语言景观的文化功能及对汉语文化传播的启示》，《文学教育（上）》2019年第8期。

④ 周海宁：《以互联网媒介为中心的听觉文化转向以及构建》，《出版发行研究》2019年第7期。

⑤〔法〕居伊·德波：《景观社会》，王昭风译，南京大学出版社2006年版，第3页。

⑥ 刘楠、周小普：《自我、异化与行动者网络：农民自媒体视觉生产的文化主体性》，《现代传播（中国传媒大学学报）》2019年第7期。

意识的领地。由此可以看出，德波站在批判性立场上，对媒介化的图像社会和媒介对人的异化进行了批判。道格拉斯·凯尔纳（Douglas Kellner）[①]将景观社会进一步归纳改造为“媒体奇观”[②]，借此描绘了美国资本主义的现代性对人们日常生活的影响，继而对以影像媒介为中心的图像化社会进行批判。国内研究者也基于景观批判理论，从操控、赋权、话语空间三个维度，以社交媒体广告为切入点对中国社会的景观化现象进行了批判性反思。[③]

作为批判性理论的景观理论是考察中国媒介化社会的重要方法论工具。本文在景观社会、媒体奇观理论的基础上，考察以互联网媒介为中心形成的语言景观所建构出来的人与媒介的关系，即语言传播中的人技关系[④]和人际关系。因为语言景观是公共语境下的一种语言形式，也是语言传播的载体之一。在互联网媒介的赋权下，受众通过网络媒介实现了低成本、实时共享、超越时空限制地接触语言景观。在融媒体环境下，语言景观逐渐发展为“新媒介+语言传播”的模式，这发展了媒介间性以及人际间、人技间的以语言景观为中心的研究机制，如此便突破了原有的语言学研究范畴，激活了语言的跨学科融合。如果说居伊·德波是站在批判性的视角考察大众传媒所创造的图像化社会使人际间关系出现的异化现象，那么本文则从肯定性的视角出发考察以互联网媒介为

---

① 道格拉斯·凯尔纳是美国马克思主义文化批评家和学者，他在媒体研究、电影批评、意识形态理论和后现代主义等领域有着广泛的影响。在他的研究中，凯尔纳经常分析电影、电视、广告和其他媒体形式如何呈现和加强特定的意识形态和权力结构。他认为，媒体不仅仅是传递信息的工具，也是塑造公众意识、维护或挑战社会秩序的重要力量。凯尔纳的批判性分析方法为理解媒体文化如何与政治经济和社会结构相互作用提供了有力的理论工具。

②〔美〕道格拉斯·凯尔纳：《媒体奇观：当代美国社会文化透视》，史安斌译，清华大学出版社2003年版。

③ 牛耀红：《操控、赋权、话语空间：理解社交媒体广告的三个维度——以微信信息流广告为例》，《编辑之友》2017年第10期。

④ 王辉：《语言传播的理论探索》，《语言文字应用》2019年第2期。

中心所建构出的语言景观在构建共同价值观、强化共同信仰、形成共同文化方面的重要正向价值。

尤其从“文化即人的日常生活”的角度出发，媒介与人的关系并不单纯地局限于信息的传播，而且也进行价值的传递。媒介的价值传递功能是考察泛媒介化社会、社会的媒介化的重要认识论工具。从媒介价值传递的角度考察语言景观对于人类社会的意义，就会发现语言景观通过强化时代精神认知、共同体意识，发挥着建构价值认同并彰显媒介价值传递的文化建构功能。

从文化传播学的角度来看，语言景观能够再现区域文化内涵，促进文化间传播。在互联网媒介的加持下，以语言文本为基础形成的文化景观，在公共卫生危机爆发期间发挥着文化交流与社会互动作用，显示出中国人强大的文化认同、共同体意识、地域文化间的包容性、传统文化同现代文化的碰撞与融合、精神文化的物质化呈现等文化内涵。特别是媒介赋权使受众拥有了社会参与的渠道与能力，受众在新媒介时代以新的媒介认知力、媒介化的数字生存能力处理人与技术、人与人的关系。这就意味着新的媒介现实必然需要与之相适应的新的媒介文化观。否则，人与技术的失衡必然带来异化，产生新的文化危机。所以本文摘取武汉感恩海报以及各地回应海报来研究其形成的语言景观，思考在中国新的媒介文化背景下，形成共同文化以及价值信仰的可能性。

（2）运用语言景观强化共同体认知与文化认同

在现代社会环境下，网络成为信息集合与交流的公共空间，同时由于网络传播的传播结构与传播过程具有开放性，网络媒介的遍在性也使接触和使用媒介的成本降低，所以网络传播的受众参与力度比以前更加广泛，覆盖范围更加巨大。因此在网络环境下，语言景观在一定程度上突破了原有传播范围的限制，使其能够不受时间与空间的限制，拥有更加广泛的受众群。所以，原本线下由自然人实体形成的文化景观，借由互联网媒介转移到了网络空间，形成独特的由虚拟实体参与形成的语言景观。从网络传播效果来看，由感恩海报以及回应海报形成的全国性网络语言景观，能够扩张文化交流与传播的广度，打破线上和线下传播的边界，使融合传播成为常态。互联网媒介的使用者能够更加广泛地接收相关信息，并增强受众群体的关注力度，从而强化受众的共同体认知以及对文化的认同，实现文化传播的价值，达到促进社会共通意识形成的目的。

例如，在回应海报中，“君饮长江水，我住黄河岸，共铸中华魂”“君住长江头，我住黄河尾，五湖四海皆兄弟”“凭栏黄鹤楼，不坠青云志”，这些经典话语古已有之，但是经由地方特色的增补，以及互联网传播的加持，它一方面体现了以语言媒介为中心的文化传播的魅力，再现信息传达、交流影响人们认知，改变人们行为的能力，同时另一方面凸显语言景观构成的新的传播图景，在促进社会共同意识的强化，形成良好的社会效益上的重要作用。特别是武汉的感恩海报与各地区的回应海报，是在全国性共同抗击灾难这一共同背景下进行的文化传播与交流，各地海报既突出了当地的文化特色，亦以中华民族传统的、固有的文化精神内核为引，凸显“大义”的同时，增强了地区文化间的交流与碰撞，表明了“大难兴邦”的深层次原因在于强化共同体认知和进一步加深文化认同程度。

（3）语言景观能以“流动的所指”激活社会交流与本土文化

从文化的形式来看，文化由一系列符号系统构成，威廉·弗卢塞尔认为人类的文化史是一部符号的演变史，前历史时期由二维平面符号构成的传统图像媒介主导（远古石刻壁画等），历史时期是由线性符号构成的文字文本媒介主导，进入技术媒介时代的后历史时期则是由新的二维平面符号构成技术性图像媒介主导。[①]弗卢塞尔从符号构成的角度将人类历史分为三个时期，但每个时期人的媒介认知以及人与媒介的交互作用并不同：传统图像媒介时代，人们能将四维的空间（长、宽、高、时间）通过想象抽象为二维的平面（长、宽），使用平面符号令人从自然中独立；历史时期人们利用线性的文字符号，将永恒固定的平面变成转瞬即逝、不断流动的历史时间，使“现在”成为历史长河的一个点，转瞬即逝却又一直存在；后历史时期，使用技术媒介需要使用者具有与之相适应的技术想象力，以便时空以“我”所处的“此时此地”为中心，将所有的远处之物拉至近处而与当下建立联系，并且技术图像不同于传统图像，其能指与所指不再合一。例如，红色交通信号灯，红色的灯意味着“此时禁止通行”，其表象与内部含义已经分离。正如美国哲学家苏姗·朗格（Susanne Langer）[②]将符号分为推理符号和表象符号[③]那样，在技术图像时代，受众对文本的解读应当同时关注表象以及深层次内涵。

感恩海报和回应海报很好地彰显了文化的符号价值。通过文本呈现，其能指与所指并非是一成不变的固定搭配，而是形成“流动的所指”。正如苏联文化符号学家指出“并非任何用自然语言写成的传达都是文本， 只有那些拥有某种完整意义且能够完成某种完整功能的自然语

① 周海宁：《论互联网时代受众的数字化生存能力》，《出版发行研究》2018年第12期。

② 苏珊·朗格是美籍德裔哲学家、文化理论家，主要研究领域为符号理论、艺术哲学和情感哲学。朗格认为，人类认知的基本特征是符号使用，符号是我们用来表达思想、情感和意愿的工具。她认为符号的作用在于传达人类经验和意义，是人类文化和社会交流的基础。朗格还研究了情感哲学，认为情感是人类认知和理性的重要组成部分，情感不仅仅是生理反应，也是一种文化和社会现象。她认为，情感可以作为一种认知工具，帮助我们理解和处理复杂的社会和文化问题。

③ 崔子修：《网络空间的社会哲学分析——从技术、利益到伦理》，中共中央党校博士论文，2004年。

言作品才能称之为‘文本’”[①]。即强调文本完整意义和功能的特性，指出文本并非静止的客体而是具有“流动性”的。例如，广东顺德回应海报的文本“凭栏黄鹤楼，不坠青云志”使用的是“黄鹤楼”“青云塔”这一经典符号，但是其意义和功能在新的语境之中已非原本的“黄鹤楼”“青云塔”，而是肯定了武汉精神，是其“不坠青云之志”的豪情象征，如此，“黄鹤楼”就具有了全新的意义和功能——在新的交流语境之中，进行重新编码，使受众形成新的“合意”，达成解码一致性效果，并起到正向的引导效果。

从文化角度来看，“文化圈对外来文化起选择作用和自我保护作用”[②]。从文化功能角度来看，“维模”（Pattern Maintenance）即潜在模式的维持功能，是在文化传播过程中产生的一种文化自我保护机制。在文化流动过程中，文化圈内对文化圈外文化采取借鉴、吸收、认同还是防御、抵抗、封闭，这是一种文化选择。所以在文化相对开放的社会，维模功能往往表现为正向的吸收、同化功效，既能发挥文化“守门人”的作用，保护自身固有文化的稳定性与独特性，同时亦能兼收并蓄，积极吸收外来文化，增强文化的多样性，保证文化的活力。

在全球化发展的今天，由于民粹主义思潮高涨，从全球视野来看，全球化的迅猛趋势已经被“逆全球化”[③]所抑制。特别是在2020年之后，逆全球化现象已经十分明显。但是文化的开放并不单单表现为对域外文明的兼容并包，还包括对大文化圈内，不同地区小文化的认同。在逆全球化思潮出现的今天，思考域内文化间的交流、吸收、认同就具有了重

① 高亮：《北方的南州与生涩的科段——〈春秋公羊疏〉文本生成时代新证》，《中华文史论丛》2020年第1期。

② 谢卓华：《广西对东盟传播的文化分析》，《新闻爱好者》2011年第4期。

③ 秦亚青、魏玲：《新型全球治理观与“一带一路”合作实践》，《外交评论》（外交学院学报）2018年第2期。

要性与紧迫性。特别是当今，思考如何激活本土文化的活力，积极的去“中心化”思维，重视文化圈内的“他者文化”，如此便抓住了后真相时代文化再兴的关键。

例如，体现在回应海报中的多元化的地方特色“热干面”（湖北）、“官府菜”（河北）、“初闻臭气扑鼻，细嗅浓香诱人”（湖南）、“黄鹤楼岁岁安，千佛山千千佛”（济南）等，均是以各地域文化的“特殊性”彰显文化的多样性，是“同质化”文化中心主义的反抗，体现了文化“维模”功能的正向意义，在逆全球化思潮的今天，这种语言景观的呈现为后真相时代文化的再次繁荣以及社会治理的持续发展提供了启发。

（二）舆情认知视角

由于新媒介传播具有“流动”的“液态”特征，以及传播主体多元化、传播渠道广泛化、网络舆情本体复杂化的特点，所以以互联网媒介为中心的媒介化社会的舆情生态亦呈现出复杂特征——信源多样化、主体多元化、信息流动涡轮化、舆情演进自组织化。文章立足“后真相时代”这一特殊的信息传播背景，对“液态”理论延伸发展，同时借用涡轮传播模式对舆情生态进行解读，并建构新的生态治理模式，即为建构良好的舆论生态环境和健康有序的社会环境探寻具体的实施路径，期待构建良好的舆论生态，维护健康有序的社会环境，保障和谐社会运行发展。

融媒体时代，媒介技术的迭代升级不仅促进了信息传递的增值，同时亦使人的认知以及社会文化不断发生着嬗变，从而不断推动文化景观的再生产，进而在以互联网媒介为中心的媒介化社会中助力新的共同体认知以及新的价值理念的建构。例如，突发的重大公共卫生事件，在获得互联网媒介的加持下，线下实际公共空间与线上虚拟公共空间边界逐渐消弭，多元化主体广泛参与其中，以对话为手段，同构舆论。于是大众传媒公论场与一般网民公论场并存，使舆论的生成和舆情的演进呈现出复杂性特征。[①]所以，当舆情事件发生之时，它的舆论生成与舆情演进呈现出“涡轮传播模式”的典型特征，即在融媒体时代，新闻传播活动呈现“流动”的液态特征，在媒介化的社会中个体属性、媒介属性、舆论生成与演进，以及时空维度等均体现出新模式。[②]因此，解读公共卫生事件发生时期的舆情生态特点，对建构新的舆情生态治理模式极具意义。

1. 从液态理论到涡轮传播的范式调整

“液态”理论源于鲍曼[③]（Zygmunt Bauman）的《流动的现代性》[④]，一般用于形容现代性发展至后期的社会形态特征。在社会学范式下，“液态”指涉的对象在鲍曼的理论版图中是清晰的，即人类社会的生活样态与存在方式。[⑤]研究媒介理论与互联网新闻学的德尔兹（Mark

① 周海宁：《论互联网时代受众的数字化生存能力》，《出版发行研究》2018年第12期。

② 张成良：《融媒体传播论》，科学出版社2019年版，第81–88页。

③ 齐格蒙·鲍曼：当代世界最著名的社会家与哲学家之一，1925年生于波兰，曾任华沙大学社会系教授，后前往英国，任利兹大学终身教授。主要著作有《工作、消费主义和新穷人》《现代性与大屠杀》《现代性与矛盾》《后现代性及其缺憾》等。

④ 鲍曼在《流动的现代性》中，从解放、个体性、时间与空间、劳动、共同体五个维度，详细考察了现代性转变以及这种转变导致的人类状况的深刻变化。他认为当代社会已经进入“现代性的流动阶段”。流动的现代性不仅是区别于以往的“固态的现代性”的一种新社会形态，同时也预示着该阶段社会形态的主要特征，即变动不居。空间与时间地位的倒转是两种现代性转变的重大促因与重要标志。流动现代性取消了固态现代性的永恒与持久价值，混灭了意义，把“长期”变成“短期”甚至把瞬时作为自己的终极理想。当然，这种“流动性”不是指现代性自始就具有的瓦解传统、不断变化的特点，而是特指维持人们正常生活秩序的各种规范、规则、惯例等互动模式不断地“在流动”，即社会的解体。

⑤ 李泓江、杨保军：《“液态”理论的旅行及其对新闻学研究的启示》，《社会科学战线》2019年第9期。

Deuze）将“液态”理论引入新闻学并认为：新闻业唯有主动将自身液化变成“液态新闻”，方能成功地拥抱和参与到这种新兴的媒介生态环境之中。[①]德尔兹将“液态新闻”视作应对新媒体生态不确定性和复杂性的方法与手段，并且新媒体生态自身的液态性正好从侧面呈现了“流动”的现代性特征。

“液态”理论认为现代社会充斥着液态的流动性，液态新闻研究则着力将新闻的职业范式转向社会范式的理论迁移。事实上，“液态”新闻现象是新闻活动社会化的必然，也带来了新闻学研究新的取向。不过，“液态”理论属意于新闻现象的形态属性，虽然理论迁移中“流动”这一描述人的生活样态的修饰词不断得到强化，但关涉其社会流动机制的讨论则欲言又止。特别是突发事件舆情中的“液态”社会响应机制未能加以言说。

以互联网媒介为中心的融媒体传播时代，诸媒介融合共生、边界消融已经成为常态。人在媒介的关系构成中“同发展、共进化”，即所谓的人机共存的状态已成为媒介化社会的新写照。因此，融媒体时代不同于传统大众传播时代，基于互联网媒介的开放、共享和自由理念，以横向的、去中心化的对话传播模式为主导生成了新的媒介化社会生态图景，实现了对话与话语共存，即信息生产创造与信息保存共享。[②]在融媒体社会中，媒介泛化造就了普遍的媒介化拟态环境。麦克卢汉的“媒介是人的延伸”理论准确描述了媒介使用者的个体属性，个体通过媒介得到了能力的延伸——媒介的使用者由单一自然属性（Human-being），

---

① Mark Deuze, *The Changing Context of News Work: Liquid Journalism and Monitorial Citizenship*, International Journal of Communication, No. 2, 2008, PP.848-865.

② 周海宁：《以互联网媒介为中心的听觉文化转向以及构建》，《出版发行研究》2019年第7期。

衍生为具有数字化生存能力的（Digital-being）“混种人”。[①]随着媒介技术的迭代升级，媒介形式的变化不但带来信息爆炸，同时亦对人的认知及社会文化带来广泛的影响。基于媒介融合与新人类主体重构的前提，以及新媒体“流动”着的“液态”特征，强调新媒体生态中的赋能属性及动态运行规律，成为“液态”理论迁移的必然要求，基于此，学者张成良提出“抛体-涡轮传播模式”[②]，旨在建构一种媒介融合范式下的“液态”新闻传播新模式，即在“流动”中关注诸如个体性、舆论形成、时空等维度在新闻活动中的体现。

不同于大众传媒时代典型的由传者到受者的线性信息生产、传达方式，涡轮传播模式是由叶片、流体共同组成的网状媒介生态系统。其中，叶片隐喻的是媒介生态系统中的子系统，如网络、信息库、社会服务、传播者、受传者等；流体则指的是传播的内容（信息）等。当信息流入涡轮系统之中，在人力与设备的共同推动之下，信息就会被强力吸附在整个涡轮系统中，并始终处于一种扩散运动的状态。所以，涡轮传播模式是基于人机同构作用，通过媒介的技术性赋能，使信息处于被随时提取、储存，处于被信手拈来的遍在性（Ubiquitous）、去中心化的状态之中，并完成信息的生产、互动、反馈等过程。而经过“涡轮”的不断增压后，“处处是中心，无处是边缘”的新媒介奇观迅即产生。这一媒介奇观在舆情事件的信息传播过程中展露无遗。谣言产生于无知与从众，在舆情事件中，人们或对未知存有恐慌和焦虑，或对谣言有“宁可信其有”的盲从心态，从而会迫不及待从各种渠道接收、查阅各种未经确认的信息，同时也会在社交媒体上发布、传播自认为真实可靠的信息，每个人都置身信息的庞大涡漩中不能自已。

① 周海宁：《论互联网时代受众的数字化生存能力》，《出版发行研究》2018年第12期。

② 张成良：《融媒体传播论》，科学出版社2019年版，第81-88页。

涡轮传播模式的出现是媒介技术发展的必然，是人与媒介互动同构的过程中形成的。它体现了媒介技术对社会、文化以及个人的推动发展作用，同样也彰显了人的媒介参与在媒介化社会之中的位置。涡轮传播模式囿于技术性的加持，而媒介技术也在造成人的异化，并且受众媒介素养的提高与媒介技术迭代升级的速度往往表现得不同步，所以涡轮系统的表现亦具有不稳定性特征。特别是当自然人媒体素养不足而技术发展过快时，涡轮系统必然会出现“湍急”，甚至“漩涡”现象，如信息传播过程中会出现“群体极化”“舆情混乱”等现象。

融媒体时代，媒介融合现状是由媒介技术以及媒介使用者，在双方之间推拉相互作用之中形成的。[①]如果从媒介的“推波助澜”（Push-pull）作用来看，传统媒体通过“推”以媒介表征为路径，建构一种“真实-再现”式线性传播框架，那么融媒体时代则是“推拉”结合，以媒介表征-互动分享为路径，建构一种“再现-参与”式涡轮传播框架。因此，以互联网媒介为中心，在多样化的媒介构成以及多元化的媒介使用主体的参与下，舆情传播扩散凸显了涡轮传播模式特征。

2.“涡轮传播模式”的特点及其对应的舆情生态特征

互联网作为一种新兴的传播媒介，同时具有传播媒介所具有的单向传播特点与非线性的信息传播优势，因而它成为汇聚人际传播、组织传播与大众传播为一体的传播模式。所以说媒介技术的迭代升级使信息传播活动进入更为广阔、多元的媒介融合新时代。具体而言，涡轮传播模式的特点可以总结为：资源丰富，信息量大；即时沟通，双向互动；信息定制，持续传播；系统演化，负熵制约。[②]换言之，在媒介技术的加

① 石磊等：《国外媒介融合研究知识图谱——基于文献计量学方法的分析》，《西南民族大学学报》（人文社科版）2019年第40期。

② 张成良：《融媒体传播论》，科学出版社2019年版，第87页。

持下，融媒体时代的媒介传播与大众传媒时代相比，具有交互性强、信息量大、传播速度快捷以及全觉传受等诸多特点，而这些特点与“涡轮”工作的物理过程不无吻合，因而形成上述涡轮传播模式的特征。

进而言之，首先，作为“数字化图书馆”的互联网，包罗万象、有容乃大。这与“涡轮传播模式”异曲同工：信息进入“涡轮”系统后，在“叶片”带动下旋转起来，系统内处于流动状态的信息可以随时提取，系统内因此蕴藏了巨大的信息资源。这就是“资源丰富、信息量大”的体现。

其次，互联网媒介的传播乃是“网状”的非线性传播，也就是说，送信者和收信者并非线性的、由上而下的传受关系，而是“去中心化”的横向关系，即随时随地地进行双向互动。这同时也是“涡轮传播模式”的结构：“涡轮传播模式”造成信息的旋涡，信息既在整体上随涡轮旋转，流体内部也产生一定的位置变化（位移），位移变化形成了网络与网民之间、网民与网民之间的非平衡关系，因而“即时沟通，双向互动”。

再次，网络具有“遍在性”，因而每时每刻、无休无止。互联网传播超越了传统大众传播的时空约束性，从而实现了信息的持续运转、永恒轮回。这如同“涡轮”的旋转状态：涡轮所带动的旋涡始终处于传播与接受的状态，设备不停，旋涡不止。并且，不同于传统大众传媒时代，在互联网媒介时代信息的“共相”与特殊性共存，并且媒介赋权使信息的定制成为可能，也就是说，旋涡中的流体处在自由运动状态中，作为“受传者”的叶片可以随时接触不同的流体，获得不同的信息，这在一定程度上增加了传播的效度，这要归功于“信息定制，持续传播”。

最后，网络系统依然受制于“系统的熵增”，也就是“走向无序化”。也就是说，在以互联网为代表的新兴媒介信息传播过程中，系统熵增来源包括信息剧增、虚假信息泛滥、存在大量冗余信息、人为操控

（网络推手与水军）以及监管不到位等。随着时间推移，熵增的加剧影响传播效果，或终将导致信息的枯竭。这如同在“涡轮传播模式”中，大量信息流体的输入、叶片间的磨合、流体内杂质的存在以及流体运转形成的反向阻力等因素，它们的存在都将影响到涡旋形成的效果，即影响互联网传播效果。而解决系统熵增的办法则是向系统内输入能量，引入负熵，这便是“系统演化，负熵制约”。

涡轮传播模式是技术赋能的运动平台，其本质为“处处为中心，无处是边缘”，其特点集中表现为：信源多元，话语开放；自我赋权，主体间性；技术赋能，自组织引导。由于涡轮传播模式作用的复杂性，模式内出现的漩涡甚至湍流与互联网重大突发事件中出现的舆情、网络极化等现象相互对应。[①]网络舆情，其形成及演变机理遵循舆论生成的“五要素”[②]——舆情主体、舆情对象、舆情本体、舆情媒介及舆情空间（舆情环境）之间的作用关系以及演进规律。正是在此五要素的综合作用下，舆情传播呈现出涡轮传播态势，其特点也在信息传播过程中充分彰显。

具体从涡轮传播模式特征来看，舆情的主体、对象、本体、媒介以及空间构成一个整体的“涡轮”生态系统。涡轮传播模式通过涡漩涨落来表征互联网环境中的舆情反应及其演进过程。在舆情传播过程中，谣言充斥于各种传播渠道，虚假信息和胡乱猜测也在网上疯传。这些谣言或虚假信息严重扰乱了信息传播秩序，影响公众信息的感知，造成了民众深层次的心理恐慌和焦虑情绪。这些都是涡轮模式之中流体（信息）被不断地掺入杂质，而叶片（舆论主体）之间通过对话与磨合，造成信息的大量流入，信息超负荷运转，其结果就是涡旋不断地增大。据观察

① 张成良：《融媒体传播论》，科学出版社2019年版，第83页。

② 黄微、李瑞、孟佳林：《大数据环境下多媒体网络舆情传播要素及运行机理研究》，《图书情报工作》2015年第21期。

分析可以得知，舆论主体的认知和情绪会不断地作用于事件本身（舆论），特别是大众通过使用各种智能终端（舆情媒介），广泛地参与到该事件的舆情文本创作之中，推动意见和情绪的不断更新、翻转，促使信息“涡轮”一直处于运动中，裹挟着冲突与对抗的舆情涡旋不断生成、涨落、消散。舆情空间是舆情运动所在的场所，大体分两部分，一是虚拟的网络空间——由可视化、碎片化的时空所串联而成的网络行为和意义空间；二是现实的社会文化的行动以及意义生成空间。

从全球性的公共卫生事件来看，它使全球社交媒体上充斥着大量真假不一的与之相关的信息，曾一度出现虚假信息过载现象，世界卫生组织将其称为“大规模信息疫情”（Massive Infodemic）。据英国广播公司报道，仅2020年1月至3月间，全球就有至少800人因各种与公共卫生事件有关的假消息而丧命，5800多人被社交媒体上的相关不实信息迷惑而不得不送医治疗。[①]假新闻、反转新闻在社交媒体上频发，人们真切地感受到这是一个“后真相时代”。互联网平台成了“后真相”的温床。相比于陈述客观事实，人们更倾向于在网络空间倾诉情感和个人情绪，这正是“后真相时代”的特征。

舆情空间融合线上与线下的双层空间的网络行为以及意义生成，整体构成涡轮传播系统的生态环境。信息传播引发舆情运动，引起网络喧嚣；舆情对象引发舆情主体的反应，并通过网络对话产生大量舆情文本，共同推动网络行为以及意义的建构，并进一步对网民认知和行为产生影响。具体而言，涡轮传播演进特征有如下三点。

第一，信源多元，话语开放。从本质上说，涡轮传播模式是一个动态旋转的技术平台，平台开放边际，系统时刻保持着开放运动状态，它

① 年度传媒伦理研究课题组、刘鹏、方师师、王侠：《2020年传媒伦理问题研究报告》，《新闻记者》2021年第1期。

对信息有着强大的吸附能力。在技术赋能环境中信息的不断汇入意味着信源的多元复杂性。如今，社交媒体空间，信息的来源非常复杂，各个舆情主体可在第一时间从官方微博、各大主流媒体的新媒体平台上搜索，也可在今日头条、自媒体大V、腾讯、支付宝平台上迅疾获得。涡轮传播模式下的互联网媒体如同舆情搅拌机，在开放吸纳信息的同时，各种未经证实的信息泥沙俱下，自由主体将不同渠道获得的信息通过不同平台转发、评论，因为公共卫生危机信息本身的显著性，极容易引起信息传播的涡漩，据此形成舆情爆发点。作为舆情中客体（对象）的信息流体，直接触发媒体与网民的共同关注，舆情主体由于不同的认知、情绪，在与舆情对象相互作用之后，便产生了不同的舆情本体。舆情本体指的是舆情主体对舆情对象进行认知，表达情绪和观点的具体内容。其呈现的方式包括各种形式的文本，如音频、视频、文字、链接等。故总体而言，舆情本体属于舆情主体对舆情对象进行感知并进一步加工的产物，它的出现意味着舆情演进的开始。

第二，自我赋权，主体间性。涡轮传播模式突出技术赋能与参与者的自我赋权，传播主体向主体间性身份演进。网民主体、意见领袖主体以及管控主体在内的多元化舆情主体共同参与是新媒介时代主体属性不同于大众传媒时代的重要特征。大众传媒时代是专业的媒介组织以舆论生成为目的，进行单方向的话语传播，受众仅仅作为信息的接受方而被动参与；而以融媒体传播为代表的新媒介时代，则是多元主体共同参与，任何媒介使用者均可以持有一定的主题，进行非位阶的、双向互动的对话式传播。[①]那么多元主体通过线上与线下同时推进的行为，可以主动地参与到去中心化的意义建构之中。

① 周海宁：《互联网时代中国媒介文化的嬗变以及人的主体性重构》，延边大学出版社2019年版，第11页。

在哲学视野中，现代主体性是在“主体-客体”之间关系中形成的，而主体间性是在“主体-主体”之间关系中形成的。主体性突出了主体对客体的优越与征服，后者主张两者的共在与交往。[①]舆情主体间性就是利用互联网媒介所形成的虚拟空间表达其认知、情绪和态度意见的交往过程。舆情中的主体间性包括一般传播者、意见领袖和管控主体等。一般传播者通过自我赋权参与到信息生产传播的链条中，利用各种媒介平台自由浏览、点赞、评价；意见领袖主体由专业记者、评论人或者网络的自媒体大V构成，其既能够表达大众声音，亦能表达专业媒体观点；管控主体则由代表政府以及法律的发言人和专家构成，其主要作用是化解危机，对舆论起导向作用。在舆情事件中，舆情的议题设置缘于一般传播者、意见领袖或管控主体的自我赋权，并随着话题的展开和深入，成为网络舆情的关注热点话题，信息涡漩就此生成。

第三，技术赋能，自组织引导。涡轮传播模式显示出互联网环境中的“液态”“流动性”归结于系统演进，而在系统演进过程中，信息以流体的方式旋转，形成舆论旋涡。旋涡形成过程中，传播者与受传者彼此结成互动的关系体，传受身份因此高度统一。[②]舆情作为信息系统演进中的现象表征，从整体上表现为自组织特征，即随着信息大量卷入，舆情涡漩面临着要么更大、要么消解的过程，外在环境的干扰仅限于信息的汇入，这仍然属于自组织的调节范畴。自组织理论主要探讨的是系统如何自己组织起来，实现从无序到有序进化的一般条件、机制和规律性。[③]舆情系统的演进依赖于其自组织过程，而自组织引导得益于系统

① 常媛媛、曾庆香：《新型主流媒体新闻身份建构：主体间性与道德共识》，《西南民族大学学报》（人文社科版）2020年第3期。

② 张成良：《融媒体传播论》，科学出版社2019年版，第88页。

③ 张成良、于海飞：《融媒体语境下新闻采访教学的三重时空建构》，《现代传播》2019年第5期。

的开放性、信息的流通性和数据的可检索性：越是开放的信息系统，越能有效地保障信息沟通的畅通性；越是信息流通性大的系统，越能有效地提高舆情涡漩的涨落；越是智能的信息系统，越能自我修复虚假信息带来的舆情误导。

由于技术的赋权，互联网媒介的运转周期是无限期延伸的。“涡轮”一直处在旋转的状态，由此形成涡漩涨落。在舆情事件传播过程中，每天都有新的信息产生，每天都在接收新的信息，信息始终处在持续传播的状态中。在信息涨落的过程中，随着“新闻热点”的出现舆情也随之出现，涡漩快速形成涨落，吸引更加大量的信息加入并置换，进而催生了更大的舆情，“涡轮”系统出现湍急甚至漩涡现象，即舆情中的“群体极化”现象。此时，就需要及时向“涡轮”系统内输入更加多元的信息，引入负熵，通过技术赋能，解决系统内的自然熵增，以确保“涡轮”系统也即信息传播系统的正常运转。从媒介决定主义的立场观察，“涡轮”传播模式的出现是媒介技术发展的必然，是肯定媒介技术对人类社会、文化以及人的认知本身所起到的重要作用，但是媒介决定主义立场亦强调的是“人的参与”①，即人如何使用媒介是决定社会、文化以及人类认知取向的根本。②这就是在肯定技术赋能的同时，强调技术使用者，即各种主体在舆情生态体系之中，或者说是“涡轮”传播体系之中的重要位置，也是技术性与人文性在博弈之中，强调二者共生、共发展的价值取向。

3. 社会治理之舆情再认知

液态性充斥于新闻生产传播的整个过程，技术迭代促使互联网的媒

---

① 周海宁：《〈后浪〉青年宣言片反向评价的解释现象学分析》，《鲁东大学学报》(哲学社会科学版2021年第1期。

② 周海宁：《基于移动短视频传播的文化转向与信息价值观的重构》，《东南传播》2019年第10期。

介属性——自由、开放、平等通过系统性演进赋予信息以流体的形式，不断生成漩涡。由此带来的结果是，在以互联网媒介为中心的人与信息联结体的生态系统中，舆情管理变得复杂、艰难。基于此，可以从共建、共治、共享，规范自组织引导；建构反涡轮传播模式，平衡信息流的液态性与流动性；人文涵化，纠偏技术的物化及异化三个方面建构良好的舆论生态环境和健康有序的社会环境。

（1）以新的管理方式规范自组织运转

共建、共治、共享的社会治理制度是推进社会治理现代化的重要制度保障[①]，是党的十九届四中全会提及治理体系和治理能力现代化的核心内容。而共建、共治、共享的关键体现于多元治理主体协同功能的完善，以及推进政府治理、社会调节、居民自治的“政社民”互动模式的完善。特别是“政社民”新型关系秩序的建构体现了自治活力、法治秩序以及德治精神的融合，是社会治理的基本路径。

生命系统具有自创生特性，遵循着自组织的循环因果作用，是包含着价值维度的自然的目的性。[②]因而自组织性是自然生命发展所自为的存在，而非适用某种功能而建构的结果。所以，从传播学视角来看，可以认为，自组织性是媒介技术迭代升级所自发地对媒介使用者赋权的结果。以互联网媒介为中心的媒介技术赋能将信息的生产与传播由传统大众传媒时代的确定结构与层级的位阶式、话语式信息传播转变为基于个人目标以及自我组织协作的扁平化、去中心化的对话式信息传播模式，表现出信息源多元化、信息主体多元化特征。因此，在融媒体视域下，互联网媒介的赋权作用已经使众多的媒介使用者参与到信息的生产、传

① 郭声琨：《坚持和完善共建共治共享的社会治理制度（深入学习贯彻党的十九届四中全会精神）》，《人民日报》2019年11月28日，第6版。

② 刘晓力：《哲学与认知科学交叉融合的途径》，《中国社会科学》2020年第9期。

递与消费过程中，原本线性的、自上而下的信息传受关系已经转变为扁平式的信息产消关系，而承认信息源的多元化和信息主体的多样化是承认媒介对人与社会发挥作用的前提，是媒介化社会认识论的基础，亦是共建、共治、共享理念实践的认识论基础。

而从共建、共治、共享理念来考察舆情运动的动态过程可以发现，在受众参与到舆情运动的过程中，促进社会议程的建构是融媒体时代基于媒介赋权所体现的受众群体信息生成的自组织化特征的体现。媒体议程设置、政府议程管理、受众议程建构是当代社会以互联网媒介为中心的话语形成的重要形式。①这打破了原有媒体中心论或者消息源中心论的线性“决定主义”认知，肯定了互联网时代一般网民（互联网媒介使用者）参与议程设置建构过程的作用，也由此将整个社会的议程主体按照议程建构的参与分为上位的政府主体、本位的媒体主体以及下位的受众主体，这也正是新闻舆论建构过程的三大主体，同时也是“政社民”新型关系秩序建构的三大主体。三大主体从不同角度共同参与到社会公共问题的讨论与管理中，以往的纵向的公共舆论生成模式转变为了横向的舆论生态同构模式。特别是在重大舆情事件传播过程中，受众信息生成的自组织特性特点彰显，并对社会议程的建构产生了重要影响。

（2）以新的传播模式平衡信息流的液态性与流动性

涡轮传播形成舆论的漩涡是基于以互联网媒介为中心的系统演进，并推进信息流转方式变化，即新闻“液态性”以及“流动性”的呈现。涡轮传播的理想化模式是通过信息主体自组织的形式，实现信息自发地从无序到有序、从混乱到治理的理想化流动。这源自于互联网媒介系统的开放性、自由性以及信息技术持续迭代升级，通过自我修复的智能化水平的不断提升，实现信息谬误自我纠偏的理想化信仰。但是后真相时

① 胡百精：《说服与认同》，中国传媒大学出版社2014年版，第163页。

代的新闻传播同时具备客观主义的真实性与公平性要求，也呈现了“情感化传播”[①]的强势崛起。表现为通过互联网媒介为中心的虚拟化公共空间，真相与谣言同时出现，但真相并不能第一时间呈现于受众面前，真相与虚假信息之间的博弈需要时间，即后真相时代真相的浮现需要更多的时间。在重大舆情事件中，信息的真伪直接决定了社会的稳定以及民心的安定。作为信息发布的载体，自媒体和各大主流媒体均有责任承担起过滤谣言和虚假新闻的职责，必须对发布的每一条信息的真实性负责。报道过程中主流媒体和自媒体与相关政府部门随时保持联系，根据事件发展及时做好报道议程设置，积极配合政府部门工作，把老百姓想知而未知的事实信息第一时间准确及时报道出来。这就是积极建构信息传播的“反涡轮”传播模式，即通过信息的组织与干预，平衡信息流的液态性与流动性，抵消融媒体时代以自组织为特性的涡轮传播带来的信息传播偏向。

（3）以人文涵化之功纠偏人技关系

“后真相”是媒介技术迭代升级带来的结果，即媒介化的社会中，机器智能的提升速度远远超越人类主体的进化速度。所以在“加速度”生活的媒介化社会中，人们以“信、知、行”替代了原本的“知、信、行”，正如美国新闻评论家李普曼所言“人们并不是先理解而后判断”[②]。在“后真相”时代，判断往往先于理解。而融媒体时代人们对媒介技术的依赖，往往加剧了人的刻板成见，技术理性或者工具理性的泛滥造就了技术物化以及异化的偏向，从而进一步削弱了人文性。所以，以人文性涵化技术性便更具有紧迫性。

维利里奥（Paul Virilio）从“速度美学”以及“速度与政治”的关

① 袁丰雪、周海宁：《社交媒体内容负面评价的成因探析》，《青年记者》2020年第29期。

②〔美〕沃尔特·李普曼：《舆论》，常江、肖寒译，北京大学出版社2018年版，第25页。

系入手，考察文明的进程与现代性，认为“我们看到的世界是正在消逝的世界”[①]。而今，速度的政治学已经成为媒介化社会所应关注的焦点问题。因为，互联网媒介的遍在性以及时空调节功能已经深刻地影响着融媒体时代的政治、社会以及文化的结构以及内涵。融媒体时代人对技术性媒介的依赖犹如鱼儿与水的关系，从人机共生、共进化理念的普遍接受程度可见一斑。然而，人造就了技术，技术也因此再造了人类；人类发明了交通信号灯，人类亦在交通信号灯的规则下行动。所以，以互联网媒介为中心的融媒体时代，媒介不但改变了人的社会生活形式，同时也改变了人的认知和行为。虽然，技术本身是中立的，但是技术的使用者却是存在主观偏向性的，特别是融媒体时代呈现出景观社会和消费社会的特征，人的过度景观化以及消费化是媒介技术使人异化的重要呈现。所以，强调人文的涵化作用，纠正技术决定论的过度偏向，是解决中国媒介化社会问题的重要切入点以及方法论依据。

融媒体时代，景观社会具体体现为以遍在性的互联网媒介为中心的碎片化时空与碎片化思维的偏向。碎片化的时空对应碎片化的思维，产生碎片化的阅读习惯，而且媒体呈现的文本，如新闻报道文本本身也具有碎片化特征。因此，碎片化是景观社会的特征之一，亦是媒介技术的发达对人的认知以及行为产生影响的必然结果，这是媒介化社会必然的特征之一。而消费社会的特征便是“物”地位的上升，相应地“精神”地位降低，物化的世界观与价值观成为消费社会的重要偏向之一，并且物的符号性价值上升为主要价值，而其原本的使用价值则降为次要价值。由此，文本的对话与交流功能亦让步于展示价值，于是，责任意识弱化，喧嚣的形式化、情绪化、主观化成为主流。最终，文化的意识形态让位于图像、消费符号的意识形态，互联网媒介的赋权结果只是增加

① 王大桥、刘晨：《慢速经验与当代美学的问题转换》，《文艺争鸣》2020年第4期。

了随媒介技术发展而随波逐流的大众，使他们沉溺于图像与消费符号的流动之中，消解了责任与对话的能力，仅仅增添了喧嚣与无意义。这是媒介技术决定论过度偏向的结果。

对此，我们仍应坚持以人文的涵化功能纠正技术的物化与异化偏向。人文性是现代性的特征之一，是启蒙运动高扬人的主体性之后确立的目标之一，是批判学派批判文化工业的武器之一，是文化学派赋予现代性“他者”以主体性地位的工具之一。所以，福柯所言“人之死”并非人这一存在的死亡，而是强调人之概念的生生不息，不断变化。正所谓“天之变化谓之天文，地之变化谓之地文，人之变化谓之人文”。人文强调的是人的变化，是人之概念的不断生成。所以，在以互联网媒介为中心的融媒体时代，人文的涵化功能依旧是完善“人性”。虽然，媒介技术造就了“后真相”这一概念以及事实，并且使人变得碎片化而容易被情感裹挟，甚至出现群体极化等“乌合之众”的特质，但是只要不忘强调人文性的涵化之功，强调技术决定主义中人的位置，肯定融媒体时代人之为人的价值理性，那么技术的偏向依旧可以通过人性的再完善而得以纠偏，混乱无序的“后真相”舆情亦得以在较短时间内消解，真相亦会随之浮出水面。

（三）符号化传播视角

2023年的春天，拥有齐文化基因的淄博作为一个传统工业老城，因烧烤美食在社交媒体上“爆火出圈”，顺势变成一票难求的“网红”文旅城市，贴上了“淄博烧烤”这一符号化标签。数据显示，淄博在2023年“五一”期间，吸引了来自全国各地的游客逾12万人次，创下近10

年来的客流量最高纪录。[①]

淄博靠着“烧烤”，找到了新时代的“流量密码”，但是，作为快速崛起的新兴文旅城市，与传统的旅游型城市相比，淄博在资源禀赋、交通条件、经济实力、消费人口等方面并没有突出竞争力。这次成就淄博的是新时代的社交媒体，是山东的大学生在社交媒体平台上呼吁“我们还欠淄博一顿烧烤”，是一种新型的旅游方式——“大学生特种兵旅游”将淄博推到了风口浪尖。

文化是城市的灵魂。融合了齐鲁文化的淄博，它如今的“爆火”是否能够从文化上寻找原因呢？它“爆火”的背后有什么样的故事，“淄博烧烤”这一现象级的互联网案例是否有研究的价值，从而为城市形象建设与社会治理提供优秀样本？本节以探索淄博城市形象建构的原因与再传播的可能性为目的，将从淄博文化符号的传统基因入手，考察山东特色的“土”文化符号、“情义”文化符号以及“烧烤”所呈现的美食符号文化，探析这些文化符号在建构城市形象的传播链条中的功能，进而总结社会治理的新启示。

1.淄博“爆火”背后的故事

“淄”味十足

每个城市随处可见的烧烤，却被淄博这座小城，“烤”出了最好的“淄”味。

过去一个月，你是不是被各种淄博烧烤刷屏了？近日，“淄博烧烤”又出圈了。[②]

---

① 中国网：《“五一”假期后，淄博烧烤热度还能维持多久？》，2023年5月6日，https://new.qq.com/rain/a/20230506A06D1Z00。

② 人民名品：《一个月，全网搜索超770%！“淄博烧烤”，为何“淄”味十足？》，网易，2023年4月11日，https://www.163.com/dy/article/I22EF4DF0550AH4T.html。

随着“淄博烧烤”在网络上爆火，2023年3月31日，“烧烤”专列开通。淄博市文化与旅游局发出了“品人间烟火，游魅力淄博”的口号。淄博市文化和旅游局曾对湖北长江日报报业集团下设的新媒体平台“九派新闻”解释道：

淄博烧烤是在今年3月初在网上走红的，火了之后，游客明显增多。烧烤专列则是铁路局的策划，文旅局只负责一些推广和宣传活动。未来，就“淄博烧烤”这一名片，文旅局还将用其他方式进行推广，具体方案目前正在研讨中。[①]

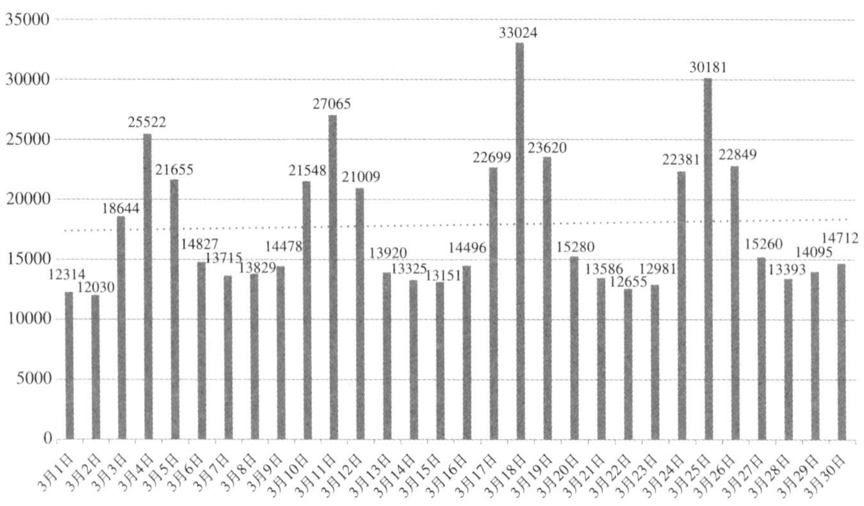

图4　淄博火车站2023年3月份到达旅客趋势图（单位：人次）[②]

如上图所示，2023年3月每逢周五、周六、周日，即3日、4日、5日、10日、11日、12日、17日、15日、19日、24日、25日、26日，淄

① 九派新闻：《淄博“烧烤专列”火出圈：专列直达网红烧烤店，伴手礼有烧烤酱、苹果、山楂……》，腾讯网，2023年4月11日，https://new.qq.com/rain/a/20230411A052C100。

② 半岛都市报：《今天开通！淄博烧烤专列来了！时间是……》，澎湃新闻，2023年3月31日，https://www.thepaper.cn/newsDetail_forward_22529528。

博火车站都会迎来一个旅客小高峰。基于数据的实际情况，铁路局和文旅局着手开通“烧烤”专列。由此，内外合力，共同促成了淄博“爆火”的持续性。

如果对淄博“爆火”的原因进行考察，你首先会听到一则有关双向奔赴的感人故事。这是一则关于“承诺”的故事、一则关于“爱”的故事。故事的主角之一是一群山东大学的学生，另一端则是一座“有爱”的城市——淄博，以及在那里的人与事。故事大概如下：

在2022年底，山东大学的一批学生被安置到淄博。淄博人民以他们朴素和真挚的情感，将这些外来学生视为自己的孩子，确保他们的生活起居得到妥善照料。在确保隔离条件允许的前提下，淄博人民尽力提供了多样化的饮食，让孩子们吃得营养、吃得饱足。据说，在隔离即将结束的前一天，学生们表达了想要品尝淄博烧烤的愿望。淄博人民怀着满满的热情，为他们准备了离开前的一顿美餐——淄博烧烤。更加温暖人心的是，在学生们离开淄博的路上，淄博人民挂出了条幅，上面写着：“有你在处，便是山大！待你来时，这就是家”和“明年春暖花开时，欢迎你们回家!”这些话语不仅表达了他们对大学生们的深情厚谊，也传达了对他们未来归来的期盼和欢迎。因此，到了2023年春天，学生们如约返回。这场“心与心”的约定，不仅让淄博受到了广泛关注，也带来了更多温馨动人的故事。

在了解了淄博这座城与山东大学学生之间的承诺与践行故事之后，大家或许已经明白了淄博为何会突然受到广泛关注。原本随着时间的流逝，光芒似乎已然黯淡的淄博因为大学生们在社交媒体上分享了自己在淄博的经历，以及那里的烧烤等美食，重新点燃了人们对这座城市的魅力和风情的认识。这并非依靠什么神秘的调味酱料，也不是通过“大学生特种兵”式的营销策略，而是一种真诚的情感交流，是对善行的回馈，是双方的心意相通。这正是“爱出者爱返，福往者福来”[①]。

从淄博这一现象级的案例入手考察社会治理的可能性，可以从城市形象即具体城市精神内涵、特色的符号化入手。因为城市的形象并非是自然的，而是一种社会认同的结果，因此城市形象是一种建构的产物。城市形象是人类为自己居住的城市赋予意义的结构。就“符号”的定义而言，符号是指“一种携带意义的感知”，而意义必须用符号才能表达，所以符号的用途是表达意义。[②]那么城市形象首先表现为符号的建构，即编码过程，而城市形象的表达则是意义符号的传播，在传播的过程中通过意义的再赋予（解释、解码），城市形象由此获得更多的内涵意义，进而凝结成文化。所以符号是文化的符号，而文化是符号构成的文化。所谓文化符号是指一个国家、民族和地区形成物质文化与精神文化所代表的标识。[③]也就是说文化符号是替代物质文化与精神文化的标识。因此，探索沉淀（凝结）在文化事件中的物质文化和精神文化的象征性再现（符号），将其抽象为理论化的认知，再由理论化的认知重新认识淄博烧烤爆火现象，就能够更为深刻地理解这一现象级事件的原因与影响，从而探索进一步推广、创新这种模式的可能性。

2. 淄博爆火现象的文化符号学逻辑

从文化符号学视角来看，淄博烧烤爆火现象里凝结着传统文化基因的痕迹。城市文化的内涵保留城市文化的记忆，延续城市历史文脉，所以城市的更新并非“空中楼阁”而是在历史脉络中继承并创新发展的。

① 出自汉代贾谊《新书》卷第六《礼》篇，意思是“用爱等待别人，别人也会回报以爱；把福报送给别人，别人也会回赠你福报”。贾谊（前200—前168年），洛阳人，西汉初年著名政论家、文学家。

② 赵毅衡：《重新定义符号与符号学》，《国际新闻界》2013年第6期。

③ 刘国贞：《文化符号学视域下城市形象的传播》，《青年记者》2019年第11期。

这也就是“城市更新行动”[①]的原动力所在。淄博烧烤爆火现象的关键并非经济能力而是城市文化实力。在国家文化治理体系中，提升文化治理能力处于关键地位，在引导国家现代化发展和文化强国建设中发挥着保障作用，甚至关乎城市文化建设的质地与城市文明发达程度。[②]因此城市形象建构不仅关系到城市文脉的延续发展，更体现出文明程度和治理水平。在文化符号这个表意系统中，传统媒介与新媒介的交互作用为城市文化符号的传播建构起公众认知的基本框架，文化符号的媒介化呈现也由此产生。

从传播学视角来看，符号是一种假设，是人们在寻找意义的过程中人为创造的象征系统。[③]基于此，符号与城市的互动关系也成为学界探讨的热门议题。目前，传播学者对于符号与城市的互动关系的研究主要分布在城市传播层面，比如，“符号与城市传播策略”[④]“符号与文化传承”[⑤]“符号与短视频传播”[⑥]和“符号与国际传播”[⑦]等。

淄博在构建城市形象中，始终坚持讲好淄博故事，传播好淄博声音，以山东地域文化的特色资源——情义为立足点，深耕齐文化软实

① 这是“十四五”规划《纲要》中的一项重要任务，城市更新行动旨在通过对现有城市基础设施、建筑、生态环境等各方面的更新和改造，提高城市的质量、功能和形象，以支持高质量的经济增长和社会进步。在不同城市，这一行动展现出多种模式和特色，如天津通过改造闲置楼宇或土地，快速推动民生项目的发展，上海注重历史文化遗产的保护和文化融入，武汉则致力于改善城市基础设施和生态环境。

② 范玉刚：《文化治理视域下的城市文明典范塑造》，《理论视野》2023年第4期。

③〔巴西〕威廉·弗卢塞尔：《传播学：历史、理论与哲学》，周海宁译，复旦大学出版社2022年版，第55页。

④ 张雪、杨向荣：《符号化：空间媒介视阈下的城市形象建构》，《湖南科技大学学报》（社会科学版）2023年第1期。

⑤ 吕晓璐：《从物质符号到观念符号：文化遗产的媒介化传承》，《传播与版权》2023年第9期。

⑥ 卜彦芳、唐嘉楠：《短视频对城市文化记忆的书写与建构机制》，《西南民族大学学报》（人文社会科学版）2022年第10期。

⑦ 李雪林：《全面数字化转型中国际传播符号的构建》，《青年记者》2022年第4期。

力，在延续以诚信为特点的“土”文化血脉的基础上，引领饮食文化创新，扩大影响力的辐射范围。

（1）“土”文化符号的文化基因与现代性

“土”作为常用字之一，在《新华字典》里有九种含义。其中“本地与地方的（故土）、民间的（区别于“洋”，如土方、偏方）、不合潮流的（土气）”与乡土风情评价有关。这种含义正是淄博爆火的原因之一：不在于所谓的“美食”，而在于淄博的“诚”（诚意）与乡土风情。

淄博属于山东，淄博人所表现出来的风情往往与山东文化是一致的。然而大众（省内外）在接触山东官方媒体宣传的过程中以及接触山东之后，往往容易给出评价并形成一种刻板印象：“土”。

总体来看，山东的“土”源于消费主义时代“商品经济”的思维的“滞后性”，它没有彻底超越传统文化中“厚土文化”的影响。山东人更加注重生活的稳定，缺乏从事商业的积极进取的冒险精神。山东经济结构品类齐全，是农业大省和工业强省，但是高科技企业和信息产业结构不合理，所以，山东产业结构以传统产业为主，如此也就强化了山东的“土”。

从文化产业中的文化内容来看。以湖南卫视和山东卫视为例。《快乐大本营》是湖南卫视自1997年就开播的综艺节目，深受观众喜欢并长期处于时尚前沿引动潮流。因为该节目气氛轻松活泼、主持风格幽默诙谐，节目内容紧跟时代潮流，并融入流行文化要素和当下社会热点，具有一定的时尚感和前卫性。但是，当消费主义将“土气”定义为时尚、潮流、流行的反面时，《快乐大本营》这种时尚代名词的内容物就会被迫与相反的存在作比较。

山东卫视的草根选秀节目《我是大明星》（2010年开始播出）就是这样的存在，这一节目在刚播出时很受大众欢迎，但播出后的反馈和传播效果，在有了对比之后就深化了山东的“土”（不潮流）的刻板印象。再有，有人吐槽，其他电视台的广告“俊男靓女，赏心悦目”，一到山东电视台就是“挖掘机学校哪家强，中国山东找蓝翔”，从此，“挖掘机”这一工业时代的机械，这一跟“土”打交道的工具，就与山东的形象深深绑定了。类似的还有：“黄土地，黑土地，种地就用史丹利！”（史丹利复合肥广告）。

以电视剧为例，有人吐槽，其他电视台的故事“缠绵悱恻、故事动人”，形式“仙气飘飘、画风唯美”，而一转到山东电视台便画风突变为“看我手撕鬼子”“手榴弹打飞机”（国产“抗战神剧”）。

除了电视节目等大众传播内容物给人刻板印象的“土”之外，山东的“饮食”也被列入“土”的范畴。比如，“煎饼卷大葱”；山东的“话”也被列入“帅哥、美女长了个嘴系列”，因为正常情况下明星在讲话的时候大家会注意其讲话的内容，而不会注意其讲话所使用的语言，只有当明星语言的特殊性引起大众的“陌生性”或者“惊讶”才能使大众注意到它的“与众不同”，而大众认为山东帅哥美女的长相与其使用的家乡话好像不是一个“潮流”维度，比如，焦恩俊在说“大家好，俺是焦恩俊……大家到青岛哈啤酒、吃蛤蜊”时就与本人形成了巨大的形象反差。

以上等等，从大众媒介内容物到日常语言，山东均呈现出一种反潮流化的现象，那么被大众冠以“土”之名，就不足为奇了。但是这些所谓的不潮流（“土”）的形式之下所彰显的本质是什么呢？莫言2012年获得诺贝尔文学奖，成为我国首位获此殊荣的作家。不过他之所以能够获得诺贝尔文学奖，也是因为他的“土”。

莫言谈及的“高密县东北乡”，已然成为他笔下的一种符号。因为，“每个人都有自己的家乡，必然对自己的成长发生影响”。“故土乡情永远是我创作的源泉。土是我走向世界的重要原因”。“我曾经千方百计地想逃离它，但是离开之后我又感觉这个地方像磁石吸引铁一样，用一种强大的力量把我往回拉”。以上话语表明了莫言的“乡土情结”，而故乡的“土”是成就莫言的基础，莫言坦承这种“土”是他顺其心性的表现，不是对城市生活的一种逃避。对莫言而言，城市生活具有严重的“复制性”，对他来说城市生活是一种“枝叶”①，而故乡高密东北乡的生活是“根”，如此，他一生的能量来源与后期补给都源自于“根土”。

> 一个作家必须创造出一块属于自己的乡土、文学的乡土。在他的影响下，我的作品中出现了“高密东北乡”这样一个字眼。……我觉得福克纳通过写乡土确立了自己在美国文坛的地位，同时也确立了自己在世界文坛的地位，他的小说实际上传达出了一种非常深厚的恋旧的信息——对乡土文化、对农业文明的眷恋，而且，针对工业文明对农业文明的不断地侵袭、不断地占领，表示强烈的反感。所以我觉得他的小说的忧伤的怀旧情绪对我们的中国当代作家来讲，也是引起很强烈的感情共鸣。②

以上种种，莫不验证了山东的“土”是“土”得其所。那么从文化根源上看，“土”的传统文化之根又在何处呢？

“土”为“五行学说”五种要素（金、木、水、火、土）之一，中国古代哲学认为，这五种要素的相互运动，构成了宇宙万物以及各种自然现象变化的基础。其中“土”的特性为，“生化、承载、受纳”。其中，生化的功能就表明它是万物生长的基础，能够孕育万物，支持生命

① 李新锁：《诺奖得主莫言：乡土是根北京是枝叶》，中国新闻网，2019年5月15日，https://www.chinanews.com/cul/2019/05-15/8837837.shtml。

② 刘琛：《把“高密东北乡”安放在世界文学的版图上——莫言先生文学访谈录》，《东岳论丛》2012年第10期。

的繁衍；承载是指土承载万物，接纳各种生命形式，所以承载万物就是包容万物；受纳是指土地能够吸收和保持水分、养分，进而转化为人类可利用的资源。山东受“土”文化影响深远，因而土之德转化为人之德，表现出敦厚、淳朴的人物气质，所以山东文旅打出“好客山东”的口号，强调待人以“诚”。

儒家经典《中庸》，将“诚”作为重要的范畴。“诚者，天之道也；诚之者，人之道也。诚，不勉而中，不思而得，从容中道，圣人也。诚之者，择善而固执之者……诚者，真实无妄之谓，天理之本然也。”[①]朱熹从“诚”的存在论的角度指出了“诚”是天道的实然性，本质是“真实无妄”。“诚之者”表现为“泽善估值”，是人道的“应然性”体现，是后人选择并强化的结果。进而，天道便与人道产生了关联性。孟子在《离娄上》中亦认为“诚者，天之道也；思诚者，人之道也”[②]，再次肯定了“诚”使天道与人道合一。这可以被视为中国传统文化“天人合一”理论的源头，强调了个人对“天道”的“诚”的追求的必要性与正当性，以及通过“诚之道”来强化自身修养，强化道德水平和规范性。

在传统经典中，与“诚”相关的范畴，强调“信”和“忠”。《说文解字》中记载：“诚，信也。”[③]即“人而无信，不知其可也”[④]。而从忠与信的关系来看，“吾日三省吾身：为人谋而不忠乎？与朋友交而不信乎？传不习乎？”[⑤]如此，传统经典中将“诚”从天道转入人伦，并赋予

① (南宋)朱熹:《四书章句集注》,上海古籍出版社、安徽教育出版社2001年版,第36页。

② (南宋)朱熹:《四书章句集注》,上海古籍出版社、安徽教育出版社2001年版,第332页。

③ (东汉)许慎:《说文解字今释》,汤可敬撰,岳麓书社1997年版,第317页。

④ (南宋)朱熹:《四书章句集注》,上海古籍出版社、安徽教育出版社2001年版,第69页。

⑤《论语·学而》篇,原文是:“曾子曰:‘吾日三省吾身,为人谋而不忠乎?与朋友交而不信乎?传不习乎?’”这是儒家思想代表人物曾子对自己修养和品德要求的表述。他提出了每天要三次反省自己:在为别人谋划事情时是不是尽心竭力了?与朋友交往时是不是诚实可信了?老师传授的知识是不是认真学习了?

“信”与“忠”同样的功能：规定认知价值范畴并规范日常行为。

因此，在这种“诚”思想的牵引下，滋养、培育了山东的“土”文化。所以，这里的“土”文化的内涵是一种诚信文化。当然，因为中华农耕文明根植于乡土，千百年来孕育滋长的“土”文化悠远而温润。一方面，“靠种地谋生的人才明白泥土的可贵”[①]，从表面来看，以“土”为根基的淄博地区仍旧保存着农耕文化，积淀了丰富的农耕文化习俗，形成了山东人根深蒂固的“土”气息与朴实的烙印，所以我们看到了山东卫视的“土”。但另一方面，正是淄博这次的“火”，让山东卫视的“土”显露出了生活和现实本来的底色。[②]

“土”文化是一种朴素而又真实、自然却又不失人文情怀的地域文化。当我们深入观察“土”文化时，我们会发现它不仅仅是人们对山东卫视的固定看法，更多的是它在人们心中留下的刻板印象。但是，这种“土”文化实际上是山东人民特有的、深植于文化中的性格标志——那就是诚信。更为关键的是，淄博的“爆火”呈现的是城市形象建构、城市营销，或者说在城市传播过程中，所谓“土”的重要性——“土”的本质底色在于“诚信”。

在城市形象建构的过程中，淄博早将“诚信”融入城市形象传播和城市品格建设行动的措施中。《关于聚力打造“五个淄博”进一步推进文明建设的实施意见》的提出便是证明。《意见》提出要以打造诚信淄博为载体，全力打造重信践诺的“诚信之城”。这在一定程度上说明“诚信”这一核心价值观已成为塑造一个良好的城市品牌形象不可忽视的力量源泉。一个城市的文化核心是否能够作为其持续发展的形象支柱，其所体现的人文价值和追求的价值观，对于城市的外部传播产生了

① 费孝通:《乡土中国》,上海人民出版社2013年版,第2页。

② 时统宇:《淄博烧烤的“火”与山东卫视的“土”》,《青年记者》2023年第11期。

深远的影响。因此，为了进一步增强这座城市的文化影响力，“诚信淄博”作为城市的代表，与“土”文化持续地融合共生、共发展。

以文化人。文化内核是一座城市稳固发展的形象支撑，所代表的内在人文品质、价值追求能够进一步打造和提升独属于这座城市的文化覆盖力，“诚信淄博”作为城市名片与“土”文化不断进行融合发展。2023年5月5日，新华社以《火爆出圈，淄博究竟做对了什么？》为题，指出当代年轻人接受新事物的重要途径之一是接受网络“种草”，“种草”成功的秘诀就在于“诚信”的态度。以淄博为例，“诚”思想是其“爆火”的原生动力。

为了迎接每一位游客的到来，淄博每个人都拿出了最大的诚意。他们为了给外地游客留下好的印象，心甘情愿做了大量的工作，令人感动。一名安徽小伙着急赶高铁又想吃淄博烧烤，点了很多东西，老板娘怕他来不及烤，主动帮烤，让他专心吃。住在八大局的淄博市民张先生，在自己的车上拉横幅，欢迎外来游客免费乘坐，并表示“淄博是个好地方，欢迎大家过来”。千万粉丝博主“B太”探访八大局市场，商贩无一缺斤短两，这让全国看到了淄博人的诚信，它在“秤”上，更在心中。

有网友说“真诚是永远的必杀技”“淄博火的不是烧烤，是态度”“去淄博不只是为了吃烧烤，更是感受政通人和”！或许上下齐心打造更开放友好包容的环境，才是游客与一座城市“双向奔赴”的秘籍。①

这就是“土”文化的力量，其力量的源泉在于厚积薄发，在于旺盛

①《火爆出圈，淄博究竟做对了什么？》，新华网，2023年5月5日，http://www.news.cn/sikepro/20230505/9b756f02713e418db70531b76dfcae33/c.html。

的生命力，虽历经千年而仍旧能够焕发出生命力，“土”文化的核心在“诚”，在于其文化之基。在文化中兴的年代，真正能够使文化再创辉煌的原生动力必然不在于模仿与照搬外资的表象，而在于从传统的根基中生发生命力的源泉。

（2）“情义”文化符号的传统与现代性

情义文化作为齐鲁文化的重要组成部分，是山东重要且独特的地域文化特色。[①]情义作为齐鲁文化的内核有着悠久的历史渊源。[②]“情义”作为文化符号，是城市发展必不可少的个性资源和特色名片。对文化符号进行合理的开发与应用有利于文化和经济的双重发展。[③]

中华优秀的传统文化是在我国广袤的地域中孕育和形成的独有的文明形态，它是生活习惯、民间风情和社会习俗等多种人文元素的真实体现。因此，在这些中华文化的表现和形态中，诞生了与山东人民性格相契合的“情义”文化。淄博以其特有的“烟火气”为背景，在这个充满虚无的时代中脱颖而出，演化出“爆火”的现象级传播事件。当然，众所周知的“爆火”原因之一是一场山东大学的学生与淄博当地居民的“双向奔赴”的故事。这正是一种山东情义文化的真实写照。

情义文化是山东文化的重要组成部分，它既有环境影响，也有文化基因使然。所以，情义文化是“一方水土养育一方人”的必然，同时也是情义精神传承的结果。淄博市位于山东省中部和鲁北平原交界处，南临泰山，北依黄河。这种地理文化环境为诞生诸多灿烂文化提供了土壤。

在互联网时代，社交媒体使我们随时随地都处于一个流量社会中，

① 毛新青：《山东情义文化的思想渊源》，《济南大学学报》（社会科学版）2012年第1期。

② 刘国贞：《齐鲁情义精神与文化品牌的打造传播》，《管子学刊》2012年第3期。

③ 仲宇、李光安：《城市文化符号的传统性与当代性》，《山西财经大学学报》2022年第S2期。

在现代消费文化的推动下，符号化的消费也更加注重公众的关注度和注意力。[①]在淄博“爆火”的过程中，情义文化符号的建构与政府推动离不开关系：这是一次政府主导的城市形象建构行动，即一次城市营销或者说文化传播行动。具体而言，淄博市政府制定了一套完善的应急预案，以应对突发的“淄博烧烤”流量。预案包括疏导人流、限制人流量、维护治安等方面的措施。政府与当地的餐饮、旅游、交通等相关行业的企业和协会进行沟通和协调，以确保相关行业能够及时应对“烧烤流量”带来的影响。还有加强监管，联动周边城市推广特色美食，分散烧烤流量带来的压力，同时提升餐饮、住宿、交通等方面的优质服务，以提高游客体验。并且在社交媒体广泛传播的“淄博公务员为游客接站”等报道中，身高一米八的“山东大汉”亲自接站，为游客留下深刻印象。在游客人数超过自身接待能力时，淄博并未将经济效益摆在首位，而是发布《致广大游客朋友的一封信》，字里行间处处透露出真情实感，“要把游客当亲戚、与游客交朋友”，淄博政府和人民对游客的情义，作为淄博独有的情义符号在社交媒体传播。现就《致广大游客朋友的一封信》[②]内容摘录如下：

亲爱的游客朋友们：

一场始于烟火、归于真诚的邂逅，让八方游人了解淄博、走进淄博，相逢八大局，牵手海岱楼，欢聚烧烤店……让这座古而弥今的城市更富活力、更为温暖。

“进淄赶烤”，是一道联结缘分的桥，是一首彼此温暖的歌，是一幅

① 郑佳琳：《从市场到流量：基于直播场景下的虚拟情感性消费共鸣》，《采写编》2023年第4期。

② 淄博市文化和旅游局：《淄博发布致广大游客朋友的一封信：美景美食不止淄博，好客山东应有尽有》，光明网，2023年4月26日，https://m.gmw.cn/2023-04/26/content_1303355934.htm。

双向奔赴的景。您赞扬的话、走心的建议，都是对淄博的信任和包容；您带来的人潮、人气，唤起了全城一心的城市荣誉感和凝聚力；您为淄博“人好物美心齐”城市印象“鼓与呼”，让更多人了解这座城市的人文历史、感知这座城市的厚道质朴、看到这座城市努力的样子。感谢您与淄博结下了深厚情，感谢您给淄博注入了正能量，感谢您为淄博传递了好声音。

“淄博烧烤”火出了圈。面对“难得的厚爱”，虽然我们已经全力以赴，但服务供给可能还无法完全满足游客的体验需求，近期客流过载等问题已给大家造成了一些困扰和不便。目前，“五一”期间中心城区的酒店已基本售罄，客流量已超出接待能力，预计部分重点路段、网红打卡点将会出现交通阻塞、停车难、排队时间长等问题，将影响您的体验效果。旅行贵在品质，建议您可以关注相关信息，错峰出游、避免扎堆，打出时间差、换得舒适度。淄博是一座温馨美丽的城市，四季皆美景，天天有美食。请给我们一点时间，我们会把服务的品质品位做得更好，让您悦享旅程、游淄有味。

淄博是齐文化发祥地，演绎了“春秋五霸”之首、“战国七雄”之冠的盛况，诞生了太公封齐、管鲍之交、管晏辅国等故事，成就了稷下学宫“百家争鸣”的美谈，孕育了《孙子兵法》《齐民要术》《考工记》《聊斋志异》等巨著，留下了齐长城、齐国故城遗址、东周殉马坑、世界足球起源地等文化遗存，陶琉文化、黄河文化、聊斋文化、渔洋文化等地域文化交相辉映，悠长的文脉让历史文化和现代生活融为一体，陶瓷、琉璃、蚕丝织巾是淄博更具韵味的文化灵魂“三件套”。泱泱齐风，美美齐地。境内齐山、鲁山、原山、潭溪山嵯峨奇异，马踏湖、文昌湖、五阳湖、天鹅湖一望无垠，开元溶洞、樵岭前溶洞、沂源溶洞绵延不绝，博山菜、周村烧饼、沂源苹果、高青黑牛和清水小龙虾唇齿留香。淄博的五区三县，都有各具特色的美景美食，也都有嗞嗞作响、念念不忘的烧烤，欢迎大家择时品尝体验。

美景美食不止淄博，好客山东应有尽有。山东是文化大省、旅游大省。这里可赏山水画卷，泰山雄伟磅礴，崂山神秘飘渺，尼山钟灵峻秀，梁山热血刚劲，红色沂蒙山情深意重；趵突泉腾空翻涌，微山湖烟波浩渺。这里可品齐鲁风情，大运河贯通南北，海岸线蜿蜒曲折，沿着黄河遇见海，在东营看蓝黄交汇，在青岛扬帆冲浪，在烟台、威海的海洋牧场尽情海钓。这里可读街巷烟火，在台儿庄古城、青州古城、东昌古城、魏氏庄园赏民风古韵，去济南老商埠、青岛广兴里、烟台朝阳街赶潮流时尚，在济南超然楼见证“燃灯”时刻，在泰安大宋不夜城流连烟花绚烂。这里可尝饕餮美食，孔府菜、济南菜、胶东菜精美考究。这里可打包必购好物，日照绿茶、胶东海参、菏泽鲁锦、德州扒鸡给人嗨购体验。欢迎您到处走一走、看一看，感受“好客山东好品山东”的独特魅力。

齐鲁青未了，齐地迎贵客。在淄博旅行中，您遇到什么困难和不便，有什么意见和建议，随时可以通过便民热线……网络留言等各种渠道向我们反映，也可拨打旅游专线……联系我们。

天长海阔，与子成说。淄博一直在这里，一直在努力变得更好。

淄博市文化和旅游局

这一饱含“情义”的信件，由淄博市文化与旅游局发出，网友评价“真诚”才是必杀技，从而获得网友广泛的好评。大致摘录评价内容如下：

淄博让我第一次不反感网红这个词，活该你火。

一篇公告差点给我整泪目了，唯有真诚是必杀技啊。

它真的，我哭死，十六个兄弟地市一个不落全部给宣传了下。

还拉一把山东其他兄弟城市，淄博胸怀也太感人了。

还顺便宣传了山东其他地方，格局！

建议各地都借鉴一下淄博的做法，用真诚的心接待每一位外地朋友，没有高到离谱的“涨价”，没有乱价，等等，让每个外地朋友都放心旅游，因为我们都是中国人，都是一家人呀！

千言万语汇成一句佩服！

淄博的“情义”获得了人们的认可，淄博的“爆火”源自“情义”，也因情义，走得更远更长。那么，淄博的情义文化的精神渊源在哪里？从儒家文化的“情义”观中可见一斑。

“情义”文化的内涵需要分成两部分：分别根据“情”和“义”来理解。其中“情”指的是对他人的情感以及与之相匹配的责任，也就是所谓的“人情”；“义”不仅是品德的基础，同时也是伦理的准则，它代表了与正义相符的原则或行为，也被称为“义理”或“义气”。[①]儒家的“情义”观念是其伦理思想的核心部分，对道德和情感的高度重视不仅是儒学发展历程中的一个关键环节，也构成了儒学理论研究的基石。[②]

昔者圣人之作易也，将以顺性命之理。是以立天之道，曰阴与阳；立地之道，曰柔与刚；立人之道，曰仁与义。[③]

---

① 王稳、李晓华：《承继“情义”文化：促进大学武术“课程思政”建设的有效途径》，《南京体育学院学报》2020年第2期。

② 贾伟玮：《“情”“义”相须：孔子情理关系思想新解》，《中州学刊》2022年第6期。

③《周易》，冯国超译注，华夏出版社2017年版，第418–419页。

所以，孔子的“仁义”思想最早源自于《周易》，是作为“立人之道”而被提出的，其中“仁”的含义，被孔子规定如下：

樊迟问仁。子曰：爱人。[①]

也就是说，孔子的“仁”是一种“爱人”的情感。由此，孔子“仁学”思想的第一原则就被确认了：“仁者爱人”的情感，并确立了“情感”与人的存在问题的相关性。所以“情义”文化的“情”就由此产生。有基于家庭血缘的“亲情”。如：

“孝弟也者，其为仁之本与！”[②]这里规定了父母与子女之间的“孝”的行动原则，以及子女之间的“悌”的行为规范。由此亲情演化为所有人类情感的基础。如，“仁者，人也，亲亲为大”[③]。由家庭血缘亲情的情感推广至社会关系。如，“其为人也孝弟而好犯上者，鲜矣；不好犯上而好作乱者，未之有也。君子务本，本立而道生”[④]。从而，由家庭血缘之亲情推广到社会治理层面上。最终推广至一种普世的价值观。如，“泛爱众，而亲仁”[⑤]。直至孟子提出，“老吾老以及人之老，幼吾幼以及人之幼”[⑥]。

在这种“仁义”文化之下，以儒家思想为主的齐鲁文化为山东人提供了尊亲重情、尚礼慕文的良好文化风尚。与孔子“仁爱”思想对应的是“义”思想。“仁”与“义”是有关联的，但是又有区别。具体如

①《论语译注》，孔祥瑞译注，上海社会科学院出版社2020年版，第278页。

②《论语译注》，孔祥瑞译注，上海社会科学院出版社2020年版，第5页。

③《大学·中庸》，蒲晓娟译注，四川人民出版社2019年版，第149页。

④《论语译注》，孔祥瑞译注，上海社会科学院出版社2020年版，第5页。

⑤《论语译注》，孔祥瑞译注，上海社会科学院出版社2020年版，第9页。

⑥《孟子译注》，杨伯峻、杨逢彬译注，岳麓书社2021年版，第17页。

“义者，宜也”[①]。

这里“义”的内涵是“合宜”，也就是所做之事应该具有正当性。如果说“仁”的情感基于血缘之亲而推广至社会中“人与他人的关系”，那么“义”则是直接关涉社会性，指向公共性，即关涉社会义务与责任：维护社会的正义性。“义”是作为社会共同体成员所必备的个人品格。并且“义”是一种选择，是超越私人性而指向公共性，如下：

“君子义以为上。”[②]

“君子义以为质。”[③]

“君子喻于义，小人喻于利。”[④]

“君子之仕也，行其义也。”[⑤]

在“义”的价值选择的导引下，进而产生了“铁肩担道义，辣手著文章”这种后世的“义”精神的演化。所以，“义”是一种责任意识的根源，指向社会秩序与责任担当。

真正将儒学的“义”发扬光大的是孟子。首先，孟子提出“四端说”，确立了“义”与“仁、礼、智”的平等地位。

“恻隐之心，人皆有之；羞恶之心，人皆有之；恭敬之心，人皆有之；是非之心，人皆有之。恻隐之心，仁也；羞恶之心，义也；恭敬之心，礼也；是非之心，智也。仁义礼智，非由外铄我也，我固有之也，弗思耳矣。”[⑥]

由此，孟子确立了“人之为人”的根本和规范性基础。并且，在个

---

①《大学·中庸》，蒲晓娟译注，四川人民出版社2019年版，第149页。

②《论语译注》，孔祥瑞译注，上海社会科学院出版社2020年版，第412页。

③《论语译注》，孔祥瑞译注，上海社会科学院出版社2020年版，第359页。

④《论语译注》，孔祥瑞译注，上海社会科学院出版社2020年版，第79页。

⑤《论语译注》，孔祥瑞译注，上海社会科学院出版社2020年版，第425-426页。

⑥《孟子译注》，杨伯峻、杨逢彬译注，岳麓书社2021年版，第216页。

人“义”基础之上，当个人价值与社会价值产生矛盾时，孟子再次强调了“义”的正义性与公共性。如，“生亦我所欲也，义亦我所欲也。二者不可得兼，舍生而取义者也”[①]。

也就是当个人生命与社会道义发生矛盾之时，“义”的价值取向指向社会道义，从而超越个人的生命。这就是“孔曰成仁孟曰取义”中孟子的“舍生取义”观。基于“舍生取义”的价值取向，孟子提出“浩然之气”一说，具体内涵是：“其为气也，至大至刚，以直养而无害，则塞于天地之间。其为气也，配义与道；无是，馁也。是集义所生者，非义袭而取之也。”[②]

所以，孟子以养浩然之气，作为“义”的积累的结果，也就是说，通过内在的涵养，以“义”行动的实施，达成养浩然之气的结果。

由此，儒家传统文化的“情义”文化之根，形成区域性的文化精神传承，直至今天，在淄博“爆火”现象中仍然体现这种“情义”文化的继承性，并成就了淄博“情义”精神的符号化传播与认可。

（3）“烧烤”文化符号的内涵与现代性

淄博的“爆火”现象的表象不是其他，而是“烧烤”这一日常的、普通老百姓所喜欢的饮食。淄博烧烤的特点如下：

从产品来看，淄博烧烤的主要特点在于“小火炉”与“三件套”。

所谓“小火炉”，就是指每桌都有独立的小烤炉，上桌的烤串为半熟品，需要由食客自己掌握进行再加工。淄博烧烤的这个特点，将各地常见的“即食烧烤”变为“自主烧烤”，增加了食客的参与度、体验性和仪式感——这三者，恰恰都是现代旅游产品最重要的价值之一，淄博

①《孟子译注》，杨伯峻、杨逢彬译注，岳麓书社2021年版，第222页。

②《孟子译注》，杨伯峻、杨逢彬译注，岳麓书社2021年版，第56页。

仅仅增加了一个小火炉就获得了，成本极低，效果极好。“小火炉”式的半自助烧烤，也许是淄博当地的“旧”文化禀赋，但从全国烧烤来看，实际上提供了“新”的产品收益。

那么“小火炉”带给我们的借鉴意义有两个：一是要大力赋予产品以参与度、体验性和仪式感等重要的价值；二是要从本土禀赋中的一众“旧”中，挖掘出对全国客户而言的“新”。

所谓“三件套”，是指在淄博吃烧烤，店家提供“小饼、小葱、酱”三种辅助食材，食客可以用来裹住烤串吃。“大口感受着小饼的麦香，蘸料里花生芝麻和刚烤好的肉混合在一起，小饼让略微咸的肉变得适口，蘸料又提供了足够的香味提成，而大葱又很好地抵消了肉串的油腻，君臣互佐，相辅相成。”某百科这样描述。这种吃法，是面食区的生活方式，是文化禀赋，对北方食客来说，也很能提供亲切感、体贴感和舒适感。

那么“三件套”带给我们的借鉴意义是：要尽量赋予产品亲切感、体贴感、舒适感等增量价值，获取客户心灵的认可和认同。这种增量价值，无所谓本地文化禀赋中有没有，有的话加以改造利用，没有的话完全可以创新发明。①

淄博的“烧烤”之所以能够成为一种现象级的“传播载体”，可以从“烧烤”本身的文化渊源说起。

“烧烤”，从起源来说，与“火”有关，火的产生与文明的产生同源。在西方就有希腊神话：“盗火”的普罗米修斯，将火种带到人间，为人类带来了火的力量，使人类能够烹饪食物、取暖和制造工具，从而极大地改善了人类的生活条件。普罗米修斯的行为被视为一种对人类的

① 吴刚：《淄博烧烤的借鉴价值》，《团结报》2023年4月30日第1版。

“赋予”行为，常常被认为是一种反抗压迫和追求自由的精神体现。在中国，“火”的起源与燧人氏相关，燧人氏被认为是最早发现并使用“钻燧取火”的人。钻燧取火是一种古老的方法，用来人工制造火种。这种方法通过快速摩擦两块木头或石头来产生热量，使其中一块物体表面发热至点燃。有了火，就有了熟食，人们在饮食习惯上就发生了翻天覆地的变化，进而影响了中国人的饮食文化。

“民食果、蓏、蚌、蛤，腥臊恶臭，而伤害腹胃，民多疾病。有圣人作，钻燧取火以化腥臊，而民说之，使王天下。”[①]吃熟食是中国饮食传统特征，在火开始被人使用之后，“烤肉”也就随之出现了。在《诗经》中就有关于烤肉的记载，如“有兔斯首，炮之燔之；有兔斯首，燔之炙之”[②]。

汉代学者毛亨在注解中说：将毛曰炮，加火曰燔，抗火曰炙。所以，烤肉在古代称为“炙”，《礼记》有注解“炙，贯之火上也”。所以，放在火上进行烤制的“烧烤”，从汉朝便一直流传，有诗歌为证。

一是，南宋诗人辛弃疾的《破阵子·为陈同甫赋壮词以寄之》。

“醉里挑灯看剑，梦回吹角连营。八百里分麾下炙，五十弦翻塞外声，沙场秋点兵。

马作的卢飞快，弓如霹雳弦惊。了却君王天下事，赢得生前身后名。可怜白发生！”

辛弃疾在词中所说的“八百里分麾下炙”，所描述的就是将牛肉分下去“烧烤”。在这里“八百里”[③]被用来指代牛。

---

①《韩非子》，唐敬杲选注，余欣然校订，崇文书局2014年版，第81页。

②《诗经》，罗吉芝译注，四川人民出版社2019年版，第270页。

③ 这个表达源自《世说新语·汰侈》中的记载，晋朝时期有一个名叫王君夫的人拥有一头名为“八百里驳”的名牛，这头牛因其日行八百里的速度和驳杂的毛色而闻名。后世诗词中，“八百里”便常用来指代牛，以此表达对这头名牛的敬仰或对壮士的比喻。

二是，清朝诗人杨静亭的《都门杂咏·烤牛肉》。

“严冬烤肉味甚饕，大酒缸前围一遭。火炙最宜生嗜嫩，雪天争得醉烧刀。”

这首诗明确地使用“烧烤”一词。时至今日的淄博烧烤，并非仅仅是为果腹与健康，而是“炊烟袅袅、一缕人间烟火”，我们所食用的并非仅仅是“烧烤”，而是流传几千年的饮食文化，以及人与人之间的“深情厚谊”。

因为，山东人热情好客与直爽的性格都体现在这一烧烤文化上了。淄博烧烤的“小火炉”与“三件套”不正是一种引证吗？“小火炉”体现着烧烤的自主化，一般由男士或者请客者进行操作，体现着“客随主便”的待客之道，以及“好客之道”。而“三件套”：面饼、小葱与面酱，这三种饮食搭配颇具北方 “粗糙”“直白”以及“豪爽”的特点，不也正体现了山东人性格的直爽吗？正如有人直言，面饼体现的是韧性、大葱体现的是辣味、面酱体现的是芬芳，这种组合是山东儒家文化的内涵之一。

所以，就是这样的“淄博烧烤”，吸引着一群“95后”的青年，使之趋之若鹜、流连忘返。新媒体时代背景下，文化符号转换为文化消费在社交媒体尤其是移动短视频的推动下表现得愈发明显，其逐渐浮现出景观消费的新表征，形成一道围绕“打卡”展开的媒介文化消费景观——淄博烧烤打卡，就是这种景观的表征之一。

“烧烤”作为淄博进行地域营销的重要文化符号以及城市名片，为当地经济增值注入了新动力。文化符号是“创新”和“创意”的基石，而创意是创意经济时代最重要的经济驱动力，因此，理解创意与创新在城市的形成机制是理解创意时代经济集聚的关键。[①]“‘网红’城市

① 王英杰、张苏秋：《文化符号对城市经济增长影响的实证研究》，《经济与管理研究》2017年第5期。

2.0”的新城市形象传播也是一个伴随城市发展方式转型而逐渐浮出水面的新命题，这无疑不是淄博这座工业老城所面临转型的窘境。“淄博烧烤”的出圈为淄博城市形象建构传播提供了新的机遇，作为饮食文化符号使得其在新媒体语态中形成独特的形象建构路径与方式。

法国社会学家费席勒（Claude Fischler）曾说：“食物是我们身份认同感觉的核心。”[①]淄博城市代表的文化气韵已然超越“烧烤文化”表面所呈现的“人间烟火气”，并且当地人围绕“淄博烧烤”产生强烈的城市“自我认同”也传递出它特有的价值理解，展现了齐鲁大地的政通人和，表现出独一无二的城市个性，使城市形象传播摆脱了原有的过于概念化、不接地气、认知极化等问题。

在此城市文化传播过程中，一经形成的饮食文化符号在社交媒体传播渠道中不断被强化，以其贴近于人们所熟知的日常生活经验与表达方式所带来的直观性与亲和性，最终自然而然地实现了城市形象之间的性格区分。如此，随着新媒体的发展，城市传播也由传统媒介下的“点对点”转化为新媒体时代下的“万众参与”：“全民社交”正在催生社交媒体平台与内容形式的变革，数字媒体时代，文化消费是借助广泛的媒介宣传，进行一种符号化的消费生活方式及价值选择。[②]

在新的媒介环境下，淄博市凭借对自身文化符号的演绎和对实践的传播规律的把控，通过特色的文化符号将优质内容融入到城市形象的建构中。因此，淄博把握形象传播的内核，以“接地气”的举措向人们展现了真诚的本意。更重要的是，在形象传播过程中的情感式建构也凝聚了当地居民和游客的地域归属感与认同感。

---

① Claude Fischler: *Food, Self and Identity*. Social Science In-formation, 1988, 27(02).

② 马天玲、王顺洪：《数媒时代青年文化消费主义的表征与治理路径》，《中国广播电视学刊》2022年第9期。

此外，在坚定文化自信，建设文化强国的战略目标指导下，在城市建设工作中，文化符号的开发与利用发挥着越来越重要的作用。从城市层面看，“城市IP”和“网红城市”为城市传播创造了全新的可能：立足于城市特色的传播活动，借助媒介技术更新、媒介融合的全新环境，为文化消费活动开创全新的领域。

淄博为解决此类问题，将“烧烤文化”作为其独特的文化景观之一。深究其烧烤文化IP创新力原因，一方面，烧烤在淄博有着悠久的历史，早在清朝时期就已经成为了当地的特色美食，烧烤文化底蕴浓厚，因而具有历史文化传承的动力。另一方面，“淄博烧烤”以移动端短视频为主要传播形式，因短视频传播的便捷性，网络用户也逐渐成为淄博城市形象的定义者，极大程度地扩充了网络空间中淄博城市形象解读的丰富性。

从一个特定的地理位置的“旅游景点”转变为广受欢迎的“网红景观”，“网红打卡地”不仅连接了物理空间和媒介空间，还展示了在社会化媒体背景下新的空间生成逻辑和社交模式。[①]淄博与社交媒体上满屏打卡同质化严重的美食街或科技高大上的旅游景点不同，不少网友通过博主或网红“打卡”具有真材实料的淄博烧烤，与其他网络用户形成了社交关系的虚拟化。特别是“95后”青年群体作为互联网消费的主要参与者，基于社交媒体内容多样、互动性强与传播力快等特点，消费方式悄然发生着改变。社交媒体用户在网络空间以主动或被动的姿态接受信息后，再加主观因素的修饰，在社交媒体平台中形成了特属于网络空间的城市形象认知。

3. 社会治理之符号化传播的强化

泛媒体时代媒介形态整合，在以互联网为基底的新型生态模式下，

① 黄露、杨敏：《“网红打卡地”的空间生产与规训》，《青年记者》2022年第14期。

网络场域内的文化符号传播成为了建构城市形象的主要方式，在网络中对文化进行内容生产、接收、集群、交流的过程，既是网络用户参与城市形象建构、参与城市治理的重要体现，又是我国城市发展变迁的风向标。由此，城市在注重融入新媒体环境的基础上，还应从文化符号的形式本土化、内容凝聚化与理念人性化方面，形成城市形象建构与传播路径。

（1）形式本土化：注重对城市文化符号的创新表达

随着网络传输技术的不断升级，城市形象传播与塑造已由以地方政府为主的前移动互联网阶段，推进到以市民公众为主、地方政府与媒体共同参与的移动短视频阶段。在人类的日常生活中，符号化思维与符号化行为被视为最具代表性的标志。[①]城市文化符号作为历史演进的画像，承载着人们的文化活动，是历史性与当代性融合的最佳写照。媒体融合时代语境下，伴随着媒介对人们日常生活的多维渗透，依托于网络用户参与并打造文化符号成为城市建构形象的重要方式，其传播机制形成的深层逻辑体现在依靠社交媒介进行全方位传播，以受众参与内容生产的深度来扩大城市形象传播的广度。不可忽视的是，本土化的文化符号在传承和创新传播中不断丰富内涵，这成为城市治理必不可少的一步。淄博市连续举办二十届“齐文化节”、九届“齐文化与稷下学高峰论坛”、七届“海峡两岸齐文化节”等活动，从实际出发提升齐文化的影响力。因此，城市在形象建构与传播中，应当挖掘淄博本土文化标志并借鉴媒介化和年轻化的呈现方式，充分展现城市文化标志的独特价值。此外，需要加强对城市中已有的独特文化资源的整合，注重城市形象传播的艺术性和趣味性，吸引青年一代，为城市的进步注入新的活力和消费动力，并通过社会治理形成全社会认同，从而进一步筑牢社会主义核心价值观。

---

①〔德〕恩斯特·卡西尔：《人论》，甘阳译，上海译文出版社2017年版，第11页。

（2）内容凝聚化：在弘扬传统文化中坚持文化自信

文化自信修于内，是城市精神凝聚力的重要核心。习近平总书记在多个场合强调要坚定文化自信。以淄博为例，其爆火“出圈”并不是因为烧烤，也不是因为“八大局”，而是因为打破了传统城市宣传的桎梏，更是源于淄博始终坚守的文化自信和厚积薄发的文化底气，形成了有中国特色的文化自信。淄博建成“稷下学堂”440余个，拥有75家博物馆，推动齐文化与精神文明建设相融合。此外，虽然淄博历经变迁，但对于齐文化的传承一直没有中断。比如，淄博传承非物质文化遗产，建立齐文化博物馆、齐文化研学教室，帮助民众更深入地了解齐国的文化、体验齐国的传统礼仪。大学生们在社交媒体上发布“打卡”淄博视频，一时间“大学生组团坐高铁去淄博”冲上热搜。齐文化博物馆与当地非物质文化遗产等都受到了越来越多的关注和宣传。在此传播链条中，不仅政府带头宣传，主流媒体如新华社、《人民日报》等也对“淄博特色文化”进行报道，提高了淄博的知名度和美誉度，这充分铸就了淄博城市形象的文化底色，发挥了文化符号在城市媒介形象中的作用；新媒体平台包括微博、小红书、抖音等大量的内容创作者，他们通过拍摄和发布淄博“八大局”、齐文化博物馆的打卡视频或图文，展示淄博烧烤的特色和魅力，吸引了大量网友的关注和点赞。所以，要深挖当地历史文化底蕴，提高当地人对本土历史文化的认同感与归属感，深植母语情怀；另一方面，积极弘扬中华优秀传统文化，让传统精粹从历史中走出来，以文明实践激发文化自信自强的深沉力量，走进寻常百姓的生活当中。

（3）理念人性化：在服务感知中提升人文价值

在淄博城市形象建构的过程中，相关政府部门立足“以人为本”的理念推出应对措施，蕴含了城市的人文关怀。淄博烧烤爆火，实际是淄博市政府围绕“以人民为中心”，把人民至上真正落实到位的体现。此外，当地人民用自己对家乡的执着与支持，在多方的合作下重拾了人与人之间的真诚，以诚相待、货真价实、宾至如归，这就是人们心中最接地气的烟火气。如此，上位舆论主体（政府）下移，与下位舆论主体（民众）形成交互模式。在新媒体环境下，城市文化服务的效能会在网络空间中会被无限放大，口碑传播速度更快，影响更大。因此，要对基于本土特色文化品牌的服务理念和流程进行人文改造，探索并建立具有文化特色的服务模式。尤其是在文化符号传播的初步阶段，将优质的文化和旅游服务借助社交媒体传播融入到人们对于城市的感知中。因此，城市应服务于人民，构建服务型政府，发挥政府在城市形象建构过程中的加固作用。

城市形象应建立多元的传播主体，从各自的视角出发找寻当地文化符号，传递人文价值，更好地落实新时代赋予的城市定位和功能。在此基础上，传承“以人为本”的文化精神，建设具有文化性、包容性，创新型、服务型的城市文化。基于此，文化符号在城市对外传播中才能发挥极其重要的作用，在全球文化交流中提出探索城市文化传播路径的可能性，为城市形象建构与传播创造出更广阔的发展空间。

四、个体表达的公共书写①

自文字发明以来，口语便从人类历史中退居其次，当然有媒介保存的问题——在数字时代之前，人类没有任何一种媒介技术能够保存口语。这时候，文字与载体正式成为一对伙伴出现在人类文化的历史里，人作为主体以书写的形式“书写历史”。

书写就是个人自由表达的手段，意味着有感而发，代表了个人的感性状态，说明着书写者的状态，包括他的情绪、生活、事务等内容。但是，用笔将文字记在载体上的书写过程是一种理性的状态，当文字被记载下来，就脱离了写作者成为历史的客体。书写就从私人领域转向了公共领域。在这个过程中，人类产生了历史意识，也就是说，当写作者在脑海里构思的时候，就已经将文本从语言的字库或词库里排列出来了，再通过书写工具呈现在载体上，形成成行的文本，人类获得了线性的历史意识，自觉地参与到了历史中。历史就是我们一同经历的公共文化空间。

媒介发展改变了人们的书写方式。书写工具从坚硬的刀头变成了软毛笔，从兽骨、石头到皮纸、草纸，书写形式相应从铭刻变成了抄写。

---

① 本文系根据《全球风险社会视域下网络空间治理的社会舆情引导研究》(编号：22CXWJ01)阶段性成果之一：张玲燕、周海宁：《弹幕：个体表达的公共书写》，《新媒体研究》2023年第20期，修订而成。

这是书写的早期阶段。活字印刷术和古腾堡改造的印刷术让书写的含义发生了变革，我们不一定用笔书写，有可能只是在字盘上进行挑选，这是数字书写来临前的预兆。键盘就是受西方挑选字母的启发而被发明的，当然，因为人类已经进入了技术图像时代，我们的书写载体已经变更为电子屏幕，书写相应变成了键入。

互联网让全世界网民都可以互动，都可以在社交媒体上书写和传播，人们基于想象的主题进行交流。然而，我们已经进入了技术图像的世界，视频是我们这个时代最重要的交流载体，我们围绕视频这个主题生活，对视频进行点评和讨论，这就是弹幕。本章将要探讨书写与公共性的关系，以及新媒体时代人们如何通过视频弹幕参与公共生活。

（一）从私人书写到公共书写

从写日记开始，以个人经历、经验、体会为主要内容，以日期为排序方式，以个人使用为目的的连续型记述文本就被人们广泛使用。日记与其他三种形式：书信、回忆录、传记并列，被统称为私人文献或者个人记录资料，“具有典型的私人书写及非公共传播特征”[①]。但是，作为私人书写的文本日记，其内容并非仅仅记述与个人相关的事情，因为所谓个人相关的事情必然涉及社会变迁、公共事件以及社会历史进程的记录，因而反映着特定历史时期的社会情境、社会心理，回应着社会的结构性力量的博弈。日记也就具备了公共叙事的属性。特别是日记被作为重要的历史记录资料、作为社会记忆的书写被研究、出版，在更大的范围内传播，它就从一种私人书写变成指向公共性的文本资料。“公之于

① 王旭辉、李先知：《私人书写与公共叙事：国内日记研究的回顾与反思》，《社会发展研究》2018年第4期。

众”是私人性发展成公共性的必经方式。

日记作为一种特殊的定期书写及叙事形式，就同时具有私人事务记录、个体情绪抒发、自我反省、文学创作以及历史文献资料参考等多重价值。同时，日记还被视为不同于宏大历史叙事的一种生活世界化、大众化叙事形式，从而具有非常独特的文学欣赏、历史记录和研究资料价值。[①]

也就是说，日记是一种社会记忆的重要载体，任何个体化叙述都不可避免地带有“社会文本的痕迹”[②]。这种所谓的“社会文本的痕迹”就使日记这种“私人书写”在功能上指向了“公共书写”，进而拥有了公共性。书写日记是一种个人化的“私密行为”，但是从功能上看，日记可以仅为自己书写，也有可能在公共空间中出版，作为重要的历史记录资料而被搜集、留存、传播，据此，日记就超越了个人书写的私人空间，从而进入具有公共叙事功能的公共空间。如此，任何的“私人书写”都可能演化为“公共书写”。不过日记作为一种典型的私人媒介，它具有“私人书写”属性，当它发挥“公共书写”的功能时，本质上是日记内容记录的社会变迁在个人与社会关系等问题上发挥了重要价值，因为，日记的书写具有“历史性”的特征。实际上，它的“公共书写”的功能与“私人书写”的属性是存在明显的边界区隔的。将“结绳记

① 奈杰尔·拉波特、乔安娜·奥弗林：《社会文化人类学的关键概念》，鲍雯妍、张亚辉译，华夏出版社2005年版，第245-247页。转引自王旭辉、李先知：《私人书写与公共叙事：国内日记研究的回顾与反思》，《社会发展研究》2018年第4期。

②〔法〕莫里斯·哈布瓦赫：《论集体记忆》，毕然、郭金华译，上海人民出版社2002年版，第283-284页。

事”作为日记的起源可能是一个合理的猜想。[①]因为二者之“记”是相通的，日记不过是文字发明之后的记忆方式，即文字符号替代了“绳结”记号。就这一意义而言，日记的出现当同文字的历史同步。因为人类发明文字的第一需要就是为了更方便地记忆而日记书写的第一目的也是抗拒遗忘。

因此，日记书写是一种文字符号使用者的专属行为，代表着以文字为代表的历史时代到来了，书写日记成为可能。无论是中国传统的士大夫阶层对日记的书写与保存，还是在进入近代后，随着教育的普及，日志书写进入常规化、规范化阶段，普通人也加入到日记的书写与保存中，日记书写都是具有文字表达力的精英式书写。

日记真正变成大众书写发生于互联网时代，媒介迭代升级，新的记录媒介产生，使日记书写的方式发生了改变。日记从一种基于纸张的文字书写，变成一种基于电子媒介的电子化书写：互联网日记。如此，日记书写正式从一种“私人书写”的自我阅读与保存，变成一种具有选择性公开的“公共书写”：具有展示、呈现的价值。

于是在互联网技术的加持下，日记作为个人记录与保存的功能不断演化，个人的“自我”所属的空间，在互联网上不断拓展，个体内部的思想记录与反思，逐渐地指向外部，具有了社会交往的属性（如表7）：博客（Web log=Blog）、微博（Micro-blog）、QQ空间、微信朋友圈（Moment）、视频博客（Video Log=Vlog）、图片博客（Picture Log=Plog）。随着互联网日记的发展，日记的表现形式不再是单一的文字，而是包含声音、图像、视频等多种媒介的融合形式。互联网对普通媒介使用者赋权，“使无权者有权”，并激活个体的参与能力，因此，有别于大众传媒时代的自上而下的纵向传播模式，新的以媒介使用者个体为中心的传播

① 鸿苓：《一般书信笔记日记》，北京师范大学出版社1994年版，第144-145页。

方式逐渐展开，于是产生了曼纽尔·卡斯特（Manuel Castells）的“大众自传播”[①]（mass self-communication）和丹·吉尔摩（Dan Gillmor）的“自媒体”[②]（We Media）概念，这有利于我们更深刻地认知这种新的媒介现象和媒介行为。

网络书写和传统个人书写的不同之处在于，传统的书写是一种完全的个人化写作，其目的在于书写个人的经历与所感，是将虚拟的思想具象化为文字并从笔尖流淌出来。日记最终指向公共空间，被人研究，从而展现了彼时社会结构的力量，彼时社会中人与他人、人与自然的关系等，然而这都不是出自书写者本身的意志，所以这是日记个人化、私密化书写的一种次生效果。从结果（效果）来看，日记最终的传播产生了公共性。

---

① 曼纽尔·卡斯特，当代著名社会学家。随着互联网技术的发展和普及，信息的生产和传播方式发生了根本性的变化，卡斯特提出的“大众自传播”概念是指在网络社会中，每个人都可以成为信息的生产者和传播者，这种去中心化的传播模式与传统的中心化大众媒体传播模式形成了鲜明对比。他认为，这种新的传播模式不仅改变了信息的流通方式，也重塑了社会结构和个人身份。在网络社会中，人们通过社交媒体、博客、论坛等平台进行交流和信息分享，这种自下而上的传播方式赋予了个体更大的表达和参与权利。卡斯特的这些观点在他的著作《网络社会的兴起》（*The Rise of the Network Society*）中得到了详细的阐述。他的理论对于理解数字时代媒体和社会的关系，以及新兴的网络文化和社会运动具有重要的启示意义。

② 丹·吉尔摩是一位知名的记者、作者和数字媒体评论家，他在2004年提出了“We Media”（自媒体）的概念。“自媒体”概念强调的是Web 2.0时代媒体的去中心化和民主化，它鼓励普通公民参与新闻报道和信息传播的过程。在*We the Media: Grassroots Journalism by the People, for the People*中，他详细阐述了“自媒体”的概念。他主张，随着互联网技术的发展，尤其是博客、社交媒体和公民新闻网站的出现，普通人现在有能力生产、编辑和传播信息，从而成为新闻报道的一部分。这种趋势赋予了公民更大的权利，使他们能够更直接地参与公共话题的讨论，并对传统媒体施加影响。“自媒体”这一概念对后来的公民新闻（Citizen Journalism）和参与式文化（Participatory Culture）产生重要影响。

表7　各种形式的公共表达

媒介	内容	解释
博客	博客的起源可以追溯到由JavaScript程序员吉米·威尔士（Jimmy Wales）和天使投资者[①]（Angel Investor）斯蒂文·维纳（Stephen Wiener）共同创立的在线服务网页——GeoCities[②]，但博客[③]这一词汇最早是Pyra Labs公司在1999年创造的。	2000年初开始，博客在中国流行，初期使用见于技术爱好者以及知识分子；2005年后爆发式增长，博客逐渐普及和商业化：新浪、网易、搜狐等平台开始运营博客，博客在这一时期也逐渐成为了个人表达、信息分享和意见交流的重要渠道。2010年后随着社交媒体的兴起，博客影响力逐渐减弱。
微博	微博在西方始于Twitter（2006年），用户可以发送不超过140字符的短消息（后来增加到280字符），成为人们分享和获取信息的新方式。中国最早由新浪公司推出“新浪微博”（2007年）。随后，其他公司纷纷推出了自己的微博产品，如腾讯的“腾讯微博”、网易的“网易微博”等。	新浪微博是最早且最成功的平台之一。随着社交媒体的发展，微博具备了庞大的用户基础。它不仅成为个人用户表达意见和分享生活的平台，也是公众人物、媒体机构和企业进行宣传和营销的重要渠道。
QQ空间	QQ空间最早被称为“QQzone”（2003年），类似于西方的脸书（Facebook），由腾讯公司推出。它允许用户创建个人资料，发布动态，分享生活点滴，并与他人互动。	QQ空间最初于2003年推出，随后不断扩展功能（心情更新、说说、投票、游戏中心），丰富用户社交体验，引发社交网络效应，吸引大量年轻人使用，因此品牌效应突出，商业价值显著。

① 天使投资者是一种富有的个人投资者，他们投资初创企业或小型企业：天使投资者通常会将资金投入那些无法从传统金融机构获得资金的企业中，因此他们的投资对于初创企业的发展至关重要。

② GeoCities是一项已经关闭的在线服务，它允许用户创建和托管自己的网页。它成立于1994年，并在1999年被雅虎收购。

③ Blogspot是Pyra Labs公司创建的博客网站，提供网志书写和发布服务等功能，是全球最大、最为知名的博客服务提供商。其已经被Google公司于2003年收购。

续表

媒介	内容	解释
微信朋友圈	微信朋友圈（Moment）是腾讯公司推出的社交软件微信中的一个功能。2012年4月19日，微信4.0版本发布朋友圈功能。用户可以在朋友圈中发布文字、图片、视频等内容，与好友分享生活点滴。同时用户可以对好友公开发表的文字、照片、视频进行“评论”和“点赞”，其他用户只能看到共同好友的评论和点赞。	以“朋友”的亲近关系（强关系）建立起圈层，它允许用户添加现实生活中的人为好友，因此构建了一个以个人为中心的社交网络。它将对话限定在“熟人”圈层，既保留了对个人书写的超越，同时又限定在“朋友”的约束范围内，如此信息传递更具可靠性与信任感。
视频博客	视频博客（Vlog）基于微博而兴起，但普及主要是在2010年以后，是随着短视频平台的出现如YouTube、TikTok等而普及的。它是一种流行的内容创作形式，在中国的发展主要集中在2018年以后，各大平台如抖音、哔哩哔哩（Bilibili）等纷纷推出短视频功能，鼓励用户创作和分享视频内容。	是一种集文字、图片、声音为一体，利用丰富的场景、酷炫的剪辑手法、富有创意性的内容记录和分享生活的视频日记。视频博客的兴起与发展，不仅改变了个人分享和获取信息的方式，也为个人创业、品牌营销和社会影响力提供了新的途径。
图片博客	图片博客（Plog）的兴起与智能手机的普及和社交媒体的发展有很大关系。随着智能手机摄像头质量的提高和社交媒体平台对图片和视频内容的支持，人们可以轻松地拍摄、编辑和分享图片，从而降低了创建Plog的门槛。Plog是一种相对较新的现象，且更多地依赖于个人风格和内容主题。如社交媒体平台Instagram、Facebook、汤博乐（Tumblr）、小红书等。	是一种结合了摄影和博客的分享方式，它通过图片来讲述故事、表达情感或分享生活点滴。Plog与其他类型的博客不同，它主要侧重于视觉元素，使用图片来传达信息，而不是或主要不是文字。它适用于多种目的，包括个人日记、旅行记录、美食分享、时尚展示、教程等。它不仅是一种个人表达方式，也是一种吸引观众、建立社区和增强互动的手段。Plog有时也会包含视频内容，但核心仍然是图片和视觉叙事。Plog在年轻人中尤其受欢迎，它提供了一种新的自我表达和社交方式。

所以，日记书写是一种传统的文字书写。它的对照性媒介是“声音”。人类思想的表达从传统来看有两种，一是，“在心为志，发言成声”，进而演化为语言交流以及诗歌等口语表达形式；二是文字书写的诞生，弥补了语言表达的不尽之处。以日志为代表的传统书写，是将心中之“志”（意思）以文字的形式表达出来并保存，成为外在于人的记忆。因此，它储存了历史、保留了记忆，不过这也是人类将记忆力交托于外部，而不是仅依靠自身的能力去保留记忆的开端。文字不像口语，它只保留沉默的文本，所以日记这样的载体，并不能提供人们的瞬时交流，日记书写的主体与读者之间存在时间、空间的分离。

但是互联网日记的书写则不同，其天生具有一种选择的公开性，也就是它同时具有私人性与公共性，在个人化创作后“公之于众”便具有了公共性的特征。从博客、微博、QQ空间、微信朋友圈、视频博客到图片博客，媒介形态的变化引发了人们个人书写与公共表达形式的变化，同时也体现出媒介形态对社会结构的影响和社会发展的趋势。因为，随着媒体的普及，人际交往方式、人的时空观念、人的社会记忆等都会变化。如马克思在评价电报产生时说“用时间消灭空间”。因为，电报的产生使信息的瞬间移动有了可能，时间的缩短仿佛消灭了空间，本质上影响了人们的空间感。并且，“一切坚固之物都将烟消云散”①，“流动性”成为新媒体时代的显著特征。

2000年初在国内流行的博客，还属于一种长文字书写。彼时，互联网尚处于起步阶段，所以书写博客的人大多是精英知识分子。自2005年以后，随着商业化的推进，以及个人PC终端保有量的增加，博客才成

① “一切坚固之物都将烟消云散”出自德国哲学家黑格尔，它意味着一切事物都有其产生、发展、消亡的过程，没有什么是永恒不变的。马克思在他的著作中引用了黑格尔的观点，并在此基础上提出了自己的观点：一切坚固的社会制度和观念都会随着生产力的发展和生产关系的变革而烟消云散。

为一般人个人表达、信息分享、意见交流的平台。博客作为一种“博客评论”的载体发挥着作用，但是博客由于精英化、专业化的偏向，它不仅成为个人用户表达意见和分享生活的平台，也是公众人物、媒体机构和企业进行宣传和营销的重要渠道。后来，博客长篇幅文本的表达方式，逐渐不容于互联网的“快捷”“碎片化”发展趋势，因而逐渐式微。

博客式微，它的替代形式便是微博。从微博开始，中西方的个人表达方式逐渐趋于统一。比如西方的推特（twitter）诞生于2006年，中国的新浪微博（weibo）也诞生于2006年，并且，二者的限制发文字符数均为140。虽然博客的长文发布与微博的短文发布同时并进，但微博的意义在于鼓励用户更迅速、更简洁地分享信息，从某种角度看正符合互联网发展的速度，但同时也是对互联网用户的规训：培养其碎片化的书写与思维。不过，如今微博也逐渐放宽了字符限制，“长微博”满足了用户发布更长内容的需求。

QQ空间与博客、微博面向非特定的大众不同，它主要面向自己的“好友”，也就是说，QQ空间与微信朋友圈的属性接近，它是在已知的社群（QQ好友）规范下——“好友”限定下，才能公开的“个人书写”：发布日志、上传照片、分享心情和动态。因此，QQ空间相对于博客与微博是一个更为“私密”的空间。这满足了用户对“私人性”的维护，但毕竟它是基于社交媒体平台的一种网络书写，所以它依然是一种“公共书写”。同样，微信朋友圈也是以微信“朋友”的强关系建立起的圈层，它允许用户添加现实生活中的人为好友，因此构建了一个以个人为中心的“亲缘”社交网络，它将对话限定在“熟人”圈层，既保留了对个人书写的超越，又因为限定在“朋友”的范围内，信息传递更具可靠性与信任感。

但是QQ空间与微信朋友圈在结构与功能上具有显著差异性。首先用户基础不同。微信朋友圈的用户主要是20岁以上的成年人，尤其是中高端用户包括了许多企业和个人。而QQ空间的用户则更加年轻，主要包括学生和年轻人，尤其是在校学生。从社交属性来看，微信朋友圈的社交属性更为强烈，微信用户往往只与现实生活中的朋友和家人进行分享，而QQ空间往往倾向于网络（朋友）社交与游戏。所以，微信朋友圈的功能相对简单，主要在于文字、图片、视频的分享，而QQ空间则在于日志记录、娱乐游戏。

视频博客与图片博客是一组对照组。视频博客，是一种通过视频形式记录和分享个人生活、经验、观点和故事的方式。视频博客作者通常使用摄像机、手机或其他录制设备，将自己的日常经历、旅行、学习、工作等方面的情况制作成视频，并配上文字、音乐、特效等元素，以生动、直观的方式与观众分享。短视频的兴起对视频博客产生了重要影响。具体而言，从内容上看，短视频的兴起促使视频博客的内容形式不同于以往注重深度与细节来吸引用户注意力，而变得更加简洁和紧凑，因此通过对观众的规训，观众逐渐适应快节奏的生活和短暂的注意力窗口，短视频成为更符合现代人观看的媒介呈现形式。在交互方式上，短视频平台通常具备强大的社交功能，如评论、点赞和分享，这为视频博客创作者提供了与观众互动的新方式。在技术门槛上，短视频技术破除技术壁垒，从而使更多的使用者参与到视频的制作中来。由此，在商业上，它为个人创业、品牌营销和提升社会影响力提供了新的途径。

而图像博客是一种结合了摄影和博客的分享方式，它通过图片来讲述故事、表达情感或分享生活点滴。它更加侧重视觉元素，更多使用图片而非文字来传达信息。由于图片在视觉传达上的有效性，它不仅用于个人表达（日记分享等），还是一种互动的手段，提供了一种崭新的自我表达和社会交往方式。

由此可见，从传统的个人日记书写，到后来的互联网日记书写，呈现出书写从私人性到公共性的扩展。从个人日记的主观私人化书写到客观效果上的书写公共性，它的公共性呈现是一种被动的公共性，并非主观意愿上的公共性。但是互联网时代的电子日记书写本质上是一种公共空间的主观意愿的个体呈现，因此，它本身就是一种选择性的公共性书写。从博客到微博，从QQ空间到微信朋友圈，从视频博客到图片博客，随着社交媒体的发展，人们越来越倾向于通过互联网媒介来分享和记录社会个体生活史的碎片。这种源于个体书写的电子日记书写以展示为动机，因此它的目的在于在社会交往中呈现自我以获取社会支持。因此它的特性可以归纳如下：

具有个人日常书写的属性。在互联网时代使用自媒体，个人可以按照自己的兴趣、爱好、承诺或者生活习惯等非行政因素进行自由、自主的交往活动。不过，“私密”的书写行为在这种情景下，只是被弱化了，并没有消失。有时候“私密”也是一种策略，也就是说，“私密”成为一种可设置的媒介功能（如“三日可见”“仅自己可见”等），“依赖于私人生活养成的私密感成为一种工具，将颠倒私人书写到公开表达的传统秩序”[①]。因此，在这种情境下，“私密”是可调节的，所以“私密”与“公共”就将是一种可控的“工具性存在”，依据书写的需要随时调整。当然，这些都是在媒介规则的范畴内实施。

具有个人与他人新的共在关系的属性。中国传统社会是一种情理社会，它具有“借助人情和面子的运作建立与他人的特殊关系的社会生活意义”[②]。人与人的关系基于现实的“熟人社会”的关系而形成，在人

① 晏庆合、操瑞青：《新私人书写与公共化：社交媒体用户自我呈现中的“隐而不退”实践》，《传媒观察》2023年第10期。

② 翟学伟：《人情、面子与权力的再生产》，北京大学出版社2013年版，第216页。

与人共同在场的前提下，人与人借助人情与面子建立现实关系。但是基于网络书写，个人与他人形成一种新的共在关系，即基于媒介平台的虚拟共在：建构一种与传统公共语境不同的新的公共语境，并使新的公共语境成为传统公共语境的投射。但是如博客与微博这样的基于弱关系连接形成的个人与他人的共在关系，是一种相对疏离的人际关系，那么人情与面子的问题，便与传统“熟人社会”的人情与面子相同，是基于“陌生人”之间需要维持的个人与他人之间保持相对距离的礼仪关系，个人对他人的要求相对较少；而如基于QQ空间与微信朋友圈的个人与他人的共在关系则与现实的“熟人社会”中的现实情况相似，都是基于信任与回应来确立并维持的。然而这种人际间的关系与回应不仅基于媒介，其信任的基础还是技术规则，比如微信朋友圈所形塑的新的社会交往方式（公共行为规范）——“仅三天可见”。这种新的社会交往就有可能带来新的社交回应：社交回避或者媒介回避行为，进而与社会现实的社交方式产生差异。在这种情境下，个人的公共生活空间就得以扩展，包括线上的公共空间与线下的公共空间。个人与他人通过书写行为的变迁，形成新的共生关系。

公共性维度的不断扩张。个人表达借助技术媒介的加持无限扩张，从文字博客到视频博客，再到图片博客，从线性一维的文字到零维点所构成的二维的图片，这符合弗卢塞尔的技术图像理论：线性文字的进一步抽象化，进化到无维的点，这是“抽象游戏”的终结，从抽象的点进而组合成新的二维平面（照片、电脑图像），这是“组合游戏”的开始。因为二维的图像是由零维的点构成的，所以图像的内容比文字的内容更为丰富，但其抽象性比文字要低，所以它超越文字媒介的模糊性与高度抽象性，满足了人们更简单地认识世界的需求。[①]所以媒介的更替，其目的在于帮助人类更好地认知世界，也就是说，媒介演化的目的在于超越异化了的人与世界的关系以及产生的文化危机，从而建构一种新的媒介文化。从文字博客到如今的图像博客的媒介演化，个体的力量不断增强："个体不再被埋没在普遍性中，或作为人口统计学中的一个子集，网络空间的发展所寻求的是给普通人以表达需要和希望的机会。"[②]在互联网技术的加持下，尼葛洛庞帝在20世纪末描绘的"数字化生存"以及其预言的"我的日报"早已成为现实，人类期盼已久的主体的自觉与觉醒已然实现。特别是随着Vlog与Plog的发展，个体超越了"自我独白式"个体书写，在个体与他者共生的关系结构中，个体超越自身，从而在与他人的共生关系中实现自我。美食、旅行、亲子等专题以Vlog、Plog的形式呈现，"专一的视角预防注意力失焦"[③]，从而引发更多的关注，越来越多的人参与到整个社会形成的一种对话式的传播结构中，在对话过程中，新的信息不断产生，从而提升了公共性的维度。

情感公共性建构起公共空间。由于互联网群体传播是一种原生态的传播[④]，相较于静默式的个体表达的自我传播而言，传播中人的情感表达同样占据了传播的中心地位。情感不仅是一种自我感受，也是一种社

① 〔巴西〕威廉·弗卢塞尔：《表象的礼赞：媒介现象学》，〔德〕斯特凡·博尔曼编，周海宁等译，复旦大学出版社2023年版，第244页。

② 〔美〕尼古拉·尼葛洛庞帝：《数字化生存》，胡泳、范海燕译，海南出版社1997年版，第191页。

③ 孙玉珠、王长潇，张丹琨：《Vlog个体创作与大众传播的公共性反思》，《现代视听》2022年第10期。

④ 互联网群体传播是基于Web2.0，围绕社会化媒体、自媒体的圈群传播而形成的一种新的群体传播形态，是互联网群体进行的一种非制度化、非中心化、缺乏管理主体的传播行为，自由、开放、包容的互联网精神赋予其对话、交流、互动的现象表征。参见隋岩，曹飞：《论群体传播时代的莅临》，《北京大学学报：哲学社会科学版》2012年第5期；隋岩、常启云：《论群体传播中的群体主体性》，《当代传播》2014年第6期。

会体验，是对社会关系、社会规范的折射，因此，情感也具有公共性特质，由情感的公共性建构起来的公共空间必然与由理性的公共性建构起来的公共领域有着不同的新的现象表征。从博客到微博，从QQ空间到微信朋友圈，从视频博客到图片博客，除进行自我表达和社会交往，人们也在此谈古论今、议论社会、评议人物、刺探隐私、妄论闺阁，上演一出出丰富生动的社会戏剧，所谓“你方唱罢我登场”。同时，这一空间也是人们试图在此解决争端、处理矛盾、寻求慰藉、释放压力，甚至扯淡、戏谑、狂欢的场所。

（二）公共性的理论探讨

从私人走向公共，是媒介发展的一种趋势，如上文提到的从私人日记书写到公共的博客、微博、微信朋友圈、Vlog、Plog的公共表达，从个人内部的思想交流，到冲出个体，在更广泛的空间中进行人与他人共在的互动，仿佛就是从私人性进入公共性的领域了。这是从个人经验上的界定，那么从学理上，应该如何界定“公共性”呢？首先可以从下文的陈述中进行分析。

日常新闻与非日常新闻共同构成了完整的新闻世界，日常新闻能够通过多种方式进入公共空间之中，获得相应的可见性与公共注意力，从而被转化为形式上的非日常新闻，这就造成了日常新闻的“公共化”现象。日常新闻“公共化”具有间接和直接两种表现方式。间接表现方式指的是以职业新闻从业者和专业化媒体机构作为主体，将来自普通民众日常生活实践的日常新闻转化为非日常新闻的表现方式。直接表现方式则指的是普通民众以自身为主体，将其在日常生活实践中生产的日常新闻传播至社会公共空间，使其获得相应的可见性与公共关注度，从而被转化为非日常新闻的表现方式。日常新闻的“公共化”塑造了新的新闻图景，改变了公共空间的内容格局与新闻世界的构成方式，建构了更为完整的新闻世界……日常新闻的“公共化”为拓展新闻的研究对象和材料范围提供了文本素材，推动新闻学术研究“下沉”到更加广泛的社会生活尤其是日常生活领域，关注更加丰富多元的新闻实践……①

从这一段论述我们能够见到“公共化”“公共空间”“可见性与公共注意力”“日常”“非日常”等关键词。这里，“公共化”是发生在公共空间的，也就是发生于公共领域，并且以获得“可见性与公共注意力”为主要特征，也就是说，如果只是发生于个人的“日常”，而非他人的“日常”，就无法获得“公共化”，也就是，只有将个人的“日常”转化为大家共同关注的“日常”（形式上的“非日常”），如此才可以生成“公共性”。特别是在进入互联网进阶的数字媒介时代，媒介的“赋权使无权者有权”，使一般的媒介使用者拥有了媒介书写、公开表达（公之于众）以及传播的权利，如此，不仅大众传媒的传统“有权者”，普通的大众也可以将日常生活实践相关内容投射到互联网空间，从而获得可见性与关注性，如此“日常”就获得了“非日常的形式”，获得了公共化的属性。由此，与“公共化”（公共性）的讨论在互联网时代将是经久不衰的“关键词”。

公共性（Publicness）源于公共“Public”一词，而“Public”源于拉丁语“Publicus”，“Publicus”的含义为“属于人民的”或“与公众有关的”。随着时间的推移，“Public”演化而出，与之相关的公共性、公

① 杨保军、张博：《论日常新闻“公共化”的内涵、表现方式及主要影响》，《新闻界》2024年第6期。

开性或者与公众相关的特性就对应着“Publicness”，即“公共的性质和状态”，以及“被公众知晓和看到”。进而演化为具体可见（Visible）以及公众参与（Participation）。[①]

在公元前6世纪到公元前4世纪左右的希腊民主制社会中可以找到公共性的雏形。哈贝马斯对公共空间的追溯也寻至希腊社会。

> 在高度发达的希腊城邦里，自由民所共有的公共领域（Koine）和每个人所特有的私人领域（Idia）之间泾渭分明。公共生活（政治生活）在广场上进行，但并不固定；公共领域既建立在对谈（Lexis）之上——对谈可以分别采取讨论和诉讼的形式，又建立在共同活动（实践）之上——这种实践可能是战争，也可能是竞技活动。[②]

在古希腊的城邦中，家庭属于私人领域，城邦则指向政治领域的城邦，城邦作为一种秩序，它由私人的家庭围绕。古希腊的公共领域的基础是对谈，也就是说在讨论中、在共同行动中，以协商为基础的公共领域得以发挥功能。因此，公共领域和私人领域是对人类活动的一种划分。古希腊意义上的公共空间是一种物理意义上的空间。在共同空间中通过言论，通过分享信息参与共同的决策和行动，从而践行一种理想的公民身份。在弗卢塞尔的论著中，他将市场（Marktplat）视为公共空间。

> 在休闲时，工匠为了去市场这一公共场所而离开家，即离开私人的

① 向芬、杨肇祎：《新闻公共性反思：概念源流、理论取用与问题思辨》，《全球传媒学刊》2022年第5期。

②〔德〕尤尔根·哈贝马斯：《公共领域的结构转型》，曹卫东等译，学林出版社1999年版，第3页。

空间。在市场里，他与同他一样具有闲暇时间的其他资产阶级相遇。因此，我们将政治性空间与学校视作同义词。具有闲暇时间并到市场去的所有匠人为了向其他的人展示（公之于众、公布或公示），而用胳膊夹着才完成的作品。这种将作品从私人空间带到公共空间进行展示的意图是将它与其他的作品作比较。这种比较是一种交换，因为此时一个作品与其他作品的比较能够显示出它的价值。在交换中展示出来的所有作品的价值（Norma）是可以被确认的。之所以这样解释价值，并对价值作出评价（罗马人称为“Legislatio”），是为了给人们的行动提供参考，起到调节（Kybernein）的作用。……人们在市场中交换的产品并不一定是物质性的。思考、愿望或情感也可以是重要的产品。①

在这一段论述中，弗卢塞尔指出市场是公共空间的这一事实。他明确指出了公共空间与私人空间之间的区隔。个人离开家庭（私人空间）才能进入公共空间（市场、政治空间、学校等）。而能够进入政治空间的人是有条件的，即必须具有“闲暇时间”，而且需要有“作品”（在私人空间完成并带到公共空间展示），并将作品在公共空间公之于众。这样做是为了达成交换行动——通过将自己的作品与他人的作品进行比较，从而显示出自己作品的价值，这是交换的前提，而待交换的作品被人评价，这说明作品的价值被确认，给人们进一步行动提供了参考，这被视为一种“调节”或“控制”。

所以，从弗卢塞尔的论述中我们发现，公共空间的准入是有条件的，并不是所有人都能够进入公共空间，特别是在古希腊时代，市场是交换的场所，但是如女人、儿童、奴隶都因为一定的限制而无法进入公

①〔巴西〕威廉·弗卢塞尔：《传播学：历史、理论与哲学》，周海宁译，复旦大学出版社2022年版，第229页。

共空间。弗卢塞尔指出这是因为“节奏”的差异性。他将没有闲暇的人视为“奴隶”，而将艺术家、工匠、资产阶级等有“闲暇”的人视为“奴隶”的反面。

艺术家因其生活的节奏而与奴隶区别开来，奴隶的生活节奏与动物是相同的。奴隶生产、消费，再生产；奴隶为了消化而吃，为了吃而消化，为了睡觉而劳作，为了劳作而睡觉；奴隶为了死亡而诞生，为了使他们的子女继续活下去而死亡。与此相反，艺术家、工匠和资产阶级生活在自由的节奏中，他们是为了创造丰富的作品而活的，一旦完成了某个作品，他们就能沉浸在考察作品的闲暇之中了。这种休闲（Schole）和考察（Theoria）是他们的生活目的，所以创作的阶段可以被称为“休闲的消失”（Ascholia）。[①]

这里展示了一种“闲暇”的理论，也就是说强调闲暇时间对“对话”的重要性。结合之前对“市场作为公共空间”的论述可知，市场本身不是公共空间，市场上发生的人与人之间所形成的对话场域才是公共空间得以存在的基础。所以，只有睡觉与劳作的人生并无闲暇可言，没有闲暇就无法有考察的生活，因而就不会有作品的创作，这里的作品是凝结在劳动中的“价值”，艺术家、工匠、资产阶级都可以生产并储存价值，对话的过程就是一种创造价值的过程。

在对话过程中体现出的决断性在于对话对私人性的公之于众、对价值的确认，在于对话为大城市提供信息的同时也统治了城市，还在于对

①〔巴西〕威廉·弗卢塞尔：《传播学：历史、理论与哲学》，周海宁译，复旦大学出版社2022年版，第228页。

> 话产生于休闲的理论中。更为重要的是，对话将真理的面具摘了下来。当然，我们不会像柏拉图一样相信理念是永恒的，但真理可以在市场中，在人们进行对话的时候从记忆里被唤起。对于我们而言，理念不是超人类的事实，而是人类创造出来的信息。但是，我们与希腊人一样，能够意识到对话的认识论功能。……对话的辩证法特征从根本上来说体现着政治生活的正当性，即通过交换和主体间性，人类常常更加接近真理。应用对话方法的政治阶段性地整合多样化的意见，从而达到拥有智慧（Sophia）的状态。……从本质上来看，希腊语中的“价值”（Logoi）一词常常意味着重要的问题，即在多样化的符号中，整合被传达的信息的模型才是重要的问题。价值评价从根本上说意味着比较这些整合信息的模型。例如，比较鞋子和陶瓷，或比较不同的思考。这就是希腊人所说的对话（Dia-logos），即价值的交换。[①]

如此，公共领域的重要因素之一的“对话”特征再次得到确认。对话是将私人的东西公之于众，具有公开性；对话在于价值的确认，这是一个主体间性的过程，关键在于一种相互承认；对话具有提供信息的功能，同时也具有控制（调节、限制）功能。对话源于个体既有的记忆，如此，记忆的交换过程也就是对话的过程，并且，理念不再如柏拉图时代是高于人的存在的认知，而是由人类所创造的信息。所以对话的辩证法特性在于，它基于不同主体既有的记忆，但在主体记忆交换过程中创造出新的信息，催生新的记忆。所以对话具有交换性和主体间性。如此，利用对话的方法，个人的不同的意见不断被交换、整合，不断生成新的认知，于是智慧得以生成。其中使用的方法是比较，也就是价值判

①〔巴西〕威廉·弗卢塞尔：《传播学：历史、理论与哲学》，周海宁译，复旦大学出版社2022年版，第229-230页。

断，这些都是在对话的过程中产生的，因而，对话的过程就是价值交换的过程。

综合上述论述，可见公共空间的雏形源于古希腊的城邦制度。阿伦特最早在《人的境况》中对公共领域做了开拓性的研究[①]，但现代我们所熟知的建构了“公共领域理论体系”[②]并将其历史化的是哈贝马斯。哈贝马斯在《公共领域的结构转型》中系统地对公共领域的结果和功能进行了概述，他指出公共领域是介于公共权力领域和私人领域之间的公共空间，人们通过聚会、社团、媒体等形式在其中进行自由对话、公共交往、公开表达意见。

哈贝马斯提出了资产阶级的公共领域，也就是我们经常所说的“公共领域”的概念所指的对象。为此，他在著作中通过绘图来明示这一理想化的概念：展现资产阶级公共领域的结构与功能，如下图。[③]

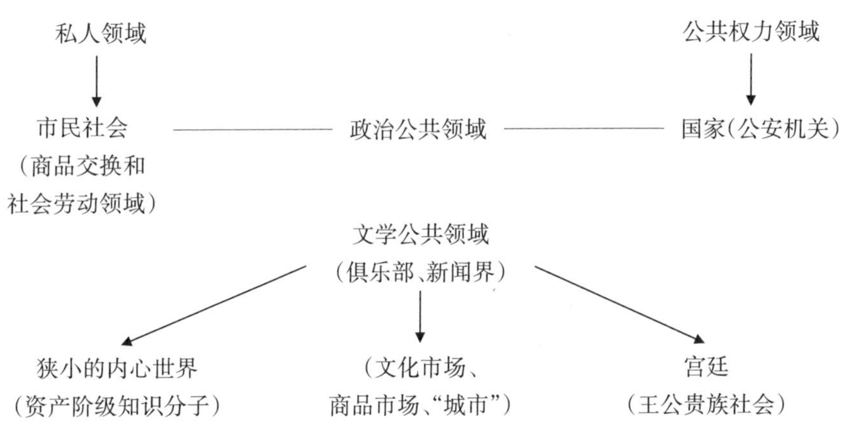

图5　资产阶级公共领域的结构与功能

①〔美〕汉娜·阿伦特：《人的境况》，王寅丽译，上海人民出版社2009年版，第32-39页。

②〔德〕尤尔根·哈贝马斯：《公共领域的结构转型》，曹卫东等译，学林出版社1999年版。

③〔德〕尤尔根·哈贝马斯：《公共领域的结构转型》，曹卫东等译，学林出版社1999年版，第35页。

资产阶级公共领域首先可以理解为一个由私人集合而成的公众领域，但私人随即就要求这一受上层控制的公共领域反对公共权力机关自身，以便就基本上属于私人、但仍然具有公共性质的商品交换和社会劳动领域中的一般交换规则等问题同公共权力机关展开讨论。这种政治讨论手段，即公开批判（Das öffentliche Räsonnement）。[①]

首先，哈贝马斯指出了资产阶级的公共领域脱胎于私人领域。新产生的公共领域虽然受制于上层的公共权力机关，但是它能够通过公开讨论，对公权力进行公开批判。这种批判性是哈贝马斯公共领域的精髓。因为，这种批判是居于公众理性精神的指引，是以公共性为目标进行交往的过程，以此形成公共事务的一致性。所以，公共领域的形成基础是国家与社会的分离，是基于私人集合而形成的公众领域，它与公共权威相对立。哈贝马斯强调的是政治形式的公共领域。在资产阶级公共领域出现之前，也存在文学的公共领域。

一种非政治形式的公共领域——作为具有政治功能的公共领域前身的文学公共领域（Literarische öffentlichkeit）已经形成。它是公开批判的练习场所，这种公开批判基本上还集中在自己内部——这是一个私人对新的私人性的天生经验的自我启蒙过程。……但是，文学公共领域也不是什么地道的资产阶级公共领域；它和王室的代表型公共领域（Repräsentuntive öffentlichkeit）之间保持着一定的联系。成熟市民阶级中的资产阶级先锋派通过与“上层社会”，与王公贵族社会交往掌握了公开批判的技巧；随着现代国家机器越来越独立于君

①〔德〕尤尔根·哈贝马斯：《公共领域的结构转型》，曹卫东等译，学林出版社1999年版，第32页。

主政体的个人领域，“上层世界”自身也在不断地摆脱宫廷，在城市里构成了一种平衡势力。“城市”不仅仅是资产阶级社会的生活中心；在与“宫廷”的文化政治对立之中，城市里最突出的是一种文学公共领域，其机制体现为咖啡馆、沙龙以及宴会等。在与资产阶级知识分子相遇过程中，那种充满人文色彩的贵族社交遗产通过很快就会发展成为公开批评的愉快交谈，而成为没落的宫廷公共领域向新兴的资产阶级公共领域过渡的桥梁。[①]

这里描述的就是文学的公共领域向资产阶级公共领域的转型。文学公共领域搭建起的是新兴资产阶级知识分子与王公贵族社会的桥梁，这种桥梁其实就是经济与政治领域的桥梁。桥梁的存在使桥梁两头的存在得以平衡。以法国为例，“市民阶级在丝毫不受国家和教会领导之下，越来越在经济领域占据一切要位，而贵族阶层则通过君主特权和严格强调社会交往中的等级秩序，从而在资产阶级的物质优势面前获取平衡”[②]。于是，新兴资产阶级与传统贵族相遇于城市中的咖啡馆、沙龙以及宴会——一个文学的公共领域。在这种公共性的场域中，“文学批评”进而演化为“政治批评”。文学的公共领域进而发生结构转型，变成“政治公共领域”，于是“资产阶级公共领域”诞生。“这样一个过程表现为已经具备公众和论坛的文学公共领域的功能转换。以文学公共领域为中介，与公众相关的私人性的经验关系也进入了政治公共领域。”[③]

---

①〔德〕尤尔根·哈贝马斯：《公共领域的结构转型》，曹卫东等译，学林出版社1999年版，第34页。

②〔德〕尤尔根·哈贝马斯：《公共领域的结构转型》，曹卫东等译，学林出版社1999年版，第38页。

③〔德〕尤尔根·哈贝马斯：《公共领域的结构转型》，曹卫东等译，学林出版社1999年版，第55页。

但是这一公共领域是公共权力的批判领域，它位于市民社会与国家公共权力之间而成为一个公共舆论的场域。

随着社会领域——围绕着它的治理问题，公众舆论和公共权力展开了争论——的产生，相对于古代公共领域而言，现代公共领域的主题由本来的市民的共同政治使命（对内是自我判断，对外则是自我维护）转变成了进行公开讨论的社会的市民使命（保障商品交换）。资产阶级公共领域的政治使命在于调节市民社会（和国家事务不同）；凭着关于内在私人领域的经验，资产阶级公共领域敢于反抗现有的君主权威。从这个意义上讲，它一开始就既有私人特征，同时又有挑衅色彩。①

这里指出了社会领域的治理问题和公众舆论与公共权力之间的关系问题。古代的公共领域，私人的特征是市民（城邦公民）具有共同的政治使命，而资产阶级的市民则仅作为社会的市民而保障商品交换的秩序。如此，资产阶级的公共领域，其政治使命并不在于国家事务，而是在于调节市民社会。哈贝马斯将市场领域视为“私人领域”——市民社会（商品交换和社会劳动的领域），私人领域的核心是家庭领域（哈贝马斯将其称为“私有领域”，即私密领域）。哈贝马斯认为“成熟的资产阶级公共领域永远都是建立在组成公众的私人所具有的双重角色，即作为物主和人的虚构统一性基础之上”②。由此，哈贝马斯指出在公共领域中公众的双重属性。

①〔德〕尤尔根·哈贝马斯：《公共领域的结构转型》，曹卫东等译，学林出版社1999年版，第55页。

②〔德〕尤尔根·哈贝马斯：《公共领域的结构转型》，曹卫东等译，学林出版社1999年版，第59页。

作为“物主”的公众和作为“人”的公众的统一过程集中说明了资产阶级私人的社会地位本来就是具有财产和教育双重特征。特别值得注意的是，公共领域由于实际承担了市民社会从重商主义乃至专制主义控制之下获得政治解放的语境当中的一切功能，因而其虚构也就变得比较容易：因为它用公共性原则来反对现有权威，从一开始就能使政治公共领域的客观功能与其从文学公共领域中获得的自我理解一致起来，使私人物主的旨趣与个体自由的旨趣完全一致起来。洛克关于保护财产的基本模式以“所有制”的名义自然而然地将生命、自由以及全部财产一览无遗；因此，政治解放与“人的解放”——按照青年马克思的划分——在当时是很容易统一起来的。①

在这里哈贝马斯特意区分了组成公众的私人所具有的双重属性：作为物主的人和作为虚构的人。也就是说，他区分了资产的所有者和人格的所有者。作为资产所有者他是众人中的一员（如传统家庭领域中父权制度中的个体）；作为人格所有者，他就是作为属人的个人（具有人的内在性的个体）。如此，资产阶级公共领域实现了政治的解放和人的解放。

哈贝马斯的资产阶级公共空间明确了社会性的公共空间包含原本属于家庭的私域（私密）空间。从而完成了对传统公私领域的改造，进而建构了现代观念下的公共空间。由此，原本属于政治的个人延展为社会中的个人，公共空间中既包含个体的言说与行动，又包含属人的个体，将个体生活纳入政治诉求中。

在哈贝马斯“公共领域”理论体系的基础上，法兰克福学派的重要

① 〔德〕尤尔根·哈贝马斯：《公共领域的结构转型》，曹卫东等译，学林出版社1999年版，第59-60页。

代表之一内格特（Oskar Negt）和德国著名导演、理论家克鲁格（Alexander Kluge）进一步从批判性角度再论“公共领域”的概念。他们认为，公共领域不仅仅涉及交流的形式条件，如平等参与和自由讨论等，还应扩展到更全面的“经验的社会视野”（Social Horizon of Experience）。

> 公共领域指的是制度、机构、活动（例如：公共权力、新闻界、公共舆论、受众、公共关系、街道和广场）；但与此同时，它也是一个普遍的经验的社会视野，其中汇集了实际或者应该关乎所有社会成员的东西。在此意义上，公共领域一方面事关少数专业人士（如政治家、作家、俱乐部和协会的工作人员），另一方面，它也与每个人有关，存在于其头脑之中，指向其意识的维度……只要人类加深的社会化与人类私人生活的受限形式之间仍存在矛盾，公共就还是一种基本社会需要的真实表达。[①]

所以，公共领域可以包含两种范畴，一个指向形式层面，一个指向价值层面。形式层面具有信息提供的功能，其功能在于搭建公共领域，为公共领域提供形式空间，因为从“媒介即信息”的视角来看，正因为拥有了形式才能拥有形式下的内容。所以，形式层面是一个可见性的层面。而价值层面则是与可见性相对的可参与性层面，因而属于“经验的社会视野”，是关涉到每个人的东西，是基于社会需要的个人的真实表达。

如此，互联网空间能够成为一个公共空间就需要从这几部分去探

① Oskar Negt, Alexander Kluge. *Öffentlichkeit und Erfahrung*. Frankfurt: SuhrkampVerlag, 1978: 17-18. 转引自米莲姆·汉森、褚儒、吕真：《早期电影，晚期电影：公共领域的重组》，《电影艺术》2024年第2期。

讨。一是，它是否能够提供信息，满足可见性要求，以搭建公共领域；二是，它是否能够满足公众的可参与性，汇集普遍的社会视野，不断扩展少数专业人士，同时也与每一个普通人相关：涉及普通人的意识维度、满足其基本的社会需要的表达。而从互联网内容的功能来看，它既能够提供信息满足大众对信息的使用，并搭建公共领域，同时也能够在相关主体介入（上位的政治、经济主体，中位的媒体主体，下位的大众主体）的情况下，展开信息的利用与引导，同时从文化上还能够进行文化的传承与产业化（娱乐化）发展以涵养文化、发扬文化，从而使大众能够深层地社会介入，以及达成广泛的主体参与。这些无疑表明互联网空间能够成为一个公共领域，从而发挥其公共性价值。

戏剧作为一种传统的表演模式，它是一种在他人面前发生的即时艺术，需要在展演（Performing）中实现其功能，并且，它是一种具有公共性的形式：在舞台与观众席之间的交流场域上构成戏剧的公共性基础。但是它并不意味着剧场本身具有“公共性”，而是剧场的观众与舞台表演者之间的互动场域建构了“公共性”。也就是说戏剧的形成必然处于公共空间之中，这也就是戏剧功能发挥的基础所在。这也就同时说明，剧场作为一个载体，它的公共性并非固有属性，它存在着公共性的“失落与寻回”[①]。一个剧场它能否作为公共空间，起决定性作用的是它是否具有公共性，也就是戏剧展开的过程中是否能够形成观众与表演者之间的交流（信息的呈现与注意力的关注）。因此，从两方面能够保证

① 随着城邦政体的消亡，古希腊的政治参与式微，这意味着公共性的失落，公众个体被群体共在的身份所掩盖，人们在剧场或舞台中变得沉默，按照各自给定的位置就座，失去了喧闹的公共沟通。当代人们可以借助时事话题构建实时的话语场，或者通过表演行为本身将舞台变作实时发生的公共话语场，冲破剧场本身的限制，重回公共空间。新媒介环境下公共媒体形成了更大的公共空间，公共传媒所覆盖的所有空间都成为了表演的舞台。参见李茜：《失落的剧场公共性与重回公共空间》，《文艺研究》2024年第5期。

公共性的存在：一是，议题的表达能够贴近公共生活；二是，借助（表演）事件重新定义并促成一种实时的公共空间的生成。[①]在这一前提下，我们可以再次确认信息的提供与注意力的关注对公共性的必要意义，同时可以确认在新媒体条件下公共空间的构成与功能发挥，可以审视新的媒介形式（信息提供），以及新的扩展了的表演行为（参与行为）。

在新媒体的条件下，如网络平台就能够成为一种为当今社会民众进行意见表达与自由对话的领域，并且由于媒介技术的升级，其时空的遍在性、去中心化等特征，使民众能够在这一公共性的空间中更加自由地表达与参与。与此同时信息提供的方式也更多样，如现实社会关系的线上投射（如微信朋友圈等），如基于共同兴趣形成的圈层组织（如各种贴吧等）。如此可见，在媒介技术的加持下，互联网空间并非仅仅只有公共性特征，同时也具有私人性，是私人与公共性合一的领域，但同时，这使私人与公共的边界变得模糊。这是值得讨论的另一问题。

值得一提的是，弹幕作为一种新的媒介形式，它确实在某种程度上既提供信息，同时又扩展了表演行为（参与性提升），既是私人的媒介物欣赏平台（如电视剧、电影观赏），同时又是一种公共参与的行为。如此，考察弹幕这种新的信息提供方式与大众参与媒介，探究新的公共空间的公共性问题并作出全新的回应就尤为必要。

（三）案例分析：视频弹幕的公共性再探讨

“技术的进步让我们的生活日新月异，作为时代符号的文学、艺术、建筑等不断被更新和覆盖。我们每天都行走在或明亮宽阔或阴暗狭窄的道路上，然而，不论技术和文明让道路的质量、外观和附属设施发生什

① 李茜：《失落的剧场公共性与重回公共空间》，《文艺研究》2024年第5期。

么改变，每一条道路在修建之初，就早已经确定了它自身的范围、边界和走向，它在蓄意引导人们沿着它的指引顺序行走或者穿越。但是，边界是什么？边界既是约束，又意味着被打破。……道路即是如此，不管是辅道还是花坛、行道树与路牙石，它们所形成的边界就意味着它注定要被打破的命运。回头看看，那弹幕新媒介下的影视作品与我们日常生活中的道路有着异曲同工之妙。原作品经过原作者的构思和安排，就如同道路被设计、修建和雕琢一样，有它最初成形的内容和受约束的边界，而弹幕上那些表面上看起来‘无意义’的内容，就如同道路上的行人，他们并非都按照规则顺序行走，有人横穿，有人逆行，甚至有人相撞发生交通事故，但也正是因为有路人破坏边界规则的各种行为，边界才有了作为边界存在的意义，道路才有了作为道路存在的意义。同样，正是有了弹幕和弹幕文学，让信息成为交流的工具和载体，原作品才超越了自身的文本或作品功能，拥有了作为社交媒介的新意义。”①

视频弹幕是互联网技术迭代升级后出现的一种文本互动、人际互动形式，是在视频上以文字符号的形式实现观众与原文本、观众与观众之间互动的新书写形式，由于其具有信息提供的属性，同时也兼具受众参与性，因此这种互动弹幕媒介就为人们的公共行动提供了一个实践的场域，所以，研究弹幕的特征、意义也就有了相应的必要性。

视频弹幕的流行，由最初的AcFun（简称A站）、Bilibili（简称B站）等弹幕视频网站兴起，到后来的线上视频平台，如优酷、腾讯、爱奇艺等纷纷增设视频弹幕功能。因为新媒介的诞生，必然诱发与新媒介形式相适配的活动，于是人们的思维与行动均会产生相应的变化。比如，没有“弹幕”，仿佛原视频就没有了灵魂；没有“弹幕”就好像缺

① 刘宝：《弹幕下的共同体：一种文学“人际书写”新形态》，《东北师大学报》（哲学社会科学版）2021年第5期。

失了点什么，诸如此类的感受就是视频弹幕的出现对人们媒介使用习惯产生的影响。如此，视频弹幕景观构成了当今媒介时代的一个“时代符号”。

具体而言，视频弹幕是一种叠加于视频上的文本符号，它形塑了媒介使用者的新媒介使用习惯，同时也以“对话”的形式赋予了原作品更多元的“解读”，也让弹幕媒介本身获得了社交媒介的意义。所以对原作品、对弹幕本身、对媒介使用者来说，重要的意义在于“意义的赋予”。正如本节开篇引用的文字所言，“正是有了弹幕和弹幕文学，让信息成为交流的工具和载体，原作品才超越了自身的文本或作品功能，拥有了作为社交媒介的新意义”。也就是说，原视频，即原作品有其原有的“边界”，而所谓的“边界”在被打破的同时，也就是意义被赋予之时，这种意义的赋予就是一种“对话”功能的体现：它使新媒介内容形成的宇宙具有与原来的媒介宇宙不同的意义。如，传统影院的观影、传统家庭客厅的电视观影，以及与之伴随的交谈方式，这与“视频+弹幕”形式的文本呈现、交谈方式是不同的。正是这种不同的媒介使用造就了不同的媒介效果，“弹幕视频利用网络技术巧妙地构筑了一个半开放的公共空间，一个叠加于视频内容之上的意见广场”[①]。

1. 弹幕结构

视频弹幕作为一种新的文本形式，它与视频相叠加而形成了独特的表达结构。在《当公共性与游戏性相遇：B站新闻类视频的弹幕文化研究》[②]一文中，作者将视频弹幕按照视频和非视频内容分成三大类。其中与视频内容相关的，一是娱乐快感内容，其特征表现为造梗玩梗、吐

---

① 刘宝：《弹幕下的共同体：一种文学“人际书写”新形态》，《东北师大学报》（哲学社会科学版）2021年第5期。

② 王斌、李曜宇：《当公共性与游戏性相遇：B站新闻类视频的弹幕文化研究》，《新闻记者》2024年第2期。

槽调侃、解构文本、情绪表达；二是信息解读内容，其特征表现为解释说明、评论事件、文本迁移。与非视频内容相关的是社交互动内容，其特征表现为评论环境、仪式签到、身份表明、响应呼吁、弹幕接龙。通过这些弹幕表达行为，视频弹幕的内容分门别类地呈现于银幕上，进而发挥其功能。不同的弹幕结构构成具有不同的意义。因此，可以将弹幕的结构表征进一步解读。

“造梗玩梗”是指生成并使用网络流行语，它往往具有特定的含义并使用特定的情境。“梗”的本义为刺榆，是榆树的一种，引申泛指有刺的草木。而“玩梗”中的“梗”与榆树没有任何关系，它是“哏”的讹字，意为笑点、伏笔，或是有特别指涉含意或讽刺意涵的东西。所以“造梗玩梗”，也就是制造“笑点”并戏谑之。因此它就具有娱乐功能，比如，小品《卖拐》中的“还要啥自行车呀”，就是创作并演化的一个“梗”。再比如，“考试周破防”，这是由网络用语“破防”创造出来的，是“破除防御”的缩略语。所以“造梗玩梗”是人们通过戏谑的方式表达对社会人物或事件的评价。“吐槽”一词来源于闽南语方言，原为台湾等地居民的用法，后经网络媒体而流行——指从对方的语言或行为中找到一个漏洞或关键词作为切入点，从而进行调侃式的揶揄。比如“七夕的时候雇两个小孩，遇见男的就喊爸，遇见女的就喊妈，能拆一对是一对”，这是对“七夕节秀恩爱”行为的吐槽。钱钟书将“Deconstruction”译为“解构”，原含义为“结构分解”。“解构文本”是对原有文本进行分解、消解、拆解、揭示、消除等，在视频弹幕中则是为达到戏剧效果而进行的活动。比如，朱自清在《背影》中描述的父亲为儿子买橘子，跨过铁路，爬上月台，现如今被解读为“违反交通规则”。以上种种都是通过改变文字的规范性用法，从而赋予文字以新的意义，目的在于“情绪表达”——通过娱乐的方式，抒发书写的情绪。这是弹幕娱乐性内容的主要功能。

信息解读的“弹幕”，总体来说具有一种视频评价功能。通过对视频内容阐释、补充说明、评论、挪用（迁移、引用），从而使信息增量。比如通过已有知识（记忆）对视频的内容进行知识性的解读，从而使视频的细节更多地展现在大众面前，为大家提供信息；对视频中的人、事等情节进行评价，从而成为“观点的场域”，让更多的“意见”相互碰撞。依靠强大的互动性，“弹幕”彻底改变了原有的观感体验和传受关系，被网络视频爱好者们认为是一种颠覆传统的文艺评论形式。[①]由于评论是人们在视频观看后结合作品、自身观点、感受所提供的总和评价，其本质是一种“文艺批评”，是观众与原视频作者、观众与观众之间的交流与对话。在传统媒体时代，这种评论的权利往往掌握在知识精英的手中，而在新媒介时代，特别是在视频弹幕所形成的对话场域中，“去中心化”的特征显著，每一个观众都可以成为一个发声者，都能够成为一名“评论家”。于是评论的权利从知识精英下移至普通大众的手中，如此一个多元角度理解、评价的“观点场域”，即公共性的场域就在“视频+弹幕”所形成的空间中形成了。数字媒体时代一种新的影评形式——弹幕影评诞生了。学者韩模永表示，从电影批评视角来看，弹幕本质上是一种新型影评形式。[②]传统影评往往作为一种异时性交流媒介，限制了观众即时反馈的能力。相较之下，弹幕影评则革新为共时性互动媒介，让观影与评论行为无缝融合，实现了观影过程的即时交流。弹幕评论精准嵌入影片的时间脉络中，构建起一种同步互动的奇观，不同时空中的观者可以基于这一互动空间——弹幕影评共同体，进行交流。这种共同体可以称为“人际书写”，原作品与弹幕评论不再是简单

① 胡智锋、邓秋实：《弹幕：互联网时代文艺评论的价值延伸》，《未来传播》2019年第3期。

② 韩模永：《“新观众”的诞生——论弹幕影评的范式变革》，《广西社会科学》2017年第2期。

的二元对立关系，而是共同构建了一个不可分割的和谐共同体。在这个共同体里，作者与观众的身份界限变得模糊，共同以平等“公民”的姿态，参与到影片意义的生产与再创造中，共同书写着属于集体的观影记忆。

社交仪式的“弹幕”。前两种弹幕内容都与原视频内容相关，而第三种弹幕内容则与原视频内容无直接关联。这种弹幕内容与社交仪式有关。具体而言，“仪式签到”是通过“观看日期”“观看次数”等信息来表达一种“签到”的仪式。“身份表明”是通过明确自己的现实或虚拟身份，或者自己所属的地点、场所等表明一种“在场感”，这种在场感是一种与实际肉身或者场所相关的“在场”，从而达到一种“具身感”。同样，“弹幕接龙”与“相应呼吁”都是通过与其他观众或者平台的互动，表明一种“具身的”“在场的”仪式感。最后，“评论环境”是为了得到认同或者表达认同，可对弹幕环境表达评价，如点赞别人的评论。如此，这些仪式化的行为是一种社交性的表达，通过身份表明、行动确认，以“在场的”“具身的”形式表达一种共同体仪式。虽然这些弹幕与视频内容无直接关联，但它们对于社交仪式的形成和维持具有重要意义。它们为观众提供了情感共鸣、社交互动和提高归属感的机会，增强了观看视频的社交体验。同时，观众也需要遵守弹幕礼仪和社区规范，维护良好的弹幕环境和社区氛围，以确保弹幕环境的健康和有序，促进社交仪式的健康发展。

2. 弹幕功能

弹幕文本是一种独特的“时代符号”，它由一系列文字符号编码组成，建构了一种独特的群体话语形式，并且，视频弹幕在原作者与弹幕作者所构成的公共性场域中，他们之间的互动创造了虚拟环境、聚焦共同关注、共享情感状态，共同书写群体集体记忆。[①]从而形成一种互动仪式，赋予了不同的传播意义。

第一，视频弹幕生成了一种“参与式文化”。“参与式文化”一词最早由詹金斯[②]于20世纪80年代初在《文本盗猎者：电视粉丝与参与式文化》一书中提出，主要描述了粉丝的参与性行为，是指以Web2.0网络为平台，以全体网民为主体，通过某种身份认同，以积极主动创作媒介文本、传播媒介内容、加强网络交往为主要形式所创造出来的一种自由、平等、公开、包容、共享的新型媒介文化样式。詹金斯对参与式文化描述如下：

> 我应用米歇尔·德赛杜[③]的理论，提出一种新的概念，将粉丝视为积极挪用文本，并以不同目的重读文本的读者，把观看电视的经历转化为一种丰富复杂的参与式文化（Participatory Culture）的观众。[④]

所以“参与式文化”观照的是文本的消费者行为，他不将文本使用者视为被动接收文本的存在，而是能够主动从中生成自己意义和价值的存在。因此他强调的参与式文化是“一种在新技术环境中产生的新的消费主义形式，能够实现消费者参与媒介叙事的创作和流通，并成为生产

---

① 朱梓函：《互动仪式链视角下的互联网公益参与——以支付宝“蚂蚁森林”为例》，《新媒体研究》2023年第10期。

② 亨利·詹金斯（Henry Jenkings）于1958年出生于美国佐治亚州，是美国著名的传播与媒介研究学者。现任南加州大学传播、新闻、电影艺术和教育学院的教授、教务长。

③ 米歇尔·德赛杜（Michel de Certeau），法国当代著名思想家、历史学家，被福柯称为“那一代最出色、最有才气的人”。

④〔美〕亨利·詹金斯：《文本盗猎者：电视粉丝与参与式文化》，郑熙青译，北京大学出版社2016年版，第22页。

者的期待”[①]。如此生成的新的参与主体具有互动性、参与性，能够通过模仿、重新创作、评论、分享等方式，与原文本进行互动，并创造出新的意义与体验。这一点不正是视频弹幕所呈现的意义所在吗？在生成这种参与式文化时，媒介技术的发展是其基础，集体智慧的运动是其动力，新关系的生成与身份的认同是其目的，并且视频弹幕的原文本本身的质量也是影响参与式文化效果的关键。詹金斯始终是“参与文化的乌托邦主义者”，他认为公众利用他们所掌握的文本，彼此建立联系、调解社会关系，并对他们周围的世界赋予意义。[②]从视频弹幕的参与性来看，首先，它实现了不同用户超越时空对同一话题进行讨论，呈现多向交互模式，即弹幕用户与媒介文本内容的双向交互交流，这是媒介技术迭代升级的结果。其次，文本再创性是弹幕文本在原始文本之上的二次创作，是在创作者原始表达上进行协商并再塑意义的“二次加工”，延伸原文本的价值与意义，基于此形成的整个弹幕空间的互动是一种集体智慧生成的合力。沉浸式弹幕互动带来强参与感。在弹幕的应用中，只要不违反平台规定，可以随时随地发布弹幕，展示自我。特定的准入机制带来身份认同。国内视频网站更新时，会选择优先开放给站内会员，随着时间的推移实现全员免费观看，所以一部分会员在观看时，会选择发布弹幕来寻找同类群体形成虚拟身份认同，发出“我们都是金钱玩家”的声音，标明他们同属于一个群体。“趣缘”社区带来情感归属。个体通过观察弹幕信息发现共同的兴趣爱好和情感认同，依托认同而参与，以便人们在虚拟空间中寻找自我价值和归属感，于是，弹幕就成为一种选择，它打破了真实的时空限制，基于共同的关注与同质性达到一

① 强荧、戴丽娜：《新闻传播学理论前沿：在媒介融合的视域下》，上海社会科学出版社2016年版，第125页。

② 黄家圣、赵丽芳：《从盗猎、狩猎到围猎：亨利·詹金斯的参与文化理论及其实践》，《电影评介》2019年第2期。

种共鸣式的情绪宣泄。弹幕文化作为一种新媒介语境下生成的青年亚文化形态，在符号生产互动过程中常常夹杂着狂欢式情绪宣泄，这是一种生存意志的表达，同时也是一种话语权的重构，并以此获得一种“圈层式”的认同感。

不同媒介形式隐喻着不同时代的文化形态。进入数字化媒介时代，弹幕视频作为一种新兴的媒介消费形态，不仅见证了信息传播方式的革新，更深刻地反映了用户参与文化的崛起。弹幕文本的诞生，根植于广大网民作为活跃用户，积极投身于内容的创作与共享中，这一过程凸显了网络平台所赋予的强大参与性，这就是参与式文化强调的协作和共同生产。而此过程中用户通过噪音式参与、游牧式参与、社交式参与三个方面参与弹幕文本的共同生产过程进而对影像创作产生影响。[①]首先，噪音式参与创造文本间性。“噪音”这一概念由美国著名信息学者C.香农与W.韦弗在“香农-韦弗传播模型”中首次引入。该模型深刻剖析了信息传播过程中的复杂机制，指出在信息传递的链条中，存在着多种多样的障碍因素，这些因素如同噪音一般，会对信息的完整性和准确性造成不同程度的干扰，进而导致信息传递的失真或偏差。传播学家德弗勒于20世纪50年代提出的“大众传播双循环模式”，又称“德弗勒互动过程模式”对“香农-韦弗传播模式”中的噪音概念进行了完善。他认为，噪音不仅会影响单个消息，还会影响传播交流和反馈过程中的任何环节或任何要素。在弹幕视频中，弹幕文本反映了此互动模式中的噪音属性。弹幕文本以一种独特的“噪音”形式，颠覆了传统的单向信息传播模式，积极参与到传播过程中。它让受众在接收视频主体内容的同时，还能够接触到由弹幕文本发出的附加信息。这一转变使受众的角色发生了显著变化，他们不再仅仅是视频信息的被动接受者（信宿），而是成

① 孙振虎、赵甜：《参与式文化视角下的弹幕视频分析》，《当代传播》2018年第6期。

为了弹幕文本信息的创造者与传播者（信源）。在此基础上，受众还能够对原视频中的信息源进行即时的反馈与个性化的解读，形成一种全新的、高度参与的信息传播生态。这就使新的弹幕文本作为一种“噪音”和原始的视频语言之间产生了文本间性。[①]其次，游牧式参与革新创作方式。法国当代思想家德赛杜认为，读者对文本的解读是一种“前进和撤退，玩弄文本的战术和游戏”，他们是不同文本之间没有固定位置的游牧民，通过参与意义的解读挪用新的材料，以获取新的意义。[②]在当下的互联网环境下，文本解读者的角色发生了深刻转变，他们不再局限于传统读者的被动接受地位，而是在弹幕视频这一平台上，以用户的身份积极投身于文本意义的动态解构与重构之中。这一过程标志着从“后仰式”的被动文本解读向“前倾式”的主动文本游牧的显著跨越。用户不仅观看视频，更通过即时发送的弹幕内容，对影像进行实时的再创作与个性化解读，而且用户已超越了对原本单一影像文本意义的游牧，逐渐升华至通过对弹幕视频的剪辑、拼接、戏仿而进行的再创造过程，游牧解读与再创造的参与特性便体现出来，赋予其新的意义，生成新的文本。最后，社交式参与延伸影像价值。马克思曾说过人的本质在于其社会性，个人的成长历程实则是持续社会化的过程，其中，社会交往扮演着不可或缺的关键角色。在这一背景下，弹幕视频依靠其独特的即时参与讨论机制，彻底颠覆了传统视频传播模式对时间与空间的束缚，为屏幕前的观众搭建了一个即时互动、畅所欲言的社交公共空间。在这一空间里，观众的焦点不再仅仅聚焦于影像内容本身，而是愈发倾向于关注弹幕文本这一新兴的互动形式。通过弹幕中频繁的问答互动，弹幕视频

---

① 任颖子：《浅析参与式文化背景下的网络真人秀节目》，《视听》2017年第12期。

② 别君华：《参与式文化：文本游牧与意义盗猎——以bilibili弹幕视频网为例》，《青年记者》2016年第23期。

不仅实现了内容的多元化呈现，更悄然间转变为一种新型社交平台。在弹幕视频的观看体验中，同屏共赏的观众往往展现出相似的审美偏好，他们之间的连接依网络而建，这种弱连接的关系纽带打破了身份界限，让每位观众都能站在相对平等的地位上，拥有自由表达的话语权。在这样的环境中，观众之间的交流更加直接、真实且坦诚，他们无拘无束地分享见解、碰撞思想，享受着前所未有的互动乐趣。相对传统面对面的社交方式，其互动效率更高。

第二，视频弹幕是一种狂欢精神的宣泄。“狂欢精神”是巴赫金狂欢理论的基本内核，其建立在狂欢式的世界感受基础上，巴赫金在《陀思妥耶夫斯基诗学问题》中谈道：“狂欢不是供人们驻足欣赏的，它的参与者们置身其中，根据有效的规则来狂欢。”①

狂欢节类型的节庆活动以及与之相关的各种诙谐的表演或仪式，在中世纪人们的生活中占有巨大的位置。除了一连数日在广场和街头举行复杂的表演和游行等本义上的狂欢节之外，还有特别的“愚人节”（Festa Stultorum）和“驴节”，还有特别的、得到传统认可的自由的“复活节游戏”（Risus Paschalis）。此外，几乎每一个宗教节日都各有被传统认可的民间广场诙谐活动。例如，所谓“教堂命名节”就是如此。它们通常都有集市和丰富多彩、自成体系的广场娱乐活动（巨人、侏儒、残疾人和“学会特别技能的”野兽参加表演）。在上演宗教神秘剧和讽刺闹剧的日子里，到处都笼罩着狂欢节的气氛。在一些农事节日，如葡萄节（Vendange），也洋溢着这种气氛，城里人也过葡萄节。举行世俗和日常庆典仪式时，通常也有诙谐的表演：小丑和傻瓜是必不

①〔苏〕米哈伊尔·巴赫金：《陀思妥耶夫斯基诗学问题》，刘虎译，中央编译出版社2010年版，第38页。

可少的参加者，他们讽拟严肃庆典（奖励竞技优胜者、移交领地权、册封骑士，等等）的各种活动。就连日常酒宴也不能没有欢聚逗乐的成分，例如，推选酒宴上的国王和王后“开心”(Roi Pour Rire)。[①]

与官方节日相对立，狂欢节仿佛是庆贺暂时摆脱占统治地位的真理和现有的制度，庆贺暂时取消一切等级关系、特权、规范和禁令。这是真正的时间节日，不断生成、交替和更新的节日。它与一切永存、完成和终结相敌对。它面向未完成的将来。”[②]

在《拉伯雷的创作与中世纪和文艺复兴时期的民间文化》中，巴赫金对“狂欢理论”进行了更全面的阐释——巴赫金仔细地研究了在中世纪占据重要地位的狂欢节这种诙谐文化，肯定了狂欢节在打破日常生活中官方和教会双重权威施加给人们的束缚上所起的积极作用。在狂欢节中，人们暂时性地抛弃了身份、等级、教条、制度，营造了自由平等、轻松愉悦、具有理想色彩、与官方意识形态对立的第二种生活，并面向了未完成的将来。在狂欢的广场上，人们进行平等而亲密的接触，对日常生活中的等级制度进行了合理而公开的反叛。人们还大量使用亲昵的、露骨下作的、插科打诨的语言形式，因为这些自由不拘的语言是拉近距离、体现亲密的最好方式，“一整套降低格调，转向平实的做法，不洁的秽语和对神圣文字及箴言的仿讽等等，这也就是巴赫金所指出的世俗化、贬低化，目的也在于拉近人与人的距离”[③]。

此外，狂欢中人们总是采用“笑”的方式来反抗官方文化。官方的主流文化在生产的过程中渗透进了权威性和等级性，因此必须显得正

---

① 〔苏〕巴赫金：《巴赫金全集·第6卷》，钱中文译，河北教育出版社2009年版，第5-6页。

② 〔苏〕巴赫金：《巴赫金全集·第6卷》，钱中文译，河北教育出版社2009年版，第11页。

③ 程正民：《巴赫金的文化诗学》，北京师范大学出版社2001年版，第141-142页。

统、严肃乃至严苛，而狂欢节的“笑”在巴赫金看来是“全民的大众的笑，这种笑是在摆脱了等级束缚和俗世烦恼的自由的民主的笑”[①]。

狂欢节所构成的第二种生活具有时间性和地点性，局限于每年三个月左右的节日时间，狂欢的主要场所也只是广场，因此巴赫金关注的重点跳脱出了具体的节日形式，走向了狂欢化的世界感受。从哲学层面上来说，狂欢化的世界感受主张尊重人的欲望，推崇平等自由，蕴含着快乐哲学和理想的精神。普通大众的文化与狂欢结合，具体特性表现为：

> 更为根本的同质点在于，他们都是大众化的、通俗的存在，他们都是摆脱了日常的严肃性解放了身心的一种生活方式，他们都有世俗的流行性，尤其是，中世纪民间节日中正反颠倒、上下易位的狂欢精神，在大众化的电视节目中随处可见。[②]

所以狂欢是一种弱抵抗式的文化策略。狂欢建构了一个“颠倒的世界”：将世界两分是“狂欢”形成的前提。也就是说，通过对人们日常生活的戏仿，使生活由严肃的现实状态转入暂时的游戏境况，人们忘却日常生活中的各种束缚（如阶级、身份、等级等），在戏谑、笑声中获得自我的释放。

如此，短视频弹幕的公共性传播实践，就是一种具有“狂欢性”的活动：它发生在具有对话性的网络空间中，它们使用的是一种隐蔽的，甚至具有美学意蕴的讽刺话语，对于现实、对于文本，它不使用硬对抗，而是弱抵抗，以在严肃世界中另辟一方小世界——青年亚文化的

① 秦初阳：《走向二元融合：大众文化的狂欢化阐释》，《四川戏剧》2017年第7期。

② 周卫忠：《双重性·对话·存在：巴赫金狂欢诗学的存在论解读》，陕西人民出版社2007年版，第265页。

世界。

第三，视频弹幕是一种集体记忆的话语建构。弹幕文化助推了数字空间中“Z世代”[①]集体记忆的书写。集体记忆是指一个人或一个群体对其经历过的事件的记忆，是集体经验的一种表现形式。“Z世代”在社群建构中普遍缺乏“强关系”链接的亲友，更多追求虚拟社交关系链接的“弱关系”，这为弹幕社群中关系的建构和自我价值的实现提供了现实基础。巧妙地运用现代数字技术的偏向，文本内容的延伸，文化背后的社会意识，将弹幕打造成“再部落化”社群中的集体记忆，成为一个群体集体智慧结晶与公共记忆。集体记忆建构的关键因素即为“氛围感”的营造，当用户借由虚拟空间突破时空界限后，并不能立刻建立社会关系，而是需要形成“氛围感”才能为即时的语境提供社交基础，在这里传统的“部落”逐渐发展为现代意义上的“社群”。进而，在虚拟的场所中进行“节点”之间的联结和交互，塑造集体记忆。[②]弹幕视频网站作为集体记忆构建的场所，具有显著的脱域化特性，这一特性打破了地域的桎梏，使用户能够跨越界限，共同分享、传承并协同构建多样化的内容体验。集体记忆的铸就，并非一蹴而成，而是历经了一个循环往复的“构建—提炼—再构建”过程，每一环节都不可或缺。当用户在某一即时互动场景之外游走时，他们携带的是记忆的点滴碎片，这些碎片随后在另一个脱域化的网络空间中被重新拼接、深化，进而引发更广泛的情感共鸣与记忆重构，最终汇聚成规模庞大的集体记忆体系。

弹幕以图片、视频、直播等内容为载体，由大量的文字、表情、符号等众多符码编码而成，用户凭借弹幕系统的自身特征与属性创造出适

① “Z世代”是指出生于20世纪90年代以后的具有一定“数字素养”的互联网原住民的新世代。“Z世代”深受新技术的影响，在网络空间中成长，他们具有鲜明的时代特征、鲜明的个性特征和鲜明的思维方式，“Z时代”是塑造网络弹幕文化的主力军。

② 刘臻睿：《B站弹幕文化与“Z世代”集体记忆的建构》，《新媒体研究》2022年第5期。

合自己的一套话语体系。其作为青年亚文化的重要分支，它的出现同时激发了二次元语言及其他相关文化符号与主流话语样式结构的交流与碰撞，部分健康积极的亚文化内容被主流文化收编与丰富。如2021年东京奥运会期间，中国运动员为国出征奋勇拼搏，在射击、举重、跳水、乒乓球等多个比赛项目中表现突出，赢得全网“YYDS”的刷屏喝彩，“YYDS”等热门词已经在人们日常口语中被广泛应用。弹幕中的颜文字作为一种独特的语言形式与话语表达方式，通常由一系列的图形和符号组成，用来传达某种情感、情绪和意义，在弹幕文化中得到广泛应用与传播，迅速流行开来，逐渐被更多人接受和使用。弹幕文化中涌现的热门词汇也已悄然融入大众的日常对话中，甚至不少长辈也欣然接纳了与晚辈交流时穿插的这些融合了弹幕特色的语言现象。比如“爷青回”，它如同一把钥匙，轻轻开启了人们心中那段封存已久的青春记忆，常见于昔日偶像重逢或经典场景再现之际；“颜表立”，则巧妙地以色彩为媒介，让粉丝们在支持自己喜爱的角色时，能以一种直观而独特的方式发声，这抹色彩往往承载着角色鲜明的个性特征；“战歌起”，简短三字，足以唤醒听者内心的激昂与共鸣，标志着关键时刻或情感高潮的到来；“达咩”，一个源自日语的词汇，凭借其简洁有力的表达，在网络语境中迅速走红，成为拒绝或制止某事的流行用语。这些变化不仅展现了弹幕文化的强大生命力，也映射出社会观念与文化生态的多元化发展，为后现代网络亚文化的繁荣开辟了更广阔的空间。当今社会的语言结构已经展现出对弹幕文化前所未有的包容与妥协，经济学家泰勒·考恩（Cowen Tyler）曾谈道，“主流文化与亚文化之间并不只是相互对抗、收编和被收编的关系”[①]，相互渗透和相向而行的“破次元壁”才是最理想的状态。

①〔美〕泰勒·考恩：《商业文化礼赞》，严忠志译，商务印书馆2005年版，第20–27页。

第四，这就说明视频弹幕是一种仪式化的传播。美国传播学者凯瑞[①]在《作为文化的传播》中提出了“传播的仪式观”来超越单纯的“信息传递观”，强调传播的本质是在仪式中的信仰共享和精神体验，并且传播既是空间上的信息传递，更是时间上对社会文明的维系。仪式传播建构了“信息场域”，它通过仪式表达象征意义、传递信息，从而具有了意义的象征性、过程的复杂性、情感的虚实性、模式的系统性等特征。

仪式传播有如下特点：第一仪式传播参与者具有场域依赖性；第二仪式传播场域能否发挥效用，取决于参与者的心理情境建构；第三仪式传播场域具有一定程度的自主性，并且其自主性来源于参与者群体的自觉性。总而言之，仪式传播场域为参与者提供了特定的时空和心境，场域也不能离开参与者的心理建构和群体意识而孤立存在。[②]

因此，整个视频弹幕场域就是仪式传播的场域，它在特定的时空与参与者特定的心境相结合，形成了不同程度自主参与的互动。也就是说，它不仅是一种表达，还是一种沟通和共享；它不仅是一种社会心理的反应，同时也是在建构社会心理。由此验证了，传播是一种沟通和共享，社会实践是共同参与的结果。[③]视频弹幕作为一种创作的“时代符号”，它表明文化作为象征符号在建构社会秩序和信仰上的作用，也就是说文化符号作为一种“文化表演”，它是仪式建构社会信仰和社会秩

① 詹姆斯·凯瑞(James W. Carey,1934—2006)：伊利诺伊大学俄巴那香槟分校传播学院院长，曾任美国《传播》杂志主编、美国新闻与大众传播教育协会、美国新闻记者协会主席。

② 张方敏：《仪式传播场域论纲——对传播仪式观研究支点的探索》，《当代传播》2015年第5期。

③ 凯瑞的传播思想受到芝加哥学派实用主义创始人约翰·杜威(美国著名哲学家、教育家、心理学家)思想的影响。杜威的传播观思想主要体现在：传播不仅反映社会，而且建构社会；传播不仅是一种表达，还是一种沟通和共享；社会的维系和建构是通过符号和意义进行的，而符号和意义是传播创造的；传播是一种实践过程，这个社会实践是共同参与的。

序的表现。[①]因为，人们只有通过符号的意义才能交流。而媒介的时空偏向与文化相关联，是英尼斯[②]传播思想对凯瑞的启示。视频弹幕的功能之一是提供虚拟时空，满足人们的传播需要（制造并传播弹幕）。

弹幕的参与者可以通过弹幕获取有效的知识与信息。通过对视频进行评论、转发、分享和围观，用户能够获得大量关于该视频的背景知识、人物形象以及其他有用的信息。视频中一开始可能没有交代的情节或者细节，观众可以通过发送弹幕进行剧透或者提出疑问邀请他人解答，弥补自身知识的空白。当然，不同个体根据自身观看的视角进行评论，形成了一个个独特的“小世界”，在这样一个虚拟社区里，每个用户都是平等的个体，他们之间相互交流、共享信息，共同构建出一个丰富多彩的网络空间。互联网匿名性使得个体可以更加轻松愉快地通过弹幕与他人分享自我感受，表达自我情感，进行双向的情感互动，有时能够获得大面积的反馈与点赞，获得自我认同感。另外，通过弹幕可以获得情感上的释放，现如今存在很多人看剧或视频离不开弹幕的情况，弹幕的存在会形成一种“我不是一个人”的氛围感受，从而减轻自我孤独感。同时，用户自由地表达观点，这种方式使个人情绪得到了释放，从而缓解压力。最后，弹幕往往是一种自我呈现的手段。弹幕文化的主要参与者往往是当代青年群体，他们追求个性化，拥有更多的时间接触网络中的多元文化形式。由于在现实家庭、工作学习环境中缺乏关注与认

---

① 克利福德·格尔兹是美国文化人类学家，阐释人类学的提出者，他对凯瑞的思想产生了重要影响。格尔兹的文化研究思想主要体现在：文化作为象征符号建构社会秩序和信仰，作为一种文化表演，仪式也是建构信仰和社会秩序的方式。文化作为一种符号象征体系，人们通过符号的意义进行交流。

② 哈罗德·英尼斯（Harold Adams Innis）：经济史学家、传播学家，加拿大多伦多学派的鼻祖，也是麦克卢汉的老师。克利福德·格尔兹、哈罗德·英尼斯和以杜威为代表的芝加哥学派是传播仪式观的三大来源，凯瑞在他的论述中经常引用克利福德·格尔兹、哈罗德·英尼斯以及杜威等人的理论思想。

可，他们更倾向于在网络虚拟环境中以各种方式进行自我呈现，书写弹幕就是这样的一种方式。

3. 弹幕文化的启示

弹幕文化在彰显积极性、合理因素与正向价值的同时也存在潜在风险，弹幕的过度娱乐化和绝对自由化等特征，在某种程度上对主流价值和主导意识形态的传播产生了影响和消解，值得我们反思与警惕。

弹幕是媒介技术应用发展过程中的新兴产物，现代信息技术、移动短视频、直播、视频网站的迅猛发展为弹幕的兴盛提供了土壤。在新兴媒介社交化、狂欢化发展推动下，弹幕技术不断嵌入，媒介介质正在悄然发生改变，掀起一场新视觉革命。弹幕碎片化的自由书写方式改变了传统的观影模式，同时也对传统视频字幕文字形式发起了挑战。其次，在现代信息技术赋能下，视频弹幕可以实现跨时空交流对话，促成圈层化和部落化的形成。

弹幕是资本驱动精准计算的结果。弹幕的兴盛不仅契合了青少年群体的心理诉求，而且具有极高的商业价值。资本追逐利益的本质驱动了企业挖掘弹幕背后的经济价值，有意识地迎合用户需求，不断改进用户体验。[①]平台设置弹幕开关，优化弹幕样式界面等吸引用户的关注，拥有了潜在的用户群体，等同于拥有流量的支持，流量就意味着经济利益。所以，随着弹幕经济被关注与发展，企业直接利用弹幕追逐经济利益，视频中逐渐嵌入一种新型商业广告模式。资本通过弹幕挖掘用户数据信息，收集消费群体喜好，并针对性地嵌入广告与商品，或者通过大数据计算完善后续用户体验。

由于参与的低门槛特性，弹幕在充分发挥受众主观能动性的同时，

---

① 罗红杰：《弹幕文化的生成逻辑、表意实践与正向建构》，《深圳大学学报》(人文社会科学版)2021年第6期。

造成了对原始文本内容理解的偏离，在解码过程中经常出现放大个别细节内容，而完全背离甚至曲解原始文艺作品想要传达的意义的情况。在网络匿名性的庇护下，用户在现实生活中产生的消极情绪常被带到弹幕中。部分用户在弹幕互动中有时会因为某些话题产生争辩，甚至相互人身攻击，导致侮辱性文字出现在屏幕上被广泛围观。弹幕的存在一定程度上影响对原作品的欣赏。很多文艺作品在关闭弹幕的情况下可能会产生另一种观感，插入视频画面中的弹幕会分散观众的注意力使其无法完全集中到作品本身，这会影响欣赏原作品的初衷。因此，我们要对弹幕文化进行合理的规制与科学引领，多方协作促进良性健康发展。

对现有法律规范来说，制定规范性文件[①]是维护我国网络安全的主要手段，这为我国当前网络安全工作指明了方向。加强对弹幕的安全评估，就是保障网络安全的现实需要。在此基础上，建立弹幕多方监控管理机制，发挥主流意识形态领导权，注重文化版权重要性，建构网络诚信体系。对于网络平台来说，必须让自己的平台在法律的框架内运行，也必须满足网民多元化的需要，因此必须承担起自己的企业社会责任。当务之急，网络平台要严于律己、严控违法及不雅弹幕，在现有的网络法律规范范围内，制定相关的管理制度，增加敏感关键词过滤功能，进行实时监管。网络平台要过滤弹幕评论的内容，同时，可以开启弹幕举报功能，对于涉嫌不健康甚至是违反法律的弹幕内容，接受举报、快速审核并及时删除，让弹幕文化既积极健康又趣味十足。从弹幕用户层面来看，必须注重自己的言行规范。弹幕用户在文化参与过程中，要善于

①《中华人民共和国网络安全法》是我国第一部全面规范网络空间安全管理方面问题的基础性法律，规定了平台和用户的义务。《互联网信息服务管理办法》和《互联网跟帖评论服务管理规定》常被网络监管部门援引作包括弹幕在内的网络治理工作的法律依据。2019年国家广电总局发布的《网络短视频平台管理规范》和《网络短视频内容审核标准细则》对短视频的发布者和平台方提出了详细要求，其中一大亮点是将弹幕划入“先审后播”的范围，进行“实时管理”。

对他人的观点与情感进行理性的辨别，妥善处理不合理、非理性、错误言论，谨言慎行。[①]同时，注重自身言行规范，自觉遵守网络秩序，加强自我管控，构建和谐有序网络空间。

弹幕成为许多新媒体平台的标配，弹幕内容与视频融为一体、相得益彰，弹幕文化在弹幕视频与主流媒体的传播下延伸至更广阔的领域，被更多的用户接受并使用，甚至产生“无弹幕不视频”的心理。弹幕文化作为一种网络亚文化，拥有自己独特的表现方式、话语特征和创作动因，都是以符号互动的形式将社交场景进行时空迁移，通过弱关系链接搭建群体社群达成“在场”情感共识，最终获得网络空间归属感与参与感。经过研究发现弹幕文化在互联网与商业浪潮的影响下展现出了独特的风格与发展前景，同时其自身的大众性和平等性不可避免地会产生一系列不容忽视的问题，并且伴随着弹幕文化的持续延伸，它可能与主流文化发生冲突甚至碰撞，因此对其进行合理的规制与科学引领十分重要。

① 李佳润：《弹幕的价值、问题与优化策略》，《青年记者》2021年第22期。

参考文献

著作

1.〔法〕米歇尔·布艾希：《科技智人：从今天到未来的哲学》，刘成富、陈茗钰、张书轩译，中国社会科学出版社2019年版。

2.〔法〕居伊·德波：《景观社会》，王昭风译，南京大学出版社2006年版。

3.〔巴西〕威廉·弗卢塞尔：《表象的礼赞：媒介现象学》，斯特凡·博尔曼编，周海宁、许凌波、周轩译，复旦大学出版社2023年版。

4.〔巴西〕威廉·弗卢塞尔：《后历史：二十篇短文与一种使用方法》，李一君译，复旦大学出版社2023年版。

5.〔巴西〕威廉·弗卢塞尔：《摄影的哲学思考》，毛卫东、丁君君译，中国民族摄影艺术出版社2017年版。

6.〔巴西〕威廉·弗卢塞尔：《传播学：历史、理论与哲学》，周海宁译，复旦大学出版社2022年版。

7.〔德〕康德：《实践理性批判》，韩水法译，商务印书馆2011年版。

8.〔德〕本雅明：《发达资本主义时代的抒情诗人》，张旭东、魏文生译，生活·读书·新知三联书店1989年版。

9.〔德〕恩斯特·卡西尔：《人论》，甘阳译，上海译文出版社2017年版。

10.〔德〕斐迪南·滕尼斯：《共同体与社会》，张巍卓译，商务印书馆2019年版。

11.〔德〕哈特穆特·罗萨：《新异化的诞生：社会加速批判理论大纲》，郑作彧译，上海人民出版社2018年版。

12.〔德〕韩炳哲：《倦怠社会》，王一力译，中信出版集团2019年版。

13.〔德〕马克思：《1844年经济学哲学手稿》，中共中央马克思恩格斯列宁斯大林著作编译局译，人民出版社2014年版。

14.〔德〕马克斯·霍克海默，西奥多·阿道尔诺：《启蒙辩证法——哲学断片》，上海人民出版社2006年版。

15.〔德〕尼采：《扎拉图斯特拉如是说》，黄明嘉、娄林译，华东师范大学出版社2009年版。

16.〔德〕尤尔根·哈贝马斯：《公共领域的结构转型》，曹卫东等译，学林出版社1999年版。

17.〔苏〕米哈伊尔·巴赫金：《陀思妥耶夫斯基诗学问题》，刘虎译，中央编译出版社2010年版。

18.〔法〕福柯：《规训与惩罚》（第五版），刘北成、杨远婴译，生活·读书·新知三联书店2019年版。

19.〔法〕莫里斯·哈布瓦赫：《论集体记忆》，毕然、郭金华译，上海人民出版社2002年版。

20.〔法〕皮埃尔·布迪厄：《文化资本与社会炼金术》，包亚明译，上海人民出版社1997年版。

21.〔法〕让·鲍德里亚：《物体系》，林志明译，上海世纪出版社2001年版。

22.〔法〕让·鲍德里亚：《消费社会》，刘成富、全志刚译，南京大学出版社2000年版。

23.〔古希腊〕柏拉图：《斐德诺篇》，朱光潜译，商务印书馆2018年版。

24.〔加拿大〕罗伯特·K.洛根：《什么是信息：生物域、符号域、技术域和经济域里的组织繁衍》，何道宽译，中国大百科全书出版社2019年版。

25.〔加拿大〕罗伯特·K.洛根：《字母表效应：拼音字母与西方文明》，何道宽译，复旦大学出版社2012年版。

26.〔加拿大〕马歇尔·麦克卢汉：《理解媒介：论认的延伸》，译林出版社2011年版。

27.〔美〕本尼迪克特·安德森：《想象的共同体》，吴叡人译，上海人民出版社2016年版。

28.〔美〕汉娜·阿伦特：《人的境况》，王寅丽译，上海人民出版社2009年版。

29.〔美〕亨利·詹金斯：《文本盗猎者：电视粉丝与参与式文化》，郑熙青译，北京大学出版社2016年版。

30.〔美〕尼尔·波兹曼：《娱乐至死》，章艳译，广西师范大学出版社2011年版。

31.〔美〕尼尔·波兹曼：《童年的消逝》，吴燕莛译，广西师范大学出版社2011年版。

32.〔美〕欧文·戈夫曼：《日常生活中的自我呈现》，冯刚译，北京大学出版社2008年版。

33.〔美〕梭罗：《瓦尔登湖》，苏福忠译，人民出版社2008年版。

34.〔美〕托马斯·库恩：《科学革命的结构（第四版）》，金吾伦、胡新和译，北京大学出版社2012年版。

35.〔美〕雪莉·特克尔：《群体性孤独：为什么我们对科技期待更多，对彼此却不能更亲密?》，周逵、刘菁荆译，浙江人民出版社2014年版。

36.〔美〕道格拉斯·凯尔纳：《媒体奇观：当代美国社会文化透视》，史安斌译，清华大学出版社2003年版。

37.〔美〕柯林斯：《互动仪式链》，林聚任、王鹏、宋丽君译，商务印书馆2009年版。

38.〔美〕尼古拉·尼葛洛庞帝：《数字化生存》，胡泳、范海燕译，海南出版社1997年版。

39.〔美〕泰勒·考恩：《商业文化礼赞》，严忠志译，商务印书馆2005年版。

40.〔美〕沃尔特·李普曼：《舆论》，常江、肖寒译，北京大学出版社2018年版。

41.〔苏〕巴赫金：《巴赫金全集·第6卷》，钱中文译，河北教育出版社2009年版。

42.〔英〕安东尼·吉登斯：《现代性的结果》，田禾译，译林出版社2011年版。

43.翟学伟：《人情、面子与权力的再生产》，北京大学出版社2013年版。

44.冯梦龙：《警世通言》，华夏出版社2013年版。

45.龚才春：《元宇宙：大变革前夜》，大有书局2022年版。

46.鸿苓：《一般书信笔记日记》，北京师范大学出版社1994年版。

47.胡百精：《说服与认同》，中国传媒大学出版社2014年版。

48.孔子：《论语》，杨伯峻、杨逢彬注译，岳麓书社2018年版。

49.李曦珍：《理解麦克卢汉：当代西方媒介技术哲学研究》，人民出版社2014年版。

50.强荧、戴丽娜：《新闻传播学理论前沿：在媒介融合的视域下》，上海社会科学出版社2016年版。

51.司马迁：《史记》，胡怀琛选注，崇文书局2014年版。

52.张成良：《融媒体传播论》，科学出版社2019年版。

53.中共中央马克思恩格斯列宁斯大林著作编译局：《马克思恩格斯选集：第一卷》，人民出版社1995年版。

54.周海宁：《互联网时代中国媒介文化的嬗变以及人的主体性重构》，延边大学出版社2019年版。

55.周海宁：《人类传播论：弗卢塞尔的媒介哲学》，上海人民出版社2024年版。

56.周海宁：《数字化生存：技术图像时代的传播图景》，中国社会科学出版社2023年版。

57.周卫忠：《双重性·对话·存在：巴赫金狂欢诗学的存在论解读》，陕西人民出版社2007年版。

58.周宪：《视觉文化的转向》，北京大学出版社2008年版。

59.程正民：《巴赫金的文化诗学》，北京师范大学出版社2001年版。

60.崔子修：《网络空间的社会哲学分析——从技术、利益到伦理》，中共中央党校博士论文，2004年。

61. 费孝通：《乡土中国》，上海人民出版社2013年版。

62. 墨子：《墨子》，唐敬杲选注，崇文书局2014年版。

63. 彭兰：《新媒体用户研究：节点化、媒介化、赛博格化的人》，中国人民大学出版2020年版。

64. 吴宁：《日常生活批判——列斐伏尔哲学思想研究》，人民出版社2007年版。

65. 许慎：《说文解字今释》，汤可敬撰，岳麓书社1997年版。

66. 朱熹：《四书章句集注》，上海古籍出版社、安徽教育出版社2001年版。

67. 《庄子译注》，杨柳桥译注，上海古籍出版社2007年版。

68. 《大学·中庸》，蒲晓娟译注，四川人民出版社2019年版。

69. 《韩非子》，唐敬杲选注，余欣然校订，崇文书局2014年版。

70. 《孟子译注》，杨伯峻、杨逢彬译注，岳麓书社2021年版。

71. 《诗经》，罗吉芝译注，四川人民出版社2019年版。

72. 《周易》，冯国超译注，华夏出版社2017年版。

期刊

1. 别君华：《参与式文化：文本游牧与意义盗猎——以bilibili弹幕视频网为例》，《青年记者》2016年第23期。

2. 卜彦芳、唐嘉楠：《短视频对城市文化记忆的书写与建构机制》，《西南民族大学学报》（人文社会科学版）2022年第10期。

3. 操梅、崔娟：《微信公众平台：自媒体的“商业性”与“公共性”的契合之路与困境》，《戏剧之家》2015年第13期。

4. 常启云、赵海铭：《互联网情感传播与传统节日文化认同的关系——以春节为例》，《青年记者》2023年第3期。

5. 常媛媛、曾庆香：《新型主流媒体新闻身份建构：主体间性与道德共识》，《西南民族大学学报》（人文社科版）2020年第3期。

6. 陈素白、张晓旭：《数字营销时代重访“镜众”概念的理论与实践意义》，《新闻与传播评论》2022年第6期。

7. 程娟：《作为虚构叙述的“人设”：对明星文化现象的一个观察》，《中外文化与文论》2021年第1期。

8. 邓志武、唐应龙：《电视选秀节目批判——基于阿多诺的“文化工业”理论》，《文艺理论与批评》2015年第4期。

9. 段俊吉：《打造“人设”：媒介化时代的青年交往方式变革》，《中国青年研究》2022年第4期。

10. 樊浩：《中国社会价值共识的意识形态期待》，《中国社会科学》2014年第7期。

11. 范靖：《狂欢理论视域下网络直播健身的全民化现象研究——以刘畊宏直播健身为例》，《视听》2022年第7期。

12. 范玉刚：《文化治理视域下的城市文明典范塑造》，《理论视野》2023年第4期。

13. 付茜茜：《从“内卷”到“躺平”：现代性焦虑与青年亚文化审思》，《青年探索》2002年第2期。

14. 付怡：《消费社会视角下的“网红”现象研究》，《东南传播》2018年第9期。

15. 高方方、周海宁：《媒介使用与价值观：一个媒介治理的视角》，《新媒体公共传播》2023年第2期。

16. 高方方、周海宁：《社交媒体时代小红书女性博主的情感营销传播策略探析》，《视听》2023年第12期。

17. 高亮：《北方的南州与生涩的科段——〈春秋公羊疏〉文本生成时代新证》，《中华文史论丛》2020年第1期。

18. 耿燕：《大学生无聊倾向、抵制效能感与新媒介依赖行为的关系》，《中国健康心理学杂志》2019年第3期。

19. 韩模永：《“新观众”的诞生——论弹幕影评的范式变革》，《广西社会科学》2017年第2期。

20. 胡易容：《符号达尔文主义及其反思：基于汉字演化生态的符号学解析》，《兰州大学学报》（社会科学版）2018年第3期。

21. 胡智锋、邓秋实：《弹幕：互联网时代文艺评论的价值延伸》，《未来传播》2019年第3期。

22. 黄家圣、赵丽芳：《从盗猎、狩猎到围猎：亨利·詹金斯的参与文化理论及其实践》，《电影评介》2019年第2期。

23. 黄露、杨敏：《“网红打卡地”的空间生产与规训》，《青年记者》2022年第14期。

24. 黄微、李瑞、孟佳林：《大数据环境下多媒体网络舆情传播要素及运行机理研究》，《图书情报工作》2015年第21期。

25. 贾双跃：《公共性与反公共性的共同在场：网络空间的治理困境及其超越》，《学习与实践》2021年第9期。

26. 贾伟玮：《“情”“义”相须：孔子情理关系思想新解》，《中州学刊》2022年第6期。

27. 贾雨薇、周海宁：《互联网“人设”的表征、问题与启示》，《东南传播》2023年第8期。

28. 蒋晓丽、何飞：《互动仪式理论视域下网络话题事件的情感传播研究》，《湘潭大学学报》（哲学社会科学版）2016年第2期。

29. 雷跃捷、白欣蔓：《“凝视、消费与建构”——“流调”引发网络舆论之“无组织的组织力量”考察》，《国际新闻界》2022年第11期。

30. 李丹丹、张怡佳：《狂欢理论视域下视频平台的UGC与传播——以哔哩哔哩为例》，《青年记者》2020年第26期。

31. 李芬兰、张文清、庄哲民：《基于手势识别的智能输入系统》，《汕头大学学报》（自然科学版）2014年第3期。

32. 李泓江、杨保军：《“液态”理论的旅行及其对新闻学研究的启示》，《社会科学战线》2019年第9期。

33. 李佳润：《弹幕的价值、问题与优化策略》，《青年记者》2021年第22期。

34. 李明洋、高英彤：《中国移动端社交媒体何以提升全球影响力：基于“文化走出去”战略的分析与思考》，《学术探索》2023年第2期。

35. 李茜：《失落的剧场公共性与重回公共空间》，《文艺研究》2024年第5期。

36. 李雪林：《全面数字化转型中国际传播符号的构建》，《青年记者》2022年第4期。

37. 李艳玲：《地方志与区域文化关系浅析》，《福建史志》2019年第4期。

38. 林江、李梦晗：《“精致”人设的自我呈现：青年超前消费问题探析》，《中国青年研究》2021年第3期。

39. 刘宝：《弹幕下的共同体：一种文学“人际书写”新形态》，《东北师大学报》（哲学社会科学版）2021年第5期。

40. 刘琛：《把“高密东北乡”安放在世界文学的版图上——莫言先生文学访谈录》，《东岳论丛》2012年第10期。

41. 刘东怿：《新词“人设”》，《语文学习》2017年第2期。

42. 刘国贞：《齐鲁情义精神与文化品牌的打造传播》，《管子学刊》2012年第3期。

43. 刘国贞：《文化符号学视域下城市形象的传播》，《青年记者》2019年第11期。

44. 刘科、李东晓：《价值理性与工具理性：从历史分离到现实整合》，《河南师范大学学报》（哲学社会科学版）2005年第6期。

45. 刘娜：《人设：作为一种风格的想象》，《符号与传媒》2020年第2期。

46. 刘楠、周小普：《自我、异化与行动者网络：农民自媒体视觉生产的文化主体性》，《现代传播》（中国传媒大学学报）2019年第7期。

47. 刘晓力：《哲学与认知科学交叉融合的途径》，《中国社会科学》2020年第9期。

48. 刘晓伟：《狂欢理论视阈下的微博狂欢研究——以新浪微博“春晚吐槽”现象为例》，《新闻大学》2014年第5期。

49. 刘依暄：《拟剧理论应用于青少年个体社会化的实现困境与对策研究》，《山西青年》2023年第18期。

50. 刘怡：《论网感化语境下青少年受众对影视明星“人设”的期待结构》，《现代传播》（中国传媒大学学报）2020年第7期。

51. 刘诣、汤国英：《生产、维持和崩塌：明星“人设”的三重逻辑》，《中国青年研究》2019年第12期。

52. 刘臻睿：《B站弹幕文化与“Z世代”集体记忆的建构》，《新媒体研究》2022年第5期。

53. 陆囿霖、谢万春：《“壮族三月三”是广西各族人民的共同节日》，《中国民族报》2014年4月1日第2版。

54. 路惠然：《从分享生活到塑造人设——朋友圈中的自我呈现与语境消解》，《西部广播电视》2020年第13期。

55. 罗红杰：《弹幕文化的生成逻辑、表意实践与正向建构》，《深圳大学学报》（人文社会科学版）2021年第6期。

56. 吕晓璐：《从物质符号到观念符号：文化遗产的媒介化传承》，《传播与版权》2023年第9期。

57. 马天玲、王顺洪：《数媒时代青年文化消费主义的表征与治理路径》，《中国广播电视学刊》2022年第9期。

58. 毛新青：《山东情义文化的思想渊源》，《济南大学学报》（社会科学版）2012年第1期。

59. 门文、胡也畅、邵颖：《增强现实场景下的交互设计研究——以中文输入为例》，UXPA中国2016行业文集，2016年。

60. 蒙冰峰、周菲：《从个人之善到公共之善：网络媒体的责任伦理担当》，《牡丹江大学学报》2017年第5期。

61. 年度传媒伦理研究课题组、刘鹏、方师师、王侠：《2020年传媒伦理问题研究报告》，《新闻记者》2021年第1期。

62. 牛耀红：《操控、赋权、话语空间：理解社交媒体广告的三个维度——以微信信息流广告为例》，《编辑之友》2017年第10期。

63. 彭兰：《“液态”“半液态”“气态”：网络共同体的“三态”》，《国际新闻界》2020年第10期。

64. 孙旻：《公共领域——一个永恒的世界——对阿伦特的公共领域思想的探究》，《理论界》2009年第3期。

65. 彭兰：《连接与反连接：互联网法则的摇摆》，《国际新闻界》2019

年第2期。

66. 彭兰：《媒介化、群体化、审美化：生活分享类社交媒体改写的“消费”》，《现代传播》（中国传媒大学学报）2022年第9期。

67. 秦初阳：《走向二元融合：大众文化的狂欢化阐释》，《四川戏剧》2017年第7期。

68. 秦亚青、魏玲：《新型全球治理观与“一带一路”合作实践》，《外交评论》（外交学院学报）2018年第2期。

69. 任颖子：《浅析参与式文化背景下的网络真人秀节目》，《视听》2017年第12期。

70. 石磊等：《国外媒介融合研究知识图谱——基于文献计量学方法的分析》，《西南民族大学学报》（人文社科版）2019年第40期。

71. 时统宇：《淄博烧烤的“火”与山东卫视的“土”》，《青年记者》2023年第11期。

72. 苏宏元：《网络人设的符号化建构、表演及反思》，《人民论坛》2022年第10期。

73. 孙玉珠、王长潇、张丹琨：《Vlog个体创作与大众传播的公共性反思》，《现代视听》2022年第10期。

74. 孙振虎、赵甜：《参与式文化视角下的弹幕视频分析》，《当代传播》2018年第6期。

75. 汤培哲、王文姮：《新媒体营销视角下小红书“种草”式旅游传播机制分析》，《传播与版权》2023年第11期。

76. 唐军、谢子龙：《移动互联时代的规训与区分——对健身实践的社会学考察》，《社会学研究》2019年第1期。

77. 王斌、李曜宇：《当公共性与游戏性相遇：B站新闻类视频的弹幕文化研究》，《新闻记者》2024年第2期。

78. 王国华等：《网络狂欢事件演绎路径及调控模式研究——以“洛阳交警西安抓贼反被关”事件为例》，《情报杂志》2016年第1期。

79. 王辉：《语言传播的理论探索》，《语言文字应用》2019年第2期。

80. 王倩楠：《情感共同体：明星“人设”现象背后青年重建社群的尝

试》，《中国青年研究》2018年第8期。

81. 王庆节：《文字时代与数字时代的哲学思维》，《中国社会科学》2023年第2期。

82. 王稳、李晓华：《承继“情义”文化：促进大学武术“课程思政”建设的有效途径》，《南京体育学院学报》2020年第2期。

83. 王旭辉、李先知：《私人书写与公共叙事：国内日记研究的回顾与反思》，《社会发展研究》2018年第4期。

84. 王英杰、张苏秋：《文化符号对城市经济增长影响的实证研究》，《经济与管理研究》2017年第5期。

85. 王颖：《中西方动画电影中人设形象及其风格的差异性研究》，《电影文学》2012年第14期。

86. 王雨磊：《论社会资本的社会性——布迪厄社会资本理论的再澄清与再阐释》，《南京师大学报》（社会科学版）2015年第1期。

87. 巫喜丽、战菊：《我国城市语言景观治理的发展及优化》，《人民论坛》2022年第10期。

88. 吴蕊寒：《汉语存废之争：〈新世纪〉派与章太炎的辩论》，《学海》2021年第5期。

89. 向芬、杨肇祎：《新闻公共性反思：概念源流、理论取用与问题思辨》，《全球传媒学刊》2022年第5期。

90. 谢卓华：《广西对东盟传播的文化分析》，《新闻爱好者》2011年第4期。

91. 徐强：《“人设”：新现代性的自我生成及其未来走向》，《求索》2022年第3期。

92. 许高勇、王蕾婷：《“人设戏精”网络亚文化的自我呈现、社会表征及其反思》，《新疆社会科学》2020年第1期。

93. 晏庆合、操瑞青：《新私人书写与公共化：社交媒体用户自我呈现中的“隐而不退”实践》，《传媒观察》2023年第10期。

94. 燕道成、谈阔霖：《狂欢理论视阈下“网红”经济与文化的作用机制》，《现代传播》（中国传媒大学学报）2019年第5期。

95. 杨保军、张博：《论日常新闻“公共化”的内涵、表现方式及主要影响》，《新闻界》2024年第6期。

96. 杨军、黄兆琼：《我国消费主义思潮的表现、实质与克服》，《思想教育研究》2022年第2期。

97. 杨仁忠：《阿伦特的社会三分理论模式及其学术意义》，《洛阳师范学院学报》2008年第4期。

98. 叶姗姗、占莉娟：《社交媒体中非法出版物的生存逻辑及治理策略》，《出版发行研究》2022年第7期。

99. 喻国明、耿晓梦：《何以“元宇宙”：媒介化社会的未来生态图景》，《新疆师范大学学报》（哲学社会科学版）2021年第3期。

100. 袁丰雪、周海宁：《社交媒体内容负面评价的成因探析》，《青年记者》2020年第29期。

101. 张成良、于海飞：《融媒体语境下新闻采访教学的三重时空建构》，《现代传播》2019年第5期。

102. 张方敏：《仪式传播场域论纲——对传播仪式观研究支点的探索》，《当代传播》2015年第5期。

103. 张晗、张美娟：《价值与情感：拉动主旋律内容“破圈”的双驾马车——主流媒体如何做好建党一百周年主题宣传报道》，《教育传媒研究》2021年第5期。

104. 张宏：《工具理性与价值理性的整合——教育技术发展的现实思考》，《教育研究》2016年第11期。

105. 张洪忠：《社交媒体的关系重构：从社会属性传播到价值观传播》，《教育传媒研究》2016年第3期。

106. 张剑、韦雅楠：《互联网传播中品牌情感营销策略探析》，《青年记者》2021年第22期。

107. 张立新、来钇汝、秦丹：《智能教育工具理性与价值理性的博弈与权衡》，《开放教育研究》2022年第3期。

108. 张玲燕、周海宁：《弹幕：个体表达的公共书写》，《新媒体研究》2023年第20期，修订而成。

109. 张默：《论麦克卢汉的“内爆”理论——兼与鲍德里亚观点的比较》，《湖北民族学院学报》（哲学社会科学版）2014年第2期。

110. 张雪、杨向荣：《符号化：空间媒介视阈下的城市形象建构》，《湖南科技大学学报》（社会科学版）2023年第1期。

111. 张艳翠：《语言景观的文化功能及对汉语文化传播的启示》，《文学教育（上）》2019年第8期。

112. 张一兵：《颠倒再颠倒的景观世界——德波〈景观社会〉的文本学解读》，《南京大学学报》（哲学·人文科学·社会科学版）2006年第1期。

113. 张银梅：《消费主义视野下的明星“人设”——以林丹为例》，《视听》2017年第10期。

114. 赵小波：《文化产品互动营销的精神符号学本质》，《文化艺术研究》2019年第1期。

115. 赵毅衡：《重新定义符号与符号学》，《国际新闻界》2013年第6期。

116. 赵云泽、刘珍：《情绪传播：概念、原理及在新闻传播学研究中的地位思考》，《编辑之友》2020年第1期。

117. 郑佳琳：《从市场到流量：基于直播场景下的虚拟情感性消费共鸣》，《采写编》2023年第4期。

118. 钟智锦、周金金：《信息疫情的病毒式传播：表征、研究现状与展望》，《新闻与传播评论》2023年第4期。

119. 仲宇、李光安：《城市文化符号的传统性与当代性》，《山西财经大学学报》2022年第S2期。

120. 周海宁：《〈后浪〉青年宣言片反向评价的解释现象学分析》，《鲁东大学学报》（哲学社会科学版）2021年第1期。

121. 周海宁：《基于移动短视频传播的文化转向与信息价值观的重构》，《东南传播》2019年第10期。

122. 周海宁：《论互联网时代受众的数字化生存能力》，《出版发行研究》2018年第12期。

123. 周海宁：《以互联网媒介为中心的听觉文化转向以及构建》，《出版发行研究》2019年第7期。

124. 周逵：《沉浸式传播中的身体经验：以虚拟现实游戏的玩家研究为例》，《国际新闻界》2018年第5期。

125. 周睿鸣、王祎琛：《“厚码”：社交媒体的可见性想象与表达策略——对微博账号“@PITD亚洲虐待博士组织”的经验考察》，《未来传播》2022年第6期。

126. 朱梓函：《互动仪式链视角下的互联网公益参与——以支付宝“蚂蚁森林”为例》，《新媒体研究》2023年第10期。

127. 史少博：《历史唯物主义视野下数字化时代的“人的现实存在”》，《大庆师范学院学报》2020年第2期。

128. 王大桥、刘晨：《慢速经验与当代美学的问题转换》，《文艺争鸣》2020年第4期。

报纸和新闻

1. Lens：《一百多年了，人不长记性的吗?》，澎湃新闻·澎湃号·湃客，2020年5月14日，https：//www.thepaper.cn/newsDetail_forward_7381942。

2. 半岛都市报：《今天开通！淄博烧烤专列来了！时间是……》，澎湃新闻，2023年3月31日，https：//www.thepaper.cn/newsDetail_forward_22529528。

3. 哔哩哔哩弹幕网：《到饭点了，给大家推荐点电子榨菜》，2022年11月4日，https：//www.bilibili.com/read/cv19523638/。

4. 大爱雅女：《一码通行！全国“防疫健康信息码”来了》，澎湃新闻，2020年4月8日，https：//www.thepaper.cn/newsDetail_forward_6931253。

5. 范佳来：《科大讯飞刘庆峰：讯飞星火大模型10月实现中文超越ChatGPT》，2023年5月18日，https：//www.thepaper.cn/newsDetail_forward_23130510。

6. 根据《援汉国家医疗队分批踏上返程，武汉感恩有你！》一文整理成表格内容。图片内容参见，“澎湃在线”，https：//m.thepaper.cn/baijiahao_6568950。

7. 广西壮族自治区文化和旅游厅：《广西壮族自治区文化和旅游厅》，当代广西网，2020年3月20日，https：//www.ddgx.cn/show/30250.html。

8.郭声琨：《坚持和完善共建共治共享的社会治理制度（深入学习贯彻党的十九届四中全会精神）》，人民网，2019年11月28日，http：//politics.people.com.cn/n1/2019/1128/c1001-31478098.html。

9.河北省文化和旅游厅：《暖心回应！英雄武汉被“冀”在心上！河北亲人邀我们风雨过后共赏美景》，凤凰新闻·中国国家旅游杂志，2020年3月21日，https：//ishare.ifeng.com/c/s/7v1yO5LX5F1。

10.九派新闻：《淄博“烧烤专列”火出圈：专列直达网红烧烤店，伴手礼有烧烤酱、苹果、山楂……》，腾讯网，2023年4月11日，https：//new.qq.com/rain/a/20230411A052C100。

11.李新锁：《诺奖得主莫言：乡土是根北京是枝叶》，中国新闻网，2019年5月15日，https：//www.chinanews.com/cul/2019/05-15/8837837.shtml。

12.慢放：《为什么中文输入法之神，是且只能是五笔?》，2022年10月1日，https：//www.tmtpost.com/6271034.html。

13.人民名品：《一个月，全网搜索超770%！“淄博烧烤”，为何“淄”味十足?》，网易，2023年4月11日，https：//www.163.com/dy/article/I22EF4DF0550AH4T.html。

14.人民日报时评：《理性看待明星“人设”》，《人民日报》2019年12月6日第5版。

15.人民网：《继武汉感谢海报后，长沙回应来了!》，2020年3月23日，http：//hn.people.com.cn/n2/2020/0323/c195194-33897253.html。

16.山东师范大学美术学院：《山东一高校23张海报回信武汉：兄弟甭客气，济南等你》，2020年3月21日，腾讯网·青春山东，https：//new.qq.com/rain/a/20200321A0FI4Q00。

17.钛媒体：《2023年“她经济”洞察报》，2023年3月7日，https：//www.tmtpost.com/6438270.html

18.汪沛：《走出倦怠：对于〈倦怠社会〉的另一种解读》，《中华读书报》2021年9月22日第13版。

19. 吴刚：《淄博烧烤的借鉴价值》，《团结报》2023年4月30日第1版。

20. 武汉文化和旅游局：《援汉国家医疗队分批踏上返程，武汉感恩有你！》，2020年3月17日，转引自“澎湃在线”，https：//m.thepaper.cn/baijiahao_6568950。

21. 新华网：《火爆出圈，淄博究竟做对了什么？》，2023年5月5日，http：//www.news.cn/sikepro/20230505/9b756f02713e418db70531b76dfcae33/c.html。

22. 张岩铭：《超级女声：2005年全民娱乐的盛宴》，《中国经营报》2005年12月17日，https：//finance.sina.com.cn/review/20051217/15192206958.shtml。

23. 长沙晚报网：《创意海报｜武汉：谢谢你 为我们拼过命！长沙：莫客气！》，2020年3月24日，https：//www.icswb.com/h/103779/20200324/649944.html。

24. 中共佛山市顺德区委宣传部：《“武汉，小弟有礼了”——“小弟”顺德以海报回应“大哥”武汉》，南方网，2020年3月26日，https：//news.southcn.com/node_54a44f01a2/c9834a68ab.shtml。

25. 中国网：《“五一”假期后，淄博烧烤热度还能维持多久？》，2023年5月6日，https：//new.qq.com/rain/a/20230506A06D1Z00。

26. 淄博市文化和旅游局：《淄博发布致广大游客朋友的一封信：美景美食不止淄博，好客山东应有尽有》，光明网，2023年4月26日，https：//m.gmw.cn/2023-04/26/content_1303355934.htm。

外文文献

1. Brady, W. J., Crockett, M. J., Van Bavel, J. J.（2020）. The MAD Model of Moral Contagion: The Role of Motivation, Attention, and Design in the Spread of Moralized Content Online. Perspectives on Psychological Science, 15（4）, 978-1010.

2. Claude Fischler. Food, Self and Identity. Social Science In-formation, 1988, 27(2).

3. Fan R, Xu K, Zhao J. Weak ties strengthen anger contagion in social media. arXiv preprint arXiv: 2005.01924, 2020.

4. Hsu, T. W., Niiya, Y., Thelwall, M., Ko, M., Knutson, B., & Tsai, J. L. (2021). Social media users produce more affect that supports cultural values, but are more influenced by affect that violates cultural values. Journal of Personality and Social Psychology, 121(5), 969-983.

5. Jaworski, A. &C. Thurlow. Semiotic Landscape: Language Image, pace. London: Continuum,2010.

6. Mark Deuze, The Changing Context of News Work: Liquid Journalism and Monitorial Citizenship, International Journal of Communication,No. 2,2008, PP.848-865.

7. Oskar Negt, Alexander Kluge. Öffentlichkeit und Erfahrung. Frankfurt: SuhrkampVerlag, 1978: 17-18.

8. Pavelea A M, Neamțu B, Pavel A. Do social media reduce compliance with COVID-19 preventive measures? Policy Studies, 2021: 1-16.

9. Schwartz, S. H. 1994. Are There Universal Aspects in the Structure and Contents of Human Values? Journal of Social Issues, 50(4), 19-45.

10. Schwartz, S. H. 2006. Basic human values: theory, measurement, and applications. Revue Française de Sociologie, 47(4).

11. We Are Social & Hootsuite：《2022年全球数字概览报告（英文版）》, https：//wearesocial.com/cn/blog/2022/01/digital–2022/。

— 后 记 —

《拯救现象：媒介危机诊断与社会治理》一书，从媒介现象的分析入手，以危机的理论诊断为工具，以社会治理为对策，进而实现拯救媒介现象的总目标。从整体脉络来看，该书具备作为媒介能力及媒介素养提升的读本的潜力。因为它不仅深入分析了当前媒介环境，即将媒介现象视为研究对象，还提出了具体的应对策略，并且有助于读者增强批判性思维和理性使用媒介的能力。

从媒介能力及媒介素养的概念视角来看，虽然媒介能力及媒介素养常常被用来描述人们在媒介环境中的技能与知识，但二者是有所区别的。具体来说，媒介能力通常是指个体使用、分析、制作和批判媒介内容的综合技能。它关注的是个体能否有效、合理地使用媒介工具来获取信息、沟通交流和创造内容。所以，媒介能力包含了信息分析能力（如辨别真伪、理解隐含意图的能力）、技术操作能力（如使用多种媒介平台和技术的能力）以及批判性参与能力（如能在公共话语中做出理性、负责任的判断与回应的能力）。与媒介能力内涵不同，媒介素养则是一个更为广泛的概念，除了媒介能力的基本要求外，它还强调批判意识和伦理意识，且关注个体在媒介使用中对社会和文化影响的认识。媒介素养强调个体理解媒介对社会、政治和文化的深远影响，提倡负责任、具有批判性的媒介使用方式。

所以，可以说该书的内容与媒介能力及媒介素养的内涵高度契合。它不仅向读者揭示了要如何应对当下复杂的媒介环境，还提供了批判性分析和伦理责任感培养的框架。总而言之，该书有助于读者提升媒介能力，进而培养更高层次的媒介素养，使他们在信息社会中更具辨别力和自我管理能力。具体而言，该书体现的媒介能力与媒介素养如下。

第一，批判意识的培养。书中详细分析了现代媒介对社会产生的种种消极影响，如功绩社会中的自我剥削、加速社会中的异化，以及公共空间中反公共性的传播。通过对这些现象的深入剖析，书中实际是在增强读者对媒介的批判意识。这种批判意识正是媒介素养的核心部分，使人们认识到媒介并不仅是一个信息传递的工具，而且是对人的认知和行为产生塑造的力量。

第二，提升媒介使用技能。书中讨论了自组织和反涡轮传播模式，提出了基于媒介技术来调整信息流速、增加用户阅读时间和缓解群体极化的策略。这样的策略不仅帮助读者更合理地使用媒介技术，也增强了他们的媒介操作能力，使他们在媒介工具的使用上更加自觉、合理，符合媒介能力的定义。

第三，社会责任感与伦理意识。书中的“共建、共治、共享”模式强调公众在网络空间中应负起的责任，呼吁平台、公众、政府共同维护健康的媒介生态。这种道德与社会责任的强调正是媒介素养中的伦理意识，使得媒介素养不只是使用技能的提升，而且是自觉地维护和改善信息环境的责任感。

第四，信息甄别与批判性参与。通过人文涵化的倡导，书中提出了信息甄别及批判性参与能力的培养，帮助读者在面对信息泛滥时更理性地分析信息来源、辨别真伪。这种能力是媒介能力的重要组成部分，而批判性参与则有助于人们在信息繁多的媒介环境中保持清醒与行动力。

为使读者能够更加清晰本书的逻辑与主题，以便更好地理解本书内容。作者特意从三个方向梳理本书的脉络——“媒介现象的分析”“危机的理论诊断”以及“社会治理的对策”。

第一，媒介现象的分析。文章探讨了在现代媒介环境中，人们如何被各种消极影响所困扰，并提出了引导理性使用和强化媒介素养的解决思路。这部分的核心在于媒介本身的影响力及其可能的负面效果。具体来说，“媒介现象的分析”指的是应对当前媒介环境中产生的危机，使媒介重新回归理性和正面价值，避免其在泛娱乐化、非理性言论泛滥和过度依赖等方面继续恶化。这一任务的提出来源于对现代媒介技术的反思。当前媒介环境深刻影响着公共性、共识建构以及人们的认知与行为。数字媒介将人们的注意力集中于即时满足的娱乐和互动之中，并以迅捷的信息传播方式加深了人们的即时反应、碎片化记忆和浅表思考的倾向。因此，拯救媒介现象的核心在于帮助个体回归对媒介使用的理性思考与批判意识，重新确立媒介作为公共话语平台的责任与定位。

从麦克卢汉的“媒介即讯息”的视角来看，不同的媒介塑造了人们的认知模式。因而，拯救媒介现象就意味着不仅要关注媒介内容，还要关注媒介的形式以及这种形式所引发的社会影响。麦克卢汉认为媒介的“内容”通常是其他媒介的“内容”，在媒介环境中的每一层内容不断迭代、新媒介形式不断出现时，社会必须拥有足够的批判力和适应能力，否则大众会被裹挟在媒介演变的洪流中而难以自觉应对。拯救媒介现象不仅是减少虚假信息泛滥、避免非理性传播，而且是需要从根本上认识到媒介形态对人类知觉和行为的深远塑造作用。

在具体方法上，拯救媒介现象需要开展三方面的工作：首先是增强媒介素养，让人们意识到媒介的积极功能与潜在风险，并在使用时保持自律。其次是重视公共性教育，培养民众对公共空间和话语平台的责任感。最后是建立理性的审视机制，通过大众传媒和教育系统的协作，将理性对话与深层思考重新引入日常传播行为中，以平衡媒介带来的消极影响。

第二，危机的理论诊断。这一部分从危机的认知与分析开始，引用了韩炳哲、哈特穆特·罗萨等人的理论，聚焦于数字化和现代化带来的社会压力，如自我剥削、加速社会以及公共性流失等。诊断危机的目的是找出媒介对人们生活方式和心理状态的深层次影响，为后续的治理提供依据。社会治理部分，提出了应对当前危机的策略。如包括“共建、共治、共享”模式，强调在媒介环境治理中，需要政府、公众和平台的协作。社会治理是一个综合性和协调性的任务，包含对公众责任感的培养、道德和法律的结合以及信息传播模式的改进等措施。媒介现象的危机诊断指的是在复杂的媒介环境下，通过分析媒介带来的种种负面现象，找出当前社会所面临的危机。危机诊断的核心问题是厘清什么是社会危机，以及如何理解这种危机对个体、社会的影响和威胁。具体来说，现代媒介环境的危机主要表现在以下几个方面。

过度的功绩主义和“自我剥削”。正如韩炳哲在《倦怠社会》中所指出的，现代社会已经从以规训为主的社会转向以功绩为中心的社会。在这一转变中，个体被动或主动地接受“自我剥削”式的生活方式，将成就感和价值感完全寄托在自身不断提高的绩效之上，导致精神上的倦怠。媒介环境推动了“自我剥削”的普及：社交平台上的“人设经营”“打卡式工作”等加深了这种对自我的过度压榨，个体逐渐陷入“自我疲惫”。

“加速社会”与“新异化”现象。哈特穆特·罗萨的“加速社会”理论指出，现代生活的加速使个体的“当下体验”被压缩，人们逐渐失去深度的生活体验。数字媒介以碎片化的信息、快速更新的内容将时间稀释，加速了“异化”现象，即人与自我、人与他人、人与社会的疏离。人们被迫适应技术带来的迅速变革，习惯于表面和瞬间的联系，却难以建立深层的人际互动与稳定的情感连接。

公共性的丧失与反公共性问题。数字媒介的公共平台表面上提供了一个开放的讨论空间，但事实上，许多公共平台的讨论呈现出严重的反公共性倾向。例如，假新闻、恶意言论和极端言论在社交平台中泛滥，使公共讨论成为情绪宣泄的场域，缺乏理性、建设性的探讨。此外，媒介的泛娱乐化特征弱化了人们的批判能力和思辨意识，导致公共空间中的话语质量下降。

第三，社会治理的对策。通过以上的分析可知，危机诊断十分必要，对此，首先，我们需要识别这些危机产生的根本原因，其次，找出应对之道，尝试通过社会治理的手段缓解这些危机的消极影响。因此，社会治理对策的提出就成为题中之意。社会治理在当前媒介环境中，意味着在不同时空背景下协调多方力量，以化解信息社会带来的复杂危机。传统的治理方式难以完全应对现代媒介技术催生的种种新问题，因此需要通过更为开放、协同的“共建、共治、共享”模式来推进现代社会治理。社会治理不仅仅是规制与控制的过程，更是引导媒介与技术更好服务于公众、维护社会秩序的过程。具体来说，可以从以下对策入手，进行思考。

共建：政府、社会、公众的多元合作。在现代媒介治理中，“共建”是一种由政府、社会、公众三方共同参与的模式，旨在借助多元主体的协作力量来应对媒介带来的复杂问题。共建的核心在于增强公众在公共治理中的主体意识，将民众的力量融入公共空间建设中，确保治理成果不仅具有制度化保障，更具备广泛的社会认同与公信力。例如，政府可以通过构建开放的平台鼓励公众反馈，让民众在媒介治理问题上提供意见与建议。这样可以使政策更贴近社会实际需求，同时也能提高治理的社会参与度与认可度。

共治：分工协作与灵活管理的结合。“共治”强调多元治理主体的分工与协作，包括政策制定者、媒介平台、社区组织及公众群体等多层次的互动与协调。社会治理需要灵活应对快速变化的媒介生态，具体方法之一是自组织的灵活管理。自组织是一种基于公众自治与自我管理的模式，即鼓励社区和公众自发形成规则，通过内部协商、达成共识来规范行为。例如，社交媒体平台可以在技术层面制定举报和审核机制，通过内容标记、用户评价、透明算法等方式实现自我管理和社会引导。这种灵活的自组织管理方式避免了过度依赖官方干预的弊端，让治理更具自发性和弹性，也让公民更有责任感。

共享：媒介平台公共空间的重建。在治理的共享方面，重点在于重建媒介平台作为公共讨论空间的功能，重新确立公共性与媒介伦理。共享不仅是空间和资源的共享，更是公共价值与社会信任的共享。通过提升公共空间中的话语质量，可以推动公众之间更加理性的交流和对话，营造一种积极、负责任的讨论氛围。公共空间的重建还包括引导网络平台承担社会责任，履行规范化管理的义务。平台应提供透明化的内容审核机制，防止假新闻和恶意言论扩散，同时设置合理的算法，以免过度迎合用户喜好、进一步加深“信息茧房”现象。通过平衡平台的商业利益和公共责任，使媒介成为真正促进社会共识与共同利益的平台。

反涡轮传播模式：避免信息失控与群体极化。随着社交媒体的普及，信息的涡轮传播导致信息过载、情绪感染以及极化现象频繁发生。社会治理需要反涡轮传播模式，缓解信息过速流通造成的舆情失控。例如，平台可以通过放慢热点信息的传播速度、设置信息阅读门槛等方式，让用户有时间充分理解信息、冷静思考后再参与讨论。反涡轮传播模式意在避免群体极化现象，为社会营造一种更健康、更理性的舆论环境。这种模式将信息的传播节奏置于治理范围之内，使信息的流动不再是失控的，而是可引导的。

人文涵化：媒介教育与文化塑造。在面对媒介技术的急速发展和深度渗透时，人文涵化即通过提升个体对技术的理解和使用意识，促进技术的适应与人性化运用。媒介教育是人文涵化的核心之一，它帮助公众认识媒介的优势和局限，并以批判的态度使用媒介。具体来说，人文涵化可以通过在教育系统中加强媒介素养课程、在社区活动中开展媒介健康使用讲座等方式，将媒介教育普及化与常态化。例如，教授学生如何识别假新闻、如何分辨不良信息源等，都可以帮助公众在信息消费中做出更理性的选择。

制度约束：法律和道德规范的结合。社会治理离不开法治框架的支撑，尤其在媒介环境的治理中，通过明确立法界定媒介责任和公民权利，是规范言行、保障社会秩序的重要手段。道德规范是对法律的补充，也是社会治理的重要维度。在快速变化的媒介环境中，法律往往滞后于技术，因此需要通过道德教育、公共讨论来引导公众行为。例如，通过鼓励互相尊重、诚信等公共道德的培养，使社会治理更具温度，让人们在道德约束与法律约束的结合中规范使用媒介平台。

总而言之，社会治理的核心在于让媒介真正成为公民社会的一部分，使它既是信息的传递者，也是公共性的维护者。无论是共建、共治、共享，还是反涡轮传播模式和人文涵化，现代社会治理的各个方面都需要通过多元协作、灵活应对来完成。通过这些手段，社会治理不仅可以帮助个体抵御信息社会中的潜在危机，也可以赋予个体和群体以更多的责任和自由，让媒介技术和人文精神相结合，推动形成一个更健康、更负责任的媒介生态。

最后，感谢青岛恒星科技学院的韩伟校长以及艺术与传媒学院全体师生的倾力支持。感谢山东省社科规划项目（22CXWJ01），它是这部著作的出发点与归宿。感谢鲁东大学的张成良教授与袁丰雪教授，他们为本书的媒介现象诊断提供了理论探讨与支持。感谢研究生贾雨薇、高方方以及张玲燕在“网络人设”“媒介使用”及“公共书写”上的协作。感谢刘文博、张益铭以及另外两位作者在全书理论探讨、案例分析以及校对全过程的参与和协作。